Karnak, Ägypten
Anatomie eines Tempels

Publikation anläßlich
der Ausstellungen:

Museum für Ur- und Frühgeschichte Freiburg
11. 4.–1. 7. 1990
Ausstellungshalle Marienbad, Dreisamstraße 21

Zoologisches Forschungsinstitut und Museum Alexander Koenig
15. 9. 1990–15. 1. 1991
Bonn, Adenauerallee 150

Freising bei München
18. 2.–28. 4. 1991

Braunschweigisches Landesmuseum

KARNAK
Ägypten

Anatomie eines Tempels

Jean-Claude Golvin
Directeur de recherche
au CNRS

Jean-Claude Goyon
Professor an der
Universität Lyon II

Übersetzt von Dietrich Wildung

ERNST WASMUTH VERLAG TÜBINGEN

Inhaltsverzeichnis

11 Vorwort

12 Einleitung

15 Zeittafel

Grundlagen

21 Das Niltal und seine natürlichen Rhythmen

28 Der Tempel als Weltmodell

32 Amun von Karnak – Schöpfergott und Weltenherrscher

35 Amun, Herr des Lebens, und seine Göttergemeinschaft

36 Der Reichstempel von Karnak entsteht

40 Tempelkult und religiöses Leben in Karnak

Architekturelemente des Tempels

54 Spurensicherung

56 Kais, Rampen, Alleen

59 Pylone und Tore

62 Obelisken und Kolosse

63 Tempelräume

76 Nebengebäude

84 Einzelformen

Bauphasen und Bauverfahren

90 Pläne und Fundamente

96 Im Steinbruch

99 Transportprobleme

108 Steinmetz und Maurer

116 Decken und Dächer

119 Bauornamentik

124 Verputz und Malerei

125 Metallbeschläge

126 Obelisken

139 Schlußwort

141 Bibliographie

Bronzefigur des Amun. Louvre, Paris
3D-Film-Labor. CNRS
(Photo Painlon)

Vorwort

Im Jahr 1987 konnte das Centre franco-égyptien d'étude et de restauration des temples de Karnak, das französisch-ägyptische Forschungs- und Restaurierungszentrum Karnak, sein zwanzigjähriges Bestehen feiern. Die Ägyptische Altertümerverwaltung, das französische Außenministerium und der CNRS, das Nationale Forschungszentrum, arbeiten seit nunmehr zwei Jahrzehnten zusammen, um unter Einsatz aller nötigen Mittel die wissenschaftliche Erforschung und die Wiederherstellung dieses historischen Ensembles von Weltgeltung voranzutreiben.

Zu den Gründerinstitutionen des Zentrums traten im Lauf der Jahre für Spezialaufgaben weitere Arbeitsgruppen hinzu. Die vorliegende Publikation, die die Ausstellung BAUSTELLE KARNAK begleitet, berichtet über diese breit angelegte Kooperation. Der CNRS regte diese Ausstellung an, beim Einsatz der Elektronischen Datenverarbeitung für ägyptologische Probleme unterstützt von der Studien- und Forschungsabteilung der Electricité de France. Die Ausstellung gibt einen allgemeinen Überblick über die laufenden Arbeiten im Forschungszentrum Karnak. Die vorliegende Publikation bietet darüber hinaus einen tieferen Einblick in die neuesten Ergebnisse der sowohl in Karnak als auch in den beteiligten Instituten durchgeführten wissenschaftlichen Untersuchungen.

Diese Konzentration auf aktuelle Forschungen darf und will nicht verkennen, wieviel die heutige Wissenschaft den Arbeiten früherer Forschergenerationen verdankt. Bereits im Jahr 1894 begann die systematische Erforschung und Restaurierung der Tempel von Karnak, als die *Direction des travaux de Karnak*, die ‹Bauleitung Karnak›, gegründet wurde. Seit seinem Gründungsjahr 1967 hat das französisch-ägyptische Zentrum eine große Anzahl von Einzelmaßnahmen zur Rettung der Denkmäler von Karnak durchgeführt, hat tausende von verstreut herumliegenden Blöcken sichergestellt und hat in vielen Abschnitten des Tempelareals gegraben, dokumentiert und restauriert. Werkstätten und Laboratorien sind vor Ort eingerichtet worden, um den Wissenschaftlern optimale Arbeitsbedingungen zu bieten. In zunehmendem Maße wurden im Lauf der Jahre Fachleute für spezielle Restaurierungs- und Publikationsaufgaben herangezogen. So haben über zwei Jahrzehnte Ägyptologen, Architekten, Restauratoren, Chemiker ihren Beitrag zu einem Projekt geleistet, das sich zum Ziel gesetzt hat, eines der größten und bedeutendsten religiösen Zentren der Welt in seinem äußerst vielschichtigen Gehalt besser verstehen zu lernen. Die Zeiten der Universalgelehrten, die im Alleingang alle anstehenden Probleme zu lösen versuchten, sind vorbei. Nur im Forscherteam, in täglicher Zusammenarbeit und gemeinsamer Nutzung aller Energien konnte das Forschungszentrum Karnak Jahr um Jahr seine ehrgeizigen Ziele erreichen.

An vielen verschiedenen Gebäuden im Komplex von Karnak wurden wissenschaftliche Untersuchungen durchgeführt, und sowohl zur altägyptischen Architektur als auch zur Geschichte antiker Bautechnik sind wichtige neue Erkenntnisse gewonnen worden. Wenn in dieser Publikation eine erste Bilanz dieser Arbeiten gezogen wird, so ist das zugleich eine Gelegenheit, sowohl all denen, die im Forschungszentrum Karnak während der letzten Jahre so erfolgreich mitgearbeitet haben, als auch unseren Vorgängern zu danken. Sie alle, Wissenschaftler und Techniker, haben durch ihr Engagement und ihr Wissen die BAUSTELLE KARNAK zu neuem Leben erweckt. Restaurieren setzt Forschen, Vergleichen, Analysieren voraus, ist ohne echtes Verstehen nicht denkbar. So ist während unserer Arbeit auf der BAUSTELLE KARNAK nicht nur unsere Kenntnis des Tempels, sondern auch unser Verständnis für seine Rolle und tiefe Bedeutung für die alten Ägypter beständig gewachsen. So sei diese bescheidene Publikation den Pionierarbeiten Champollions und Mariettes und der grundlegenden Arbeit von Paul Barguet (Le temple d'Amon-Rê à Karnak. Essai d'exégèse. Le Caire 1962) angefügt; sie alle haben den Weg zum Verstehen dieser Leistung menschlichen Geistes vorgezeichnet.

Nur wenn er seinem Glauben, seiner Überzeugung folgt, kann der Mensch wirklich Großes vollbringen. Der Tempel von Karnak legt davon Zeugnis ab.

Jean-Claude Golvin
Jean-Claude Goyon

Der Taharka-Kiosk im Ersten Hof
liegt westlich vor den Torpfeilern des
Zweiten Pylons, die in der
Ptolemäerzeit erneuert und mit
Reliefs versehen wurden. (Photo
Jacques Livet)

Einleitung

Ohne Unterbrechung haben mehr als zwei Jahrtausende lang große Herrscher in Karnak durch Neubauten, Umbauten und Anbauten das größte Tempelzentrum entstehen lassen, das jemals an den Ufern des Nils errichtet worden ist. Heute ist dieser einzigartige monumentale Ruinenkomplex nur das zufällige Ergebnis verschiedenster Umbauten und Veränderungen. Zweifellos harren viele frühere Bauphasen noch ihrer Freilegung, viele aber sind unwiederbringlich zerstört.

Die ersten Anfänge des Tempels reichen mindestens bis ins frühe Mittlere Reich zurück; beschriftete Bauteile aus der Zeit des Königs Sesostris I., der um 1900 v. Chr. regierte, fanden sich in großer Zahl. Trotz ihres Alters von nahezu viertausend Jahren ausgezeichnet erhalten und reich an Texten und Bildern, können diese Blöcke oft zu ganzen Szenen und bisweilen sogar wieder zu einem vollständigen Bauwerk zusammengesetzt werden. Wenn man heute die überaus feinen Reliefs und die wohl ausgewogenen Proportionen der berühmten *Weißen Kapelle*, die zum Regierungsjubiläum Sesostris' I. erbaut worden war, bewundern kann, so bleibt doch der ursprüngliche Standort dieses Bauwerks letztlich unbekannt. Auch all die anderen Bauteile des Mittleren Reiches, die bei den Grabungsarbeiten der letzten Jahre als Einzelblöcke gefunden wurden, waren von späteren Herrschern als Füllmauerwerk der großen Pylone oder als Fundamentblöcke ihrer Tempelbauten wiederverwendet worden. Letztlich aber führte gerade die antike Zerstörung dieser Bauwerke dazu, daß ihre Bauteile mit den überaus feinen Kalksteinreliefs bis heute erhalten geblieben sind.

Der Grundriß des ältesten Heiligtums des Gottes Amun in Karnak läßt sich heute nicht mehr rekonstruieren; auch die Grabungen des Forschungszentrums Karnak im heute weitgehend zerstörten Bereich des ‹Hofes des Mittleren Reiches› haben keine Grundmauern oder Gebäudereste erbracht. Zweifellos hat der Große Tempel seinen Ursprung in diesem Kernbereich; konkrete Anhaltspunkte für eine Rekonstruktion seiner architektonischen Form fehlen jedoch völlig. Daß hier, inmitten dieses recht kleinen Areals, das älteste Heiligtum lag, das ursprünglich einen heiligen Hain einschloß, wie er noch in den Wandbildern eines thebanischen Grabes abgebildet ist, kann keinem Zweifel unterliegen.

Erst seit dem Beginn des Neuen Reiches, als Theben nach der Vertreibung der Hyksos die neue Hauptstadt eines geeinten Ägypten wird, läßt sich die außergewöhnliche Aufwärtsentwicklung des Großen Amun-Tempels genauer verfolgen. Keiner der Pharaonen dieser Zeit versäumte es, der Wohnung des Gottes, die alsbald auch zum Reichstempel wurde, neue Bauten hinzuzufügen. Immer prächtiger und größer wird der Tempel durch neue Pylone und Säulensäle, durch Kapellen, Höfe und Obelisken, errichtet von den berühmten Königen mit Namen Amenophis, Thutmosis, Ramses, und entlang seiner beiden Achsen wächst das Heiligtum und nimmt beständig an Umfang zu. Selbst Könige mit kurzer Regierungszeit, Tutanchamun beispielsweise, haben in Karnak bedeutende Bauten hinterlassen, und auch später verfemte Herrscher wie die Königin Hatschepsut und Amenophis IV./Echnaton haben an dieser bedeutsamen Stätte eindrucksvolle Monumentalbauten errichten lassen. Immer wieder im Verlauf einer jahrtausendelangen Baugeschichte mußten hier prachtvolle Bauten schon kurz nach ihrer Vollendung neuen Bauvorhaben weichen. Erst neueste archäologische Untersuchungen liefern den Schlüssel zum Verständnis dieser plötzlichen Zerstörungen und Neubauten.

Seinem göttlichen Vater Amun-Re einen Tempel zu errichten und zu weihen, war für den König ein Akt von existenzieller Bedeutung, wurde doch das Bauwerk dem Gott gewidmet, damit er im Gegenzug dem König, ‹seinem geliebten Sohn›, Leben, Dauer und Macht verleihe. So war es weit wichtiger, Neues zu bauen als Altes zu bewahren. Allerdings bewahrten die Elemente älterer Bauten neben dem Materialwert des kostbaren und haltbaren Steins immer auch ihre Bedeutung als geheiligte Materie. So wurden sie beim Abbruch älterer Bauten nicht zerstört, sondern unmittelbar in das Nachfolgebauwerk übernommen. Der Tempel erfuhr dadurch eine beständige Metamorphose, indem er seine eigene religiöse Substanz immer wieder in sich integrierte.

Durch Jahrtausende wurde diese Praxis bei vielen Bauten in Karnak beibehalten; das Studium der Tempel von Karnak wird dadurch zu einem überaus vielschichtigen Problem. So kann es sich hier auch gar nicht darum handeln, auf wenigen Seiten die Geschichte eines der größten Sakralbauwerke des pharaonischen Ägypten nachzuzeichnen; vielmehr soll versucht werden, einen Einblick in die Anfänge des Tempels, die Grundlinien seiner Entwicklung und die antiken Bauverfahren zu vermitteln und in kurzen Zügen die Grundgedanken der altägyptischen Religion aufzuzeigen, soweit sie zum Verständnis des Tempels von Bedeutung sind. Ausgangsbasis sollen dabei stets die jüngsten Arbeiten der Forschungsgruppe des CNRS und des Forschungszentrums Karnak sein. Die wissenschaftliche Bearbeitung der umfangreichen Komplexe verstreuter Reliefblöcke und Bauteile wird ebenso wie der Abschluß neuer Publikationen noch geraume Zeit in Anspruch nehmen; ohne diesen Arbeiten vorgreifen zu wollen, kann doch auf der Grundlage der Forschungen der letzten Jahre eine Zwischenbilanz gezogen werden, um die wichtigsten Fragen zu beantworten, die sich jedem aufdrängen, der sich mit Karnak beschäftigt.

Dazu zählen auch Fragen zur antiken Bautechnik. Derzeit ist keine zusammenfassende und dem aktuellen Forschungsstand entsprechende Veröffentlichung zu diesem Fragenkreis verfügbar, obwohl gerade die Baukunst ein hervorragendes Zeugnis der altägyptischen Kultur darstellt. Da auch zum Verständnis des Tempels von Karnak diese Fargen zentrale Bedeutung besitzen, schien es angebracht, die wichtigsten Informationen zusammenzustellen und damit eine der meistbesuchten antiken Stätten Ägyptens und der Welt transparenter werden zu lassen. Zweifach ist also das Ziel dieser Arbeit: Sie will erklären, warum für den alten Ägypter die ‹Geburt› eines Tempels ein Vorhaben von existenzieller Bedeutung war, und sie will zeigen, wie man dieses Vorhaben praktisch in die Tat umsetzte – vom Ausheben der Fundamentgräben bis zur Reliefdekoration der Wände.

Das Wesen dieser Architektur würde sich freilich nicht erschließen ohne das Wissen um das ihr zugrunde liegende Weltbild und um ihre engen Verflechtungen mit den Besonderheiten der Geographie des Nillandes, aus dem sie hervorgegangen ist. Die Architektur ägyptischer Tempel ist der unmittelbare Niederschlag der religiösen Vorstellungen der alten Ägypter; jedes Element dieser Architektur hat seine symbolische Bedeutung.

Bauten, Reliefs, Texte und Werkzeuge laden aber auch dazu ein, die antiken Baustellen wieder erstehen zu lassen und auf ihnen Pharaos Architekten und Bauarbeiter zu beobachten. Brechen und Transportieren der Steinblöcke, Errichten der Mauern, Versetzen der Deckblöcke, Aufrichten der Obelisken und Kolossalstatuen waren Großunternehmungen, die über all die Jahrhunderte seiner langen Geschichte das Leben eines Tempels prägten. Wenn Amun-Re tief im Innersten seines Sanktuars in stiller und dunkler Abgeschiedenheit wohnte, so dröhnte es draußen vom Lärm der Werkzeuge, die den Stein schlugen, von den Kommandos der Vorarbeiter und vom Singsang der Arbeitermassen.

Vor unseren Augen erstehen die Berge der Millionen von Nilschlammziegeln, die in der Sonne trockneten, die vor Anker gegangenen Lastschiffe, von denen Steinblöcke geladen wurden, um auf langen Rampen langsam voranzurücken, an Seilen von vielreihigen Menschenmassen gezogen. Eine ganze Welt erwacht so zu neuem Leben beim Blick auf diese Tempel, wenn an ihnen gebaut und – schon im Altertum – immer wieder restauriert wird. Neben und hinter den offiziellen Bauarbeiten und den feierlichen Handlungen des regierenden Königs wird aber auch der Alltag der Menschen greifbar, ihr fachliches Können und bisweilen auch ihre Ungeschicklichkeit.

Pharaonen und Priester, Arbeiter und Handwerker, aber auch die Masse der Namenlosen – in ihrem Glauben und ihrem Dienst an ihrem Lande Ägypten, in ihrem Versuch, auf Erden einen göttlichen Kosmos zu schaffen, vereinen sie sich alle auf der BAUSTELLE KARNAK.

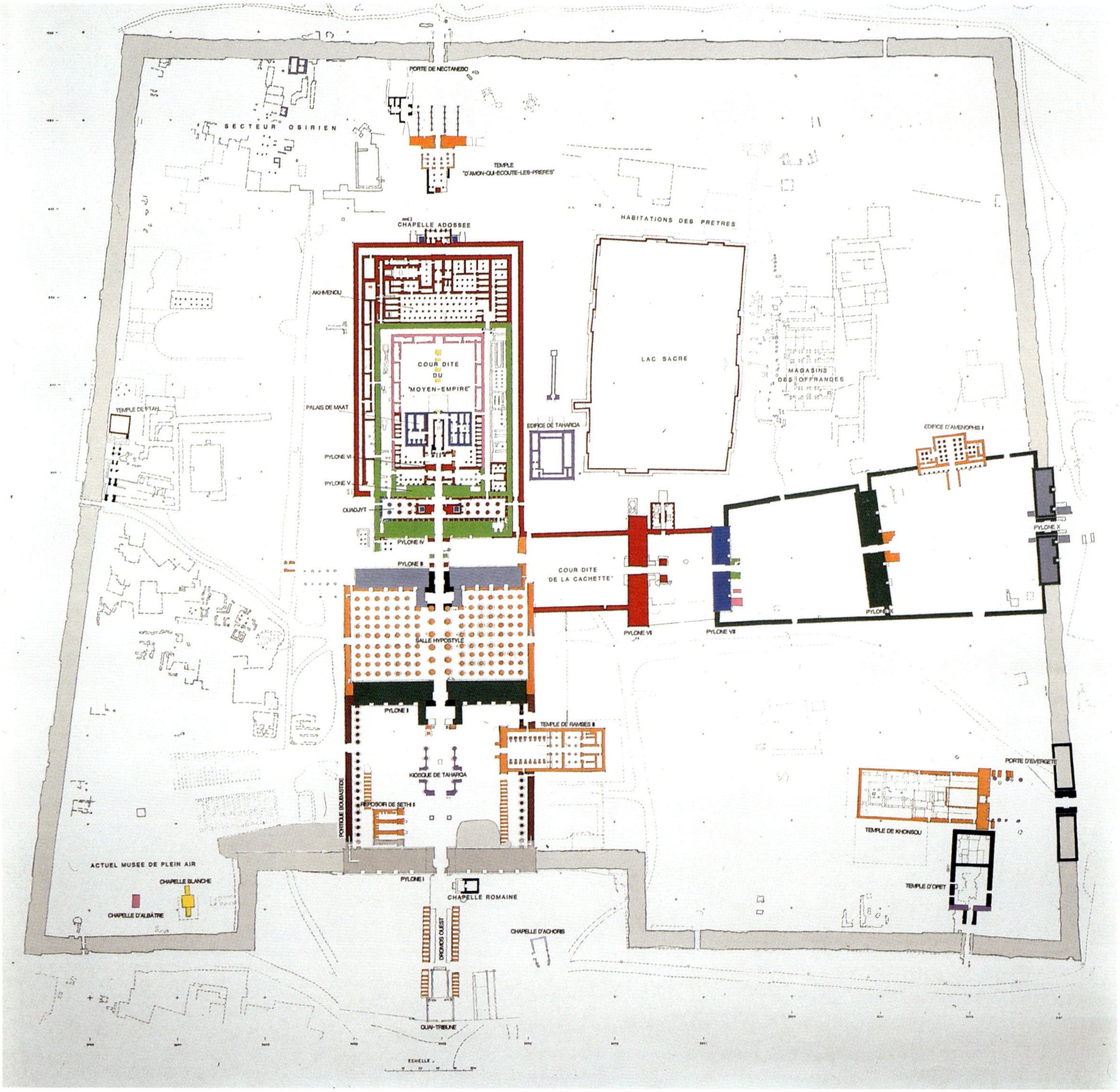

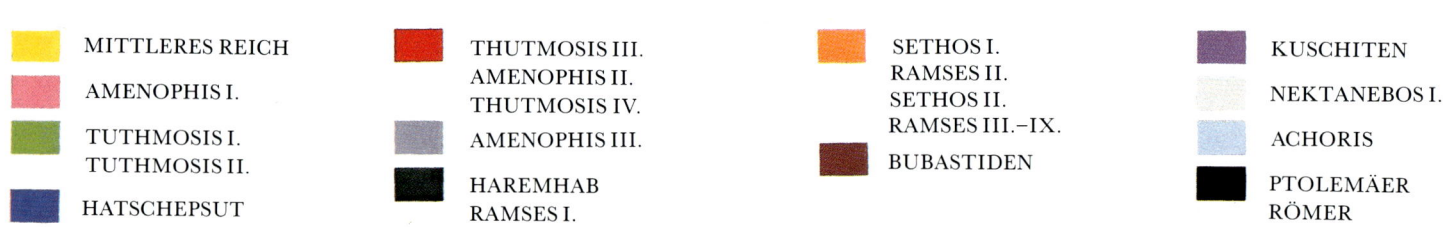

■ MITTLERES REICH	■ SETHOS I. RAMSES II. SETHOS II. RAMSES III.–IX.
■ AMENOPHIS I.	■ KUSCHITEN
■ TUTHMOSIS I. TUTHMOSIS II.	NEKTANEBOS I.
■ HATSCHEPSUT	■ ACHORIS
■ THUTMOSIS III. AMENOPHIS II. THUTMOSIS IV.	■ PTOLEMÄER RÖMER
■ AMENOPHIS III.	
■ HAREMHAB RAMSES I.	
■ BUBASTIDEN	

Zeittafel

FRÜHZEIT UND ALTES REICH
um 3100–2195 v. Chr.

1. Dynastie   Gründung von Memphis als Hauptstadt. Königsgräber in Abydos.
3.–6. Dynastie   Altes Reich. Pyramiden in Sakkara, Gisa und Abusir.

ERSTE ZWISCHENZEIT
2180–2000 v. Chr.

7.–10. Dynastie   Auflösung der politischen Einheit.

MITTLERES REICH
um 2050–1630 v. Chr.

11. Dynastie   Wiedervereinigung Ägyptens durch Mentuhotep II. aus Theben.
12. Dynastie   ‹Klassische Periode› Ägyptens.
Sesostris I. macht Amun zum Reichsgott in Theben. Ältester Tempel des Amun in Karnak mit
Festkapelle. ‹Kalksteinphase› des Karnak-Tempels.
13.–14. Dynastie   Endphase des Mittleren Reiches.

ZWEITE ZWISCHENZEIT
1640–1540 v. Chr.

15.–16. Dynastie   Fremdherrschaft der vorderasiatischen Hyksos.
17. Dynastie   Gaufürsten von Theben befreien Ägypten von den Hyksos. Sieg des Kamose,
aufgezeichnet auf einer Stele im Karnak-Tempel.

NEUES REICH
1540–1075 v. Chr.

18. Dynastie (1540–1292 v. Chr.)   Aufstieg Ägyptens zur Weltmacht.
Amenophis I. errichtet in Karnak rings um den Tempel des Mittleren Reiches Kapellen und baut
das erste Barkensanktuar. Thutmosis I. errichtet den 5. und 4. Pylon. Benennung des Amun-
Tempels als *ipet-sut*. Festhof Thutmosis' II. im Westteil des Tempels. Hatschepsut baut den

Sesostris I.

Links: Thutmosis II.
Unten: Hatschepsut

Oben: Amenophis III.
Rechts: Ramses II.

vorderen Teil des Tempels des Mittleren Reiches um und errichtet im neuen Tempelteil ‹Palast der Maat› ein Barkensanktuar aus rotem Quarzit, die ‹Rote Kapelle›. Im Ostteil des Tempels erster ‹Gegentempel›. Nach Süden Ausdehnung bis zum 8. Pylon (Koregenz von Hatschepsut und Thutmosis III.). Von nun an alle Tempelbauten aus Sandstein. Thutmosis III. erbaut den 6. Pylon als Eingang zum inneren Tempel. Umbau der Hatschepsut-Bauten im ‹Palast der Maat›. Ersetzung der ‹Roten Kapelle› durch ein neues Barkensanktuar. Abschließende Gestaltung des heiligsten Bezirks des Amun-Tempels.

Im Ostteil des Tempels entsteht das *ach-menu*, der Festtempel Thutmosis' III. Die Öffnung des Tempels nach Osten verstärkt sich durch die Errichtung des Obeliskentempels, an dem Thutmosis IV. weiterbaut.

Erweiterung des Tempelareals nach Süden. Anlage des Heiligen Sees und des 7. Pylons zwischen Haupttempel und 8. Pylon. Amenophis III. setzt vor die Ost-West-Achse als monumentales Tor den 3. Pylon.

Unter Amenophis IV.-Echnaton vorläufiges Ende der Glanzzeit Amuns. Sein Name wird auf allen Denkmälern in Karnak ausgemeißelt, seine Bilder werden zerstört. Rings um den Amun-Tempel von Karnak entstehen neue Tempel für den Gott Aton.

Tutanchamun und Haremhab kehren zum alten Glauben zurück. In der Südachse des Amun-Tempels werden der 9. und 10. Pylon aus dem Material der geschleiften Aton-Tempel erbaut. Stele mit Restaurationsedikt. Errichtung des 2. Pylons im Westen.

19. Dynastie (1292–1190 v. Chr.)   Ramses II. vollendet den von Ramses I. und Sethos I. begonnenen Großen Säulensaal zwischen 3. und 2. Pylon. Betonung der Öffnung des Tempels nach Osten durch Anlage des Ostheiligtums für ‹Amun, der die Bitten erhört› als populäre Gebetsstätte. Sethos II. errichtet vor dem 2. Pylon an der Prozessionsstraße ein Stationsheiligtum.

20. Dynastie (1190–1075 v. Chr.)   Ramses III. errichtet an der Südseite des Tempelvorplatzes einen eigenen Tempel als Barkenheiligtum. Im Südwesten des Areals entsteht der Chons-Tempel.

Unter den späteren Ramessiden Grabräubereien in Theben-West. Beginnender Verfall der Zentralgewalt.

DRITTE ZWISCHENZEIT
(1075–716 v. Chr.)

21. Dynastie (1075–944 v. Chr.)   Teilung des Reiches zwischen den Hohenpriestern des Amun in Theben und den Königen von Tanis im Delta.

Pinodjem versetzt die Widdersphingen Ramses' II. an ihre heutige Stelle im 1. Hof. Der monumentale Zugangsweg erhält seine endgültige Form.

22.−23. Dynastie (944−732 v. Chr.) Scheschonk I. läßt vor dem 2. Pylon einen Hof mit Säulenumgang anlegen, den Bubastiden-Portikus.

Zunehmende Bedeutung der Institution der Gottesgemahlinnen des Amun.

24. Dynastie (722−716 v. Chr.) Die kuschitischen Herrscher aus Napata im Sudan dringen nach Ägypten vor. Pije und Schabaka vertreiben Tefnachte und Bokchoris.

SPÄTZEIT
(716−332 v. Chr.)

25. Dynastie (750−656 v. Chr.) Kuschitische Herrschaft über Ägypten.
Taharka baut in Karnak am Nordufer des Heiligen Sees und errichtet Kolonnaden vor den Tempeltoren im Westen, Süden, Osten und Norden des Tempels.

26. Dynastie (664−525 v. Chr.) Nach der Besetzung Thebens durch Assurbanipal wird Ägypten von den Königen aus Sais im Delta von der Fremdherrschaft befreit. In Theben werden alle kuschitischen Königsnamen durch saitische Namen ersetzt.

27. Dynastie (525−404 v. Chr.) Kambyses erobert Ägypten. Die persischen Großkönige als Pharaonen.

28. Dynastie (404−399 v. Chr.) Amyrtaios vertreibt die persischen Fremdherrscher.

29. Dynastie (399−380 v. Chr.) Psammuthis und Achoris bauen in Karnak: Magazine südlich des Heiligen Sees, Stationsheiligtum für die Prozessionsbarke des Amun auf dem Tempelvorplatz südlich der Zugangsallee.

30. Dynastie (380−342 v. Chr.) Nektanebos umgibt das Tempelareal mit der heute noch erhaltenen Ziegelmauer und errichtet den 1. Pylon und das Osttor.

31. Dynastie (342−332 v. Chr.) Artaxerxes erobert Ägypten. Zweite persische Herrschaft. Statuen aus dem Amun-Tempel werden nach Persien entführt. 333 v. Chr. werden die Perser von Alexander d. Gr. aus Ägypten vertrieben. Als ägyptischer Pharao läßt er den Festtempel von Karnak und das Barkensanktuar in Luksor erneuern.

Griechisch-römische Zeit (332 v. Chr.—395 n. Chr.)
331 Gründung von Alexanadria.
323 Tod Alexanders. Philippos Arrhidaios errichtet für Amun ein neues Barkensanktuar nach dem Vorbild des Sanktuars Tuthmosis' III.
306 Ptolemaios I. Soter wird Pharao. Von der Hauptstadt Alexandria aus regieren die Ptolemäer Ägypten. In Karnak bauen u. a. Ptolemaios V., VI. und VIII. Baubeginn am Opet-Tempel als Kultstätte des thebanischen Osiris-Amun.
89 Letzte Machtkämpfe der Ptolemäer. Verwüstung der thebanischen Tempel.
47 Alexandrinischer Krieg. Caesar in Ägypten.
31 Schlacht von Actium.
30 Niederlage und Tod der Kleopatra. Ägypten wird Teil des römischen Reiches. Cornelius Gallus, Präfekt von Ägypten, wirft eine Revolte in Theben nieder.
27 Augustus wird als römischer Kaiser auch Pharao Ägyptens. Aelius Gallus Präfekt von Ägypten. Verwüstung der thebanischen Tempel durch ein schweres Erdbeben.
14−41 Unter Tiberius und Claudius entsteht vor dem 1. Pylon von Karnak eine Kapelle für den Kaiserkult.
81−86 Restaurierungsarbeiten im Amun-Tempel, Bauten des Domitian im Ostteil von Karnak.
274−330 Teilweise Zerstörung des Tempels beim Abtransport des Ostobelisken nach Rom (‹Lateran-Obelisk›) unter Konstantin d. Gr. Christliche Kirchen und Kapellen werden in den Amun-Tempel eingebaut.
346−395 Unter Theodosius I. Abtransport eines Obelisken vom 7. Pylon nach Konstantinopel. Der Amun-Tempel verkommt zu einem riesigen Steinbruch und versinkt allmählich im Sand.

Alexander d. Gr.

17

1
Grundlagen

Das Granitrelief des Gottes
Chons auf einem der
Türpfosten des Zehnten Pylons
zeigt den jugendlichen Gott mit
den Zügen des Königs
Haremhab. Amun und sein
Sohn und Abbild wurden zu
allen Zeiten im Stil des
zeitgenössischen
Herrscherbildes gezeigt.
(Photo Georges Legrain)

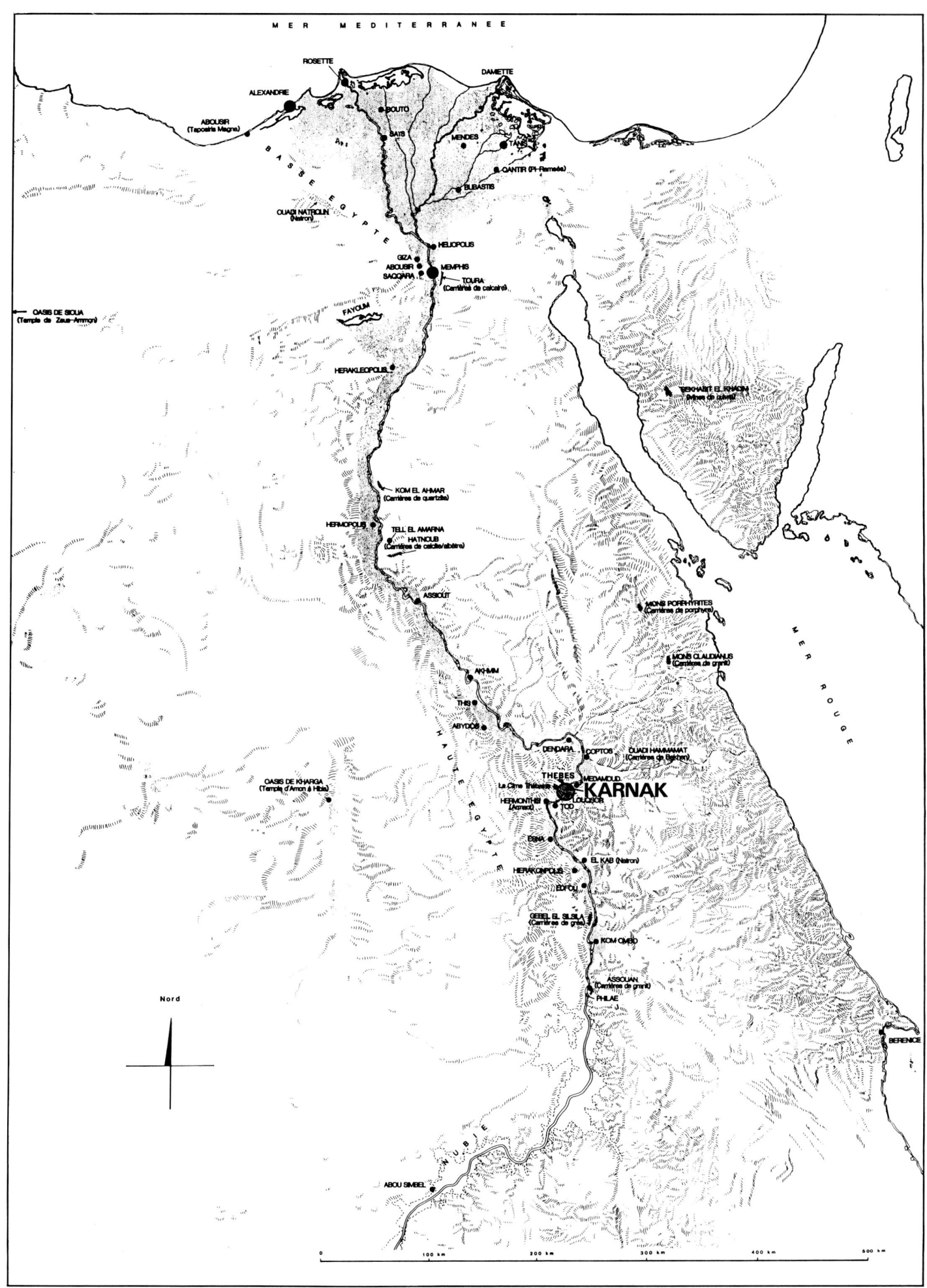

MER MEDITERRANEE

ROSETTE
DAMIETTE
ALEXANDRIE
ABOUSIR
(Taposiris Magna)
BOUTO
SAIS
MENDES
TANIS
EL-QANTIR (Pi-Ramsès)
BUBASTIS

BASSE EGYPTE

OUADI NATROUN
(Natron)

HELIOPOLIS
GIZA
ABOUSIR   MEMPHIS
SAQQARA   TOURA
(Carrières de calcaire)

FAYOUM

HERAKLEOPOLIS

OASIS DE SIOUA
(Temple de Zeus-Ammon)

KOM EL AHMAR
(Carrières de quartzite)

HERMOPOLIS   TELL EL AMARNA
HATNOUB
(Carrières de calcite/albâtre)

ASSIOÛT

AKHMIM

THIS
ABYDOS

DENDARA   COPTOS   OUADI HAMMAMAT
(Carrières de Bekhen)

OASIS DE KHARGA
(Temple d'Amon à Hibis)

THEBES   MEDAMOUD
La Cîme Thébaine   LOUXOR   KARNAK
HERMONTHIS   TOD
(Armant)

ESNA

EL KAB (Natron)

HIERAKONPOLIS
EDFOU

GEBEL EL SILSILA
(Carrières de grès)

Le KOM OMBO

ASSOUAN
(Carrières de granit)
PHILAE

TEKHNET EL KHADIM
(Mines de cuivre)

MONS PORPHYRITES
(Carrières de porphyre)

MONS CLAUDIANUS
(Carrières de granit)

MER ROUGE

BERENICE

HAUTE EGYPTE

Nord

NUBIE

ABOU SIMBEL

0   100 km   200 km   300 km   400 km   500 km

Das Niltal

und seine natürlichen Rhythmen

Ägypten ist ein Land der Kontraste und der ewigen Wiederkehr. Der krasse Gegensatz zwischen der extremen Trockenheit der Wüste und der überströmenden Fruchtbarkeit des Niltals, der alljährliche Zyklus der Nilflut und der tägliche Kreislauf der Sonne vom Ost- zum Westhorizont prägten das tägliche Leben und das Weltverständnis der alten Ägypter und äußerten sich nachhaltig in Religion und Kunst.

Noch heute sind die geoklimatischen Grundzüge Ägyptens den Verhältnissen zu Beginn der Geschichte um 3100 v. Chr. vergleichbar. Immer schon war diese Region durch ein sehr heißes Klima gekennzeichnet. Die Sommertemperaturen in Karnak liegen zwischen 24 und 45 °C, und Regen fällt in Oberägypten praktisch niemals. Als völlig deplazierte, außergewöhnliche Phänomene erscheinen inmitten dieser unendlichen Wüste, die mit ihren Hügeln und Bergen den Horizont im Osten und Westen säumt, das schmale grüne Band des Niltals und der gewaltige Strom, dessen wahrer Ursprung bis zur abenteuerlichen Entdeckung der Nilquellen im letzten Jahrhundert in geheimnisvollem Dunkel blieb. Kein Wunder, daß für die alten Ägypter der Nil göttlichen Ursprungs war.

Osiris, der Gott der Auferstehung, garantierte die jährliche Wiedergeburt der Vegetation, wenn das Überschwemmungswasser den schwarzen fruchtbaren Schlamm ablagerte, der dem Land im Altertum seinen Namen gab, Kemi, ‹das Schwarze›, das Cham der Bibel. So waren auch Schwarz und Grün auf den Reliefs und Wandmalereien die Hautfarbe der Fruchtbarkeitsgötter, des Osiris und des Amun-Min. Wenn einer der seltenen Regengüsse niederging und sich aus den Wadis ergoß, so konnte er von einem Tag zum anderen ganze Dörfer auslöschen. In ihrer ausschließlich zerstörerischen Gewalt wurden diese plötzlichen Gewitterregen dem Gott Seth zugeschrieben, dem feindlichen Bruder und Mörder des Osiris.

Ein lebenspendendes Wasser stand diesen vom Himmelstürzenden zerstörerischen Wassermassen gegenüber, die jener böse Gott sandte, dem man auch die leblose Wüste zuwies; es war der große Hapi, der Nilgott. Seine ruhig und im Überfluß strömenden Fluten waren das Urelement der Landwirtschaft, die seit alter Zeit dem Osiris verbunden war. Der Gegensatz zwischen diesen beiden Prinzipien spiegelt den Kontrast zwischen Wüste und Fruchtland und macht die enge Verbindung zwischen den großen Göttern und den natürlichen Gegebenheiten des Landes deutlich, mit denen sie gleichgesetzt wurden. So zeigt sich die Religion als eine Art Aneignung und Erklärung des spezifisch altägyptischen Lebensraumes.

Angesichts der hohen Temperaturen und der Nähe der Wüste sollte man annehmen, daß das Klima in Oberägypten ausgesprochen trocken sein müßte. Das Gegenteil ist der Fall: Das Niltal weist aufgrund der Menge des durchfließenden Wassers und eines generell sehr hohen Grundwasserspiegels eine hohe Feuchtigkeit auf. Die Verdunstung des durch die Kapillarwirkung des Bodens nach oben geführten Wassers bewirkt im Sommer eine Luftfeuchtigkeit von 17% bis 51% und kann im Winter in Karnak in den frühen Morgenstunden Werte von 90% bis 95% erreichen. Diese zeitweise hohe Luftfeuchtigkeit hat beträchtliche Auswirkungen auf die im Niltal stehenden antiken Denkmäler. Sie ist die Ursache für die in den Wintermonaten verstärkt auftretenden braunen Flecken auf den Tempelwänden von Karnak und Luksor, hervorgerufen durch die Anlagerung von Feuchtigkeit in den hygroskopischen Salzen organischen Ursprungs (Pflanzensäfte, Tierexkremente), umsäumt von einem dunklen Rand. Diese Salze haben sich auf den Wänden im Lauf der Jahrhunderte abgelagert, in denen die Tempel unter Schuttbergen begraben lagen, deren Höhe sich an den dunklen Flecken der Tempelwände ablesen läßt. Auch für andere Schädigungen der Baudenkmäler, auf die später eingegangen werden soll, ist die hohe Feuchtigkeit des Niltals verantwortlich zu machen.

Nur dank seiner riesigen Wassermassen nimmt der Nil im Gegensatz zu allen anderen Flüssen der Sahara trotz der durch Verdunstung und Versickern bedingten enormen Wasserverluste in seinem Tausende von Kilometern langen Lauf nicht ab. Aus seinen Zuflüssen aus den großen afrikanischen Seen, dem Sudan und den Bergen Äthiopiens nimmt er die Kraft, allen Widerständen zum Trotz unbeirrt die trockensten Regionen zu durchströmen. Seine unerklärliche Stetigkeit, dieser gewaltige Lebensstrom, der sich ohne Ende erneuert und dessen Rhythmus einer steten Wiedergeburt der Welt zu entspringen scheint, bestimmt den Jahreslauf Ägyptens, nach dem sich das Leben der Menschen richtet.

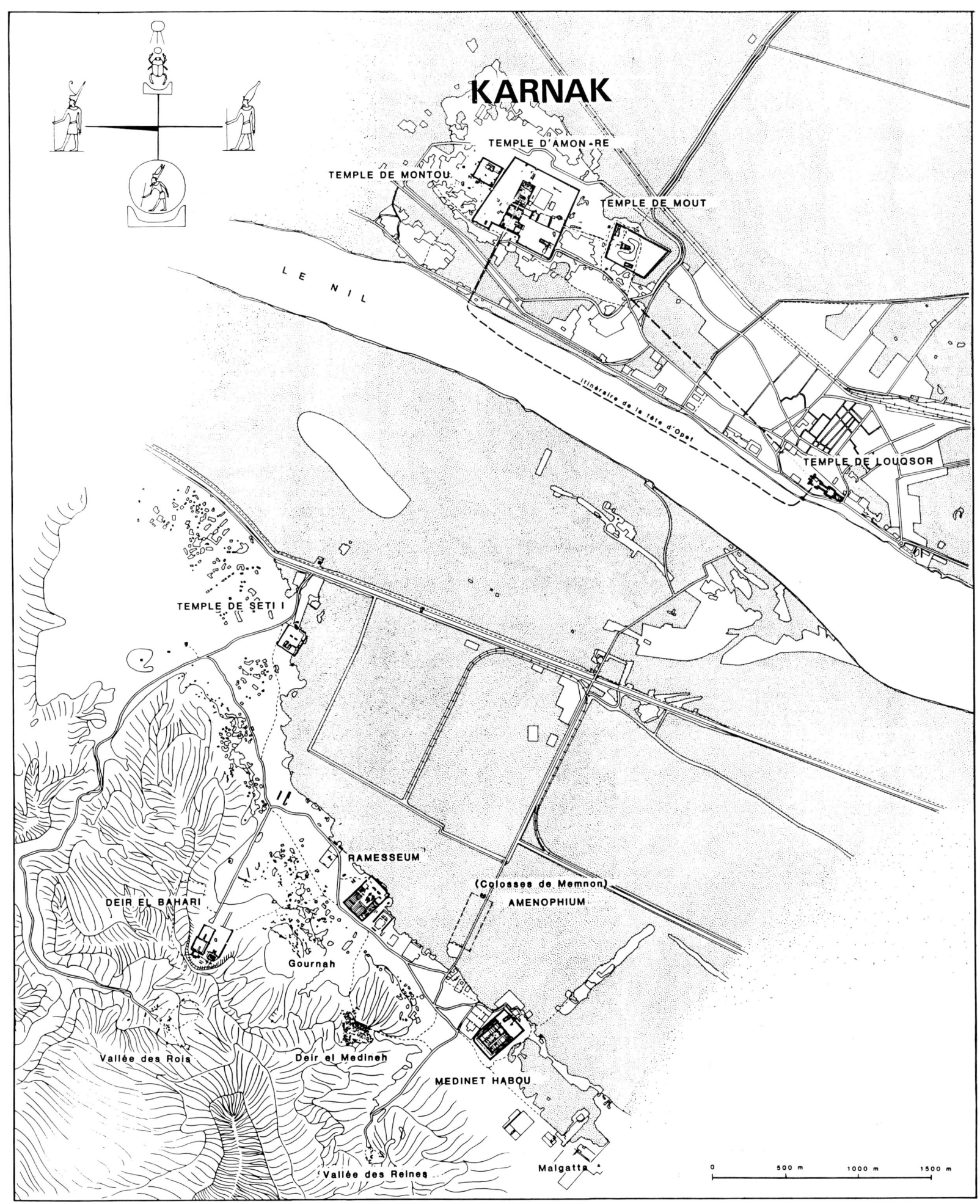

KARNAK

TEMPLE D'AMON-RE

TEMPLE DE MONTOU

TEMPLE DE MOUT

LE NIL

itinéraire de la fête d'Opet

TEMPLE DE LOUQSOR

TEMPLE DE SETI I

RAMESSEUM

(Colosses de Memnon)
AMENOPHIUM

DEIR EL BAHARI

Gournah

Vallée des Rois

Deir el Medineh

MEDINET HABOU

Vallée des Reines

Malgatta

0   500 m   1000 m   1500 m

Mit unübertrefflicher Klarheit hat schon Herodot im 5. Jahrhundert v. Chr. die Grundgegebenheit Ägyptens geschildert:

‹Jeder aufmerksame Betrachter wird, selbst wenn er nie zuvor davon sprechen hörte, beim ersten Blick auf Ägypten, das die Griechen vom Meer her erreichen, bemerken, daß dieses Land, dem Wasser abgerungen, ein Geschenk des Flusses ist. So ist das eigentliche Ägypten, von Heliopolis flußaufwärts, nur von geringer Ausdehnung. Während der ersten vier Tage flußauf fahrend, ist es überaus schmal. Eine Talebene trennt die Randgebirge; an den engsten Stellen schien sie mir nur zweihundert Stadien vom Arabischen zum Libyschen Gebirge zu haben. (...) So sind die natürlichen Verhältnisse in diesem Lande. (...) Der Boden Ägyptens ist schwarze Erde, rissig und bröckelig, geformt aus dem Schlamm, den der Nil aus Äthiopien herangebracht und während der Überschwemmung hier abgelagert hat.›

Dieser fruchtbare Teil Ägyptens, der sich dem Menschen im Tal wie ein langes Oasenband darstellt, dehnt sich völlig eben aus, da sich sein Boden aus den Schlammschichten unzähliger Überschwemmungen aufbaut. Zum wirklichen Verständnis der wesentlichen Zusammenhänge und ihrer Auswirkungen auf die Grundprinzipien der Architektur und Funktion ägyptischer Tempel sollte man sich nicht mit dieser etwas schematischen Darstellungsweis begnügen. Vor allem muß einer oft geäußerten Gleichsetzung des Zyklus der jährlichen Nilschwelle und des Grundwasserspiegels widersprochen werden.

Die Nilüberschwemmung

Die Nilüberschwemmung war für Altägypten von existenzieller Bedeutung. Die drei Jahreszeiten von je vier Monaten teilten das Jahr in Aussaat, Ernte und Überschwemmung. Der Wasserstand des Flusses war jahreszeitlich bedingt erheblichen Schwankungen unterworfen. Noch bis zum Ende des letzten Jahrhunderts betrug die Amplitude 7,85 Meter und lag damit ganz erheblich über den heutigen Werten, da noch kein Staudamm die Wassermenge des Flusses zurückhielt. Die Nilüberschwemmung setzte im Sommer um den 15. Juli ein, ein Datum, das als Jahresbeginn galt, und erreichte Mitte September ihren Höhepunkt. In seiner ganzen Breite war dann das Tal von den vom Schlamm rötlich gefärbten Wassermassen des Flusses bedeckt. Städte und Dörfer erhoben sich wie kleine Inseln nur wenig über die Flut, bisweilen von Dämmen geschützt.

Wiederum gibt Herodot ein anschauliches Bild der Situation:

‹Wenn der Nil das Land überflutet hat, sind nur noch die Siedlungen sichtbar; sie erscheinen über der Wasserfläche und sehen fast wie die Inseln in der Ägäis aus. Die Siedlungen ausgenommen, gleicht ganz Ägypten einem weiten Meer. Während der Dauer der Überschwemmung fahren die Schiffe nicht mehr auf den Kanälen des Flusses, sondern mitten über die Talebene...›

Die eng umgrenzten Bereiche, auf die sich das Leben konzentrierte, traten wie Hügel in Erscheinung, die sich aus der umgebenden Flut erhoben. Anfang Oktober kehrte der Fluß in sein Bett zurück und hinterließ eine dünne Schicht Schlamm. Obwohl die jährliche Ablagerung nur gering war, hatte sie doch eine nach einiger Zeit deutlich erkennbare kontinuierliche Erhöhung des Talbodens zur Folge.

An Inschriften auf der Vorderseite der Plattform am Westende der Tempelachse von Karnak läßt sich das Maß dieses allmählichen Ansteigens des Talbodens genau ablesen. In diesen Inschriften ist die Höhe der Überschwemmungen für verschiedene Zeitpunkte der altägyptischen Geschichte angegeben, und aus diesen Nilstandsmarken läßt sich die durchschnittliche Anhebung des Niveaus mit genau 96 Zentimetern pro Jahrtausend berechnen. So wird es verständlich, daß der Tempel von Karnak nach einer jahrtausendelangen Geschichte am Ende des 19. Jahrhunderts buchstäblich unter Wasser stand. Der Pegel der Nilüberschwemmung lag bei 2,5 Metern über dem Pflaster des großen Säulensaales, und zahlreiche Spuren ungewöhnlich hoher Überschwemmungen sind noch heute an den verschiedenen Bauteilen sichtbar, sich weit hinziehende horizontale Linien weißlicher Färbung.

Einerseits ist diesen Überschwemmungen der völlige Verlust der ursprünglichen Bemalung des Tempels zuzuschreiben, andererseits hatten sie aber auch positive Auswirkungen. Für die Landwirtschaft führte die Flut mit dem Schlamm einen ausgezeichneten natürlichen Dünger heran. Für den Transport von Schwerlasten – Säulen, Obelisken und großformatige Blöcke aus den Steinbrüchen – bot das Hochwasser bequeme Möglichkeiten, Schiffe einzusetzen. Dank des sehr geringen Gefälles des Flusses konnten diese Transporte auch über große Entfernungen durchgeführt werden; dazu kam, daß für Segelschiffe der meist aus Norden wehende Wind auch die Fahrt flußauf erleichterte. Die alten Ägypter verstanden es, diese natürlichen Gegebenheiten optimal zu nutzen. Der Nil war nicht nur die Hauptverkehrsader zwischen den äußersten Grenzen des Landes, sondern bildete auch die Achse Ägyptens, an der sich beispielsweise viele Tempelbauten ausrichteten.

Der Fluß war das Bindeglied zwischen den Beiden Ländern, wie die alten Ägypter ihr Land nannten, um den landschaftlichen Gegensatz zwischen dem weiten Delta und dem schmalen Niltal zu beschreiben, und er verband diese beiden geographischen Extreme zur politischen Einheit. Segensreich für das ganze Land, hat der Nil mit seinem wenig mineralhaltigen, weichen und gesunden Wasser keinerlei negative Auswirkungen hervorgerufen – ganz im Gegensatz zum Grundwasser.

Grundwasserprobleme

Die intensive Bewässerung, Voraussetzung der Entwicklung einer blühenden Landwirtschaft im Niltal, war schon in pharaonischer Zeit von der Anlage eines verzweigten Kanalsystems abhängig. Wenn die Nilflut zurückging, versickerte das Wasser, nachdem es die Felder bewässert hatte, im Boden und löste dabei verschiedene Mineralien. Mit Erreichen des Grundwasserspiegels floß das Restwasser unterirdisch in leichtem Gefälle zum Fluß ab.

Die Höhe des Grundwasserspiegels hing vom Nilpegel ab, folgte ihm aber nur mit einer gewissen Verzögerung. Von Ende Oktober bis Anfang November, wenn der Nil bereits einen Tiefststand erreicht hatte, lag der Grundwasserspiegel, aus der Felderbewässerung gespeist, noch relativ hoch. So drang beispielsweise im Jahr 1894 das Wasser durch das Tempelpflaster hoch und bildete im Tempel einen künstlichen See, dessen Höchstmarke bei 1,24 Metern über dem Boden des Säulensaals lag.

Die Amun-Widder der Eingangsallee spiegelten sich damals in einer riesigen Wasserfläche. So romantisch und pittoresk dieses Bild sich auf alten Photographien auch ausmacht, so bedenklich und gefährlich waren derartige Situationen: Das stark salzhaltige Grundwasser wirkt auf die Architekturteile überaus schädigend, da es im Stein einen irreversiblen Zersetzungsprozeß auslöst, der zur völligen Zerstörung des Steins führen kann. Sandstein zerfällt zu Sand, Kalkstein löst sich auf, Granit platzt an der Oberfläche ab. Zunächst verschwindet die Reliefoberfläche der Wände, und über kurz oder lang ist die Festigkeit der gesamten Architektur gefährdet. Senkung der Fundamente, Einsturz von Mauern und andere Bauschäden sind die unmittelbare Folge dieser Situation. Ohne rechtzeitige Sicherung der Fundamente der Tempelmauern ist mit dem plötzlichen Einsturz selbst großer und äußerlich solider Bauteile zu rechnen.

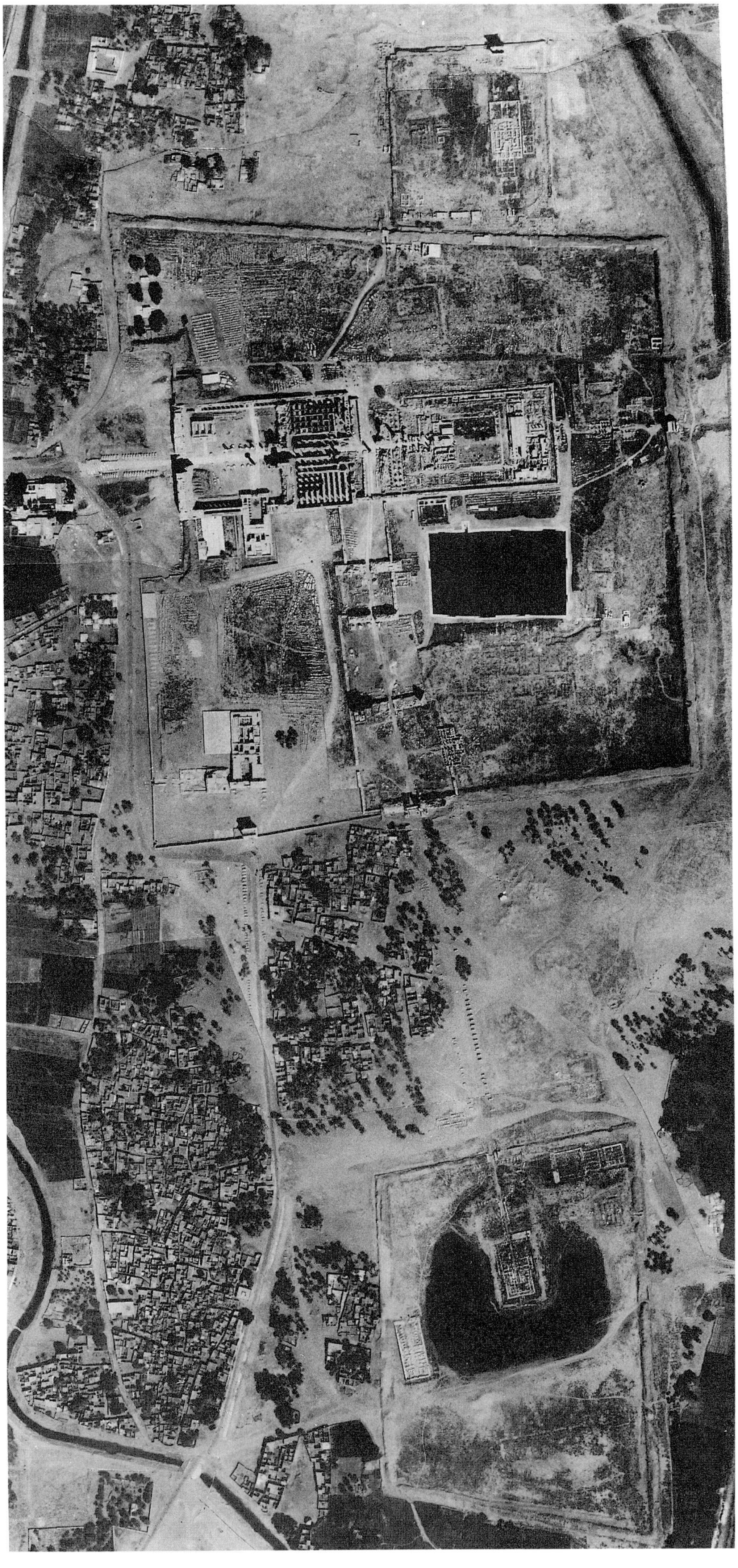

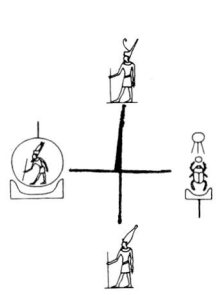

Unterste Steinlage der südlichen
Außenwand des Säulensaals,
ausgebessert mit zwei Lagen
kleinformatiger Steinblöcke, wie sie auch
sonst oft verwendet werden: Diese nach
innen spitz zulaufenden Blöcke wurden
einer nach dem anderen in paßgenau
ausgemeißelte Vertiefungen der
beschädigten Mauer eingefügt. Diese
antiken Ausbesserungsarbeiten unter den
Ptolemäern, die gleichzeitig mit der
Renovierung der großen Tore des
Säulensaals ausgeführt wurden, waren
durch die fortgeschrittenen
Materialschäden am Sandstein der
untersten Steinlagen nötig geworden.
Schon im Altertum waren also die
schädlichen Wirkungen des Wassers
bekannt, das durch die Kapillarwirkung
des Gesteins in die Mauern hochzog.
(Photo Jean-Claude Golvin)

Die unteren Zonen der Tempelarchitektur waren also beständiger Gefährdung ausgesetzt, die
auch noch lange nach dem Rückgang der jährlichen Überschwemmung fortwirkte. Verstärkt
wurde sie noch durch die intensive Verdunstung unter starker Sonneneinstrahlung. Durch die
Kapillarwirkung des Bodens wurde somit ein großer Teil des stark mineralhaltigen Grundwassers
an die Erdoberfläche gesaugt, wo dünne Schichten weißlichen Salzes auskristallisierten. Gegen
die Ursachen dieses Übels, das teils durch die landwirtschaftliche Nutzung des Bodens verstärkt
wird, ist niemals konsequent vorgegangen worden. Heute hat diese Gefährdung noch zugenommen, da die Staudämme den Grundwasserspiegel auf einem viel niedrigeren Niveau als zu alten
Zeiten halten.

Schon im Altertum versuchte man gegen die Auswirkungen dieses Übels anzugehen; an vielen
Stellen kann man in Karnak Ausbesserungen der unteren Mauerschichten beobachten. Bis zum
Ende des vergangenen Jahrhunderts hat diese Gefährdung mit dem Ansteigen des Talbodens
sogar noch immer weiter zugenommen.

Dieser kurze Bericht über die Nilüberschwemmung und die Grundwasserprobleme, die beide
ganz entscheidende Auswirkungen auf Ägypten haben, liefert den Hintergrund zum Verständnis
des Gesamtzusammenhangs des heutigen Zustands der großen Tempel und der wichtigsten
Gründe ihrer Gefährdung. Er beschreibt auch in knappster Form die wichtigsten natürlichen
Gegebenheiten, an denen sich alles Leben in Altägypten zu orientieren hatte.

Mit dem Rückgang der Überschwemmung erlebte das ganze Land gewissermaßen eine Wiedergeburt aus dem Urwasser. Die Neuaufteilung des Landes nach der Überschwemmung wurde
durch die vorangegangene Registrierung der Parzellen erleichtert, für die die ‹Schreiber› zuständig waren. Eine entwickelte Mathematik und eine effektive Verwaltung waren nötig, und eine gut
funktionierende staatliche Organisation mußte das differenzierte Bewässerungssystem, die Ar-
beitsteilung, die Erfassung und Abrechnung der Ernten gewährleisten, um das Land vor Unord-
nung und Hungersnot zu bewahren.

Die gegenseitige Abstimmung aller staatlichen Stellen unter Leitung der königlichen Verwaltung war die unabdingbare Voraussetzung für eine effektive Nutzung von Fluß und Feld. Diese
Bindung an die natürlichen Gegebenheiten erklärt wohl auch die außergewöhnliche Kontinuität
der ägyptischen Religion und des pharaonischen Staates mit seiner stark zentralistischen Struktur. Jedes Jahr mußte sich dieses politische System von neuem als lebensfähig erweisen; man
könnte es mit einer Uhr vergleichen, deren Räderwerk die natürlichen Zyklen von Nilflut und
Jahreszeiten entsprächen. Die Stabilität des Klimas und die Regelmäßigkeit der Naturerschei-

nungen ermöglichten eine staatliche Organisation, in der wenig dem Zufall überlassen blieb. Alles war aufgezeichnet, berechnet, strukturiert, und die spezifischen Gegebenheiten des Landes haben in ihrer Wiederholbarkeit sicherlich in entscheidender Weise und in viel stärkerem Maße als in irgendeiner anderen Kultur das Weltverständnis, die Geisteshaltung und die Sozialstruktur Ägyptens geprägt.

Eine altägyptische Darstellung des Himmels auf der Decke des Pronaos des Hathor-Tempels von Dendera: Aus dem Schoß der himmlischen Mutter Nut (re.) wird täglich die Sonne geboren. Ihre Strahlen fallen auf den Tempel, der durch das Gesicht der Göttin Hathor dargestellt wird. (Photo Jean-Claude Golvin)

Die ewige Erneuerung des Königtums

Der Fixpunkt altägyptischer Jahreszählung war der Regierungsantritt des Königs, so daß mit jeder Herrschaftszeit eine neue Zählung begann und wir beispielsweise vom Jahr 17 der Hatschepsut oder dem Jahr 3 Amenophis' IV. sprechen. Nach Ablauf einer bestimmten Frist bedurfte eine Königsherrschaft jedoch der Erneuerung, der Verjüngung durch den Vollzug des *heb-sed*, des Jubiläumsfestes, das seit Hatschepsut und ihren Nachfolgern in kürzeren Abständen begangen wurde. Die Zeremonien des am Neujahrstag gefeierten Opet-Festes waren eine Art Wiedergeburt des Königs und seines *ka*, seines unvergänglichen Wesens, und wurden in mysterienartigen Ritualen begangen, die in Karnak ihren Anfang nahmen und ihren krönenden Abschluß im Tempel von Luksor fanden.

Jahr für Jahr zeugte Amun, der Götterkönig, von neuem den König und legitimierte ihn damit als ‹seinen geliebten Sohn›.Die staatstragende Rolle dieser Zeremonien, in deren Verlauf die großen Götter der thebanischen Dreiheit sogar den Karnak-Tempel verließen und sich in festlicher Prozession auf den Weg nach Luksor machten, gab in dieser Epoche der 18. Dynastie den Anstoß zu monumentalen Bauprojekten in Karnak und Luksor. Die Verpflichtung, die zyklische Wiederkehr dieser für den Bestand des Königtums wesentlichen und dem unbeirrbaren Kreislauf der Natur antwortenden Rituale würdig zu begehen, war der Anstoß zu gewaltigen Bauvorhaben und zur beständigen Erweiterung der schon bestehenden Tempel.

Der Sonnenlauf

Der Überblick über die Grundlagen des religiösen Denkens Ägyptens und über die Grundzüge seiner Tempelarchitektur wäre unvollständig ohne einen Blick auf die altägyptischen Vorstellungen vom Lauf der Sonne, die allabendlich im Westen hinter den Gipfeln der thebanischen Berge hinabsteigt, durch die Unterwelt fährt und am Morgen im Osten von neuem geboren wird. In manchen Tempelreliefs, so in den vollständig erhaltenen Deckenbildern des Hathor-Tempels von Dendera, ist die Himmelsgöttin Nut dargestellt, die am Abend die Sonne verschlingt, um sie am Morgen neu zu gebären.

An dieser Wiedergeburt der Sonne orientierten sich auch die Jenseitshoffnungen der Verstorbenen, die auf der Westseite von Theben bestattet wurden. Im Kreislauf seiner täglichen Wiedergeburt überquerte die Sonne den Himmel von Ost nach West und markierte damit eine neue, die Achse des Flusses kreuzende Koordinate des Weltgefüges. Der Sonnenkult spielte in Karnak eine bedeutende Rolle, war doch Amun dem Sonnengott Re von Heliopolis aufs Engste verbunden. Allgegenwärtig waren im großen Amun-Tempel die Sonnensymbole: Obelisken, Sonnenaltäre unter freiem Himmel, Flügelsonnen über den Tempeltoren, ein monumentaler Granit-Skarabäus, der den Sonnenball vor sich herschob.

Letzlich standen alle Kulte im Tempel im Dienst der periodischen Erneuerung, ohne die es keine geordnete Welt geben konnte. Aus diesem Grundgedanken einer unaufhörlichen zyklischen Wiederholung erklärt sich die außergewöhnliche Kontinuität der altägyptischen Vorstellungswelt und ihres Stein gewordenen Ausdrucks in der Architektur der Tempel. Die altägyptische Religion und Philosophie und ihre Umsetzung in künstlerische, architektonische Form sind sich über Jahrtausende treu geblieben. Natürlich haben sich Bautechnik und Architekturdetails verändert und weiterentwickelt, aber diese Evolution hat niemals die geistigen Grundlagen in Frage gestellt, denen die Ursprünge und Formen der heiligen Bezirke entstammen, die nun genauer zu betrachten sind.

Der Tempel
als Weltmodell

Als Karnak von einem unbedeutenden Provinzort zum bedeutendsten Heiligtum des wieder-vereinigten Ägypten aufstieg, hatte die ägyptische Religion bereits in einem Jahrhunderte wäh-renden Prozeß die Grundlagen der Tempelarchitektur festgelegt.

Über die Entstehung der Welt kannte der alte Ägypter verschiedene Überlieferungen, die die Anfänge des Universums meist durch ein mythisches Geschehen erklärten. Jenseits der Bilder und Mythen finden sich jedoch in all den verschiedenen Traditionen gemeinsame und klar entwickelte Vorstellungen über die Ursprünge des Lebens.

Am Anfang war eine Welt vor der Schöpfung, ein amorphes Urgewässer, das die Ägypter *nun* nannten. Der erste schöpferische Wille artikulierte sich im Wort, und das Wort ließ die Erde aus dem Urgewässer aufsteigen. Über diesem ersten Land, das sich aus dem schwarzen Ozean der Urnacht erhoben hatte, ließ der Schöpfergeist das Licht erstrahlen, die Sonne, deren Strahlen der ganzen Welt Leben eingeben sollten. Mit der Erschaffung der Sonne gab er seiner ganzen Schöpfung ihre Ordnung; der Sonnenlauf bestimmte die Orientierung der Welt, legte die vier Himmelsrichtungen fest. In ihren Rahmen waren nun die Elemente gestellt, Wasser. Hitze, Licht und Luft. Das Land Ägypten selbst gehorchte dieser Ordnung: Der lebenspendende Nil bezeich-net auf seinem Lauf zum Meer die Süd-Nord-Achse, während die Arabische Wüste im Osten und die Libysche Wüste und die Sahara im Westen den himmlischen Horizont bilden, den in ewigem Kreislauf Re-Harachte, die Lebenssonne, durchfährt. In diesem wohl ausgewogenen Universum ist der Mensch in eine überreiche Natur gesetzt, die sich auf wunderbare Weise aus der Vereini-gung von Wasser und Sonne nährt.

Schließlich verlieh der Schöpfergeist diesen Menschen ihr zugleich kostbarstes und gefährlich-stes Gut, ihre Verpflichtung, das Gleichgewicht der Natur zu erhalten, und auf ihre Weise Leben

Bis zum Ende des 19. Jahrhunderts stand der Tempel von Karnak während der Überschwemmungszeit unter Wasser. (Photo Georges Legrain)

zu bewahren und fortzuzeugen. Er trug ihnen auf, Maat, die allgegenwärtige kosmische Ordnung, zu behüten und zu bewahren. Hierzu gab der Schöpfergeist den Menschen in ihrer Schwachheit und Verletzlichkeit das Wort in seiner Schöpferkraft, denn allein das Wort läßt die Welt entstehen. Er manifestierte sich aber nicht nur in Maat, sondern entäußerte sich auch eines Teils seiner Schöpferkraft und übertrug sie durch die Person des einzigen wahren Priesters, des von der Gottheit selbst erwählten Pharao, auf die Menschen. Pharao war der ‹Sohn des Re›, war Vereiniger der beiden Landesteile, des Südens und des Nordens, und stand zugleich dafür ein, daß sich Gottes Wille allzeit auf Erden verwirklichte.

Das göttliche Schöpfungswerk konnte sich also nur stets von neuem erfüllen, wenn die Menschen ihrer Rolle in der Welt gerecht wurden. Allen anderen Pflichten voran galt es, im Namen des Königs eine reine und sichere Stätte zu schaffen, um die von Gott gespendete Energie zu empfangen. Dieser heilige Bezirk war der Tempel als Weltmodell, ein Mikrokosmos, der auf Erden die göttliche Schöpfung der Welt symbolhaft darstellte. Im schützenden Gehäuse des Tempels ließ sich der Schöpfergott in einer Statue oder einem heiligen Mal nieder und nahm lebende Gestalt an, deren Pflege das Ritual galt. Alleine im rituellen Text, im Wort, dem die kultische Handlung stets untergeordnet war, konnten die Menschen ihre Pflichten vor Gott einlösen und der im Tempel unmittelbar anwesenden Gottheit gegenüber Zeugnis ablegen von ihrer Fürsorge um die Schöpfung und ihrem pflichtbewußten Einsatz für Schutz und Gedeihen des Lebens.

Der Kult war folglich ein stetes Geben und Nehmen, und er sollte Tag für Tag Zeugnis davon ablegen, daß die Einhaltung der Weltordnung den Menschen in die Lage versetzte, seinem Allherrn konkrete Zeichen eines gottgefälligen Lebens zu geben. So wäre es falsch, ein Speise- und Trankopfer wortwörtlich als eine ‹Mahlzeit› für die Gottheit verstehen zu wollen. Einzig von Bedeutung – und viel mehr als ein Dankeszeichen der Menschen – ist die hinter dem Opfer stehende Vorstellung, dem Schöpfer die Früchte der Erde und der Arbeit von Menschenhand als Symbole des Lebens darzubringen.

Für zwei Funktionen muß folglich der Tempel eingerichtet sein, für den Vollzug des Kultes und für die Beherbergung Gottes auf Erden. Da er darüber hinaus der wichtigste Ort ist, an dem sich

Gesamtansicht des Chons-Tempels im 19. Jahrhundert vor seiner Freilegung (Photo Bonfils)

Heutige Gesamtansicht des Amun-
Tempels von Süden über den Heiligen
See (Photo Jean-Claude Golvin)

himmlisches Königtum und irdische Herrschaft nach dem göttlichen Weltplan sichtbar verbinden, muß sich auch diese zusätzliche Funktion des Tempels in Plan und innerer Organisation niederschlagen. Alle symbolischen Ausdrucksmöglichkeiten der Architektur stehen im Dienste dieser Aufgabenstellung, wie sich gerade am großen Tempel des Amun-Re in Karnak in den verschiedenen Phasen seiner Entwicklung erkennen läßt.

Als heiliger Bezirk ist das riesige Areal von Karnak von einer Mauer umgeben, die die Welt des Götterkönigs, seinen Temenos, nach außen abschirmt. Überall dort, wo der heilige Bezirk mit der Außenwelt in Berührung kommt, betonen befestigte Tore oder Pylone die Mauerdurchlässe in ihrem trennenden und reinigenden Charakter. Der heilige Bezirk selbst ist nach kosmischen Grundrichtungen orientiert: Da der Haupteingang dem Fluß zugewendet ist, nach Westen also, manifestiert sich die kosmische Achse im Tempelplan. Der Sonnenlauf erneuert sich hier Tag für Tag von Westen nach Osten und wieder nach Westen. So werden die sechs Pylone der Hauptachse zu symbolischen Abbildern des Horizonts. Ihre beiden Türme bilden die beiden Hügel des Horizonts, der Hieroglyphe *achet*, zwischen denen Re-Harachte als Sieger über die Finsternis der Nacht jeden Morgen im Osten aufgeht und den alles entscheidenden Augenblick der Weltschöpfung nachvollzieht, das Erscheinen des Lichts, den Auftritt des Königs der Himmlischen.

Die irdische Achse, die Achse der Menschenwelt, ist in Karnak in gleicher Weise vertreten. Sie zieht sich in einer rhythmisch gegliederten Abfolge von Höfen und Pylonen (Pylon X bis VII) prachtvoll von Süden nach Norden, der Richtung des Flusses folgend. Im Mittelpunkt der heiligen Räume, zwischen dem Dritten und Vierten Pylon, schneidet diese Achse den Weg der Götter. Granitobelisken unterstreichen die besondere Bedeutung der Stelle. Wenn immer nötig, beschreitet der König als Sohn des Re diese Achse, von seinem göttlichen Vater beauftragt, die Ordnung der Welt zu sichern. Am Krönungstag, beim Regierungsjubiläum, bei den Götterfesten des Amun schreitet er von Süden nach Norden und spielt damit die dogmatisch wichtige Rolle des Vereinigers der Beiden Länder, gleichzeitig aber auch im Rahmen der Erneuerung des Kreislaufs der Jahreszeiten die Rolle des Garanten der Nilflut.

Die Rückkehr der Nilüberschwemmung am Anfang des Monats Juli wurde als großes Fest begangen. Bisweilen jedoch überschritt die Flut das erwünschte Maß und drang bis in den Tempel vor. Die regelmäßig wiederkehrende Flut wurde als Wunder gefeiert, denn sie war das Wasser des Lebens, das direkt aus der Erde hervortrat, nicht zu vergleichen mit den Wassern des Himmels, die als Gewitterstürme der Wüste niedergingen, alles mit sich rissen und nur Schaden stifteten.

Zerstörerische Fluten und Unregelmäßigkeiten der Natur sind mit dem Prinzip der kosmischen Ordnung, mit Maat, unvereinbar. Das Wasser des Hafenbeckens vor dem westlichen Eingang des Tempels, über einen die Tempelachse nach Westen fortsetzenden Kanal unmittelbar mit dem Nil verbunden, gehörte zu sehr dem profanen Bereich, den praktischen Notwendigkeiten an, als daß er eigentlich noch ein heiliges Gewässer gewesen wäre. So hatte man im inneren Tempelbezirk, in der göttlichen Wohnung, Brunnenschächte angelegt, um in die Tiefen des heiligen Wassers vorzustoßen, das unmittelbar aus dem *Nun*, dem Urozean, strömte, der Quelle allen Lebens. Die zentrale Bedeutung des Wassers für den Schöpfungsgedanken findet sich unter Thutmosis III., am Höhepunkt des Neuen Reiches, noch unterstrichen durch die Anlage des großen Heiligen Sees im Süden des großen Tempels.

Himmel, Erde und Wasser schließen sich im heiligen Bezirk, dem Reich des Lebens, zur Einheit zusammen. Als erstes sichtbares Zeichen dieses Lebens zeigt sich schon auf dem Tempelvorplatz und der Zugangsallee im Westen eine üppige Vegetation. Blumen und Bäume, sorgsam gepflegt und bewässert künden von der Gegenwart Gottes in seiner Schöpfung. Auch im Tempel selbst ist Amun allgegenwärtig in der Farbenpracht und dem Duft der Blumengärten und oft exotischen Bäume. Dieser reiche Pflanzenwuchs in mit Erde gefüllten Pflanztrögen beschränkte sich jedoch auf die Tempelteile außerhalb der eigentlichen Götterwohnung, die ganz aus Stein, dem Baustoff der Ewigkeit war.

Als göttliche Gaben sind aber auch alle Gesteine mit Leben erfüllt. Alle Formen, Figuren, Inschriften, die dem ‹Fleisch› des Steins aufgezeichnet sind, sind alsbald mit Leben erfüllt. Die Bildhauer, die Inschriften und Bilder schaffen, werden ‹Beleber› genannt. So findet die ewige Gültigkeit der Grundgedanken der Schöpfung ihren bleibenden Ausdruck in der steinernen Architektur des Tempels, vor allem in den Formen der Säulen. Sie sind die Pflanzen der urweltlichen Sümpfe, Binsen, geöffnete oder knospige Papyrusstengel, die am Tag der Schöpfung ‹auf dem Rücken der Erde› hochsprießen. Zum Himmel ragend, sind Säulen, Pfeiler, Stützen nichts anderes als Pflanzenformen, und sie alle zusammen bilden rings um die Gottheit auf Erden das typische Ambiente des Weltbeginns.

Inmitten dieses urtümlichen Dickichts, in seiner Schwüle und Hitze, verbirgt sich aller Anfang des Lebens der Menschen. Ganz im Innersten des Tempels strahlt im geheimsten der dunklen Räume geheimnisvoll die elementare Energie. Vielfach ineinander geschachtelt sind hier die schützenden Hüllen. Das Allerheiligste liegt eingeschlossen in einem völlig isolierten Gebäudekomplex, der sich in einer einzigen Tür nach Westen öffnet, zum ‹Land des Lebens›. Hinter schweren Türflügeln, die mit Bronze und Gold beschlagen sind, steht der hochheilige Schrein des Götterbildes, der Naos.

Das frühe Christentum hat in Karnak leider schlimm gewütet und alles zu zerstören versucht, was als Symbol des Heidentums galt.

Heute nennt man die kümmerlichen Reste dieses einst geheimnisvollsten Ortes irdischer Präsenz Gottes den ‹Hof des Mittleren Reiches›. In diesem großen freien Quadrat ohne Begrenzungsmauern, über das die Touristen achtlos hinweggehen, ist kaum noch etwas erhalten geblieben, was den ursprünglichen Grundplan oder gar die tiefe religiöse Bedeutung dieses Ortes erahnen ließe.

Es bietet sich indessen ein indirekter Weg, diesen Teil des Tempels wenigstens andeutungsweise zu rekonstruieren: Ein thebanischer Priester des Neuen Reiches hat in den Wandbildern seines Grabes in Theben-West den Tempel abgebildet. Ohne an das Geheimnis zu rühren, das sich hinter den Mauern des Allerheiligsten verbirgt, hat er sich doch um die Umsetzung der Grundidee des Tempels bemüht: Das Heiligtum ist ein Abbild des Urhügels, auf dem der Schöpfergeist in seinem Glanz und im Sonnenlicht seine irdische Präsenz offenbarte.

Das Heiligtum ist der Urhügel; um zu ihm zu gelangen, folgt man einem leicht ansteigenden Weg. Die Architektur setzt dieses allmähliche Ansteigen in die Bauform einer leicht ansteigenden Rampe um, die zum Unterbau des Heiligtums, zum Stylobat hochführt. Um die Form dieses Abbilds des Urhügels, der mit seinem tiefsten Fundament im *Nun* gründet, genau zu bezeichnen, ist ein Hohlkehlengesims aufgesetzt. Darüber erhebt sich eine primär funktionsgebundene Architektur, die aber trotzdem ihre symbolische Bedeutung hat: In ihrer Ausgewogenheit und formalen Harmonie ist sie ein Abbild der Inbesitznahme der Welt durch Gott, indem sie die uranfängliche Wohnung Gottes in kunstvolle Bauten umsetzt, jene primitive Kapelle aus Binsen und Schilf, die der Weltschöpfer als Urbild des ersten Tempels seinen neuen Geschöpfen, den Menschen gegeben hatte.

Ein letztes Bauelement muß noch beschrieben werden, um die Grundvoraussetzungen und den kosmischen Rahmen des ‹ersten Mals›, der Weltschöpfung, richtig zu begreifen: der Naos. Im Allerheiligsten eingeschlossen, oft in dessen Boden fest verankert, nimmt er in seiner Form die Grundgedanken des Tempels auf: In seiner quadratischen Basis klingen die vier Richtungen des Kosmos an, wie sie der Weltschöpfer definierte. Seine geböschten Wände nehmen auf die älteste und reinste Form des Urhügels Bezug, wie ihn die Kosmogonie von Heliopolis sieht. Sein pyramidenförmiges Dach ist das vollkommene Abbild des Urhügels, auf dessen Spitze die Sonne im mittäglichen Zenith ruht. In seinem Inneren ist ein Schrein ausgehauen, mit massiven Türflügeln verschlossen, der Ort göttlicher Präsenz auf Erden. Hier hat auf ewig inmitten der Menschen zu ihrem Wohle die Schöpferkraft Wohnung genommen, die den Fortbestand des Lebens gewährleistet und die, wenn nötig, eine neue Welt heraufführen könnte.

Wandbild im Grab des Neferhotep (Theben Nr. 49). Schematische Darstellung des Amun-Tempels; Seitansicht mit Pylonen, Flaggenmasten und Obelisken.
Einzige Darstellung des heute zerstörten Heiligtums und seines Sockels mit Rundstab und Hohlkehle, einer Andeutung des Urhügels, der sich aus dem Urgewässer des *Nun* erhebt. Rings um das Heiligtum bis hin zu einer Umfassungsmauer, die sich am Eingangspylon (dem Vierten Pylon) schließt, dehnte sich offenbar ein baumbestandener Tempelgarten aus. Vor dem Tempeltor erhob sich ein leichter Baldachin, an dessen zierlichen Papyrussäulen Wimpel befestigt waren. Am linken Bildrand der Dritte Pylon. Wirklichkeitsgetreu, wenn auch vereinfacht ist hier der Tempel dargestellt; die Proportionen freilich sind zu Lasten der Längenausdehnung des Tempels stark deformiert. (Zeichnung Jean-Claude Golvin)

Im Sanktuar des Horus-Tempels von Edfu, einem der besterhaltenen Tempel Ägyptens, steht noch der Granit-Naos. In seiner Nische stand die Götterstatue, verschlossen hinter zwei Türflügeln, die am Morgen für das tägliche Kultbildritual geöffnet und am Abend wieder verschlossen und versiegelt wurden. Über den leicht geböschten Wänden des monolithen Naos sitzt ein pyramidenförmiges Dach. Vor der Nische steht in der Achse des Götterbildes der Sockel für die Prozessionsbarke des Horus, des Herrn des Tempels. (Photo Jacques Livet)

Amun von Karnak –
Schöpfergott und Weltenherrscher

Religionsgeschichtlich betrachtet ist der Glaube des Menschen an Gott in all seinen theologischen Äußerungen mehr oder weniger abhängig vom sozialen und politischen Umfeld seiner Entstehungszeit. Für die altägyptische Religion gilt diese Grundgegebenheit in viel stärkerem Maß als für irgendeine andere Kultur der Erde.

Ein Glaubenssatz bestimmt seit ältester Zeit den Gottesbegriff: Die Einheit in der Vielfalt der Ideen und Formen. Seit jeher schließt der Eine das Ganze ein; er ist unendlich, und der Mensch bedarf immer wieder neuer Wörter, der Götternamen, um das auszudrücken, was sein Fassungsvermögen übersteigt, um die Aspekte und Wirkungen des Göttlichen zu beschreiben, die er in seiner Erfahrungswelt erlebt und die für ihn göttlicher Herkunft sind.

So steht neben *netjer* ( ), dem Substantiv, das in der Hieroglyphenschrift zur Schreibung des Begriffes ‹Gott› dient, auch die Pluralform *netjeru* ( ) oder ( ), was gemeinhin mit ‹Götter› übersetzt wird, ein Notbehelf, denn eigentlich drückt diese Form die Allgegenwart und die Allmacht des Schöpfers auch im Kleinsten des Weltgefüges aus. Die altägyptischen Texte drücken sich recht klar aus und sprechen von ‹Amun-Re, Herr der Throne der Beiden Länder, der in Karnak herrscht, der Eine, der einzig bleibt, der geschaffen hat, was war, als die Welt zum ersten Mal entstand, geheimnisvoll von Geburt, mit unzähligen Formen, deren Ursprung man nicht kennt›.

Diese ungezählten Formen des Gottesbegriffs pflegt man zu Unrecht das altägyptische ‹Pantheon› zu nennen. Ein solches Pantheon gibt es nicht. An seiner Stelle haben wir es mit der Vielzahl der Namen und Formen Gottes zu tun, die lokal, historisch und funktional bedingten Veränderungen unterworfen sind. Re-Harachte in Heliopolis verkörpert den Begriff der Sonne, des Lebenslichts; Ptah-Tatenen (‹die Erde, die Gestalt annimmt›) in Memphis steht für das Auftauchen der Schöpfung aus dem Urozean; in analoger Weise lassen sich alle Namen und Formen des Göttlichen – theologische Konzepte, konkrete Erscheinungsformen, männliche und weibliche Gestalten – von dem einen ursprünglichen Gottesbegriff herleiten, erklären und ordnen.

Auch die Geschichte Ägyptens ist in diesen Vorstellungskreis verflochten. Die Vereinigung des Niltals vollzieht sich am Ende des vierten Jahrtausends v. Chr. von Süden nach Norden, und das Einigungswerk des Königs findet seine religiöse Absicherung in den Heiligtümern von Memphis und Heliopolis, die in ihrer geographischen Lage den natürlichen Schwerpunkt der Beiden Länder bilden. So stellte sich das ägyptische Königtum unter den Schutz von Re und Ptah, in deren Namen sich der Allherr manifestiert.

Als sich das im Alten Reich geschaffene politische Gleichgewicht um 2150 v. Chr. unter dem Druck von Provinzfürsten und von außenpolitischer Bedrohung aufgelöst hatte, ging die Einigung des Landes und die Wiederherstellung der Ordnung um 2050 v. Chr. wiederum vom Süden aus. Nun betritt Theben die Bühne der Geschichte, und mit Theben tritt der Name des Gottes ans Licht, in dem sich die wiedergewonnene nationale Einheit Ägyptens manifestiert. Eine Nation, die sich als Einheit versteht, kann sich nicht ‹Göttern› verpflichtet fühlen wie die Barbaren des

Relief von der Südwand des Alabasterschreins Amenophis' I.: Amun-Rê, König der Götter, mit Was-Szepter und Lebenszeichen, bekrönt mit der Doppelfeder des Himmelsgottes (Photo Alain Bellod)

Südlands oder die asiatischen Völker. Sie ist ein Volk, und sie hat einen göttlichen Herrn. So ist der Name Amun, ‹der Verborgene, der Unfaßbare›, der Ausdruck der ausschließlichen Gültigkeit der Theologie von Theben, und der Name Amun-Re steht für den einen, den einzigen Glauben an das Unsichtbare, Unfaßbare und zugleich an das Sichtbare, das sich allen Menschen offenbart, das Licht der Sonne. Als Schutzherr des gesamtägyptischen Königtums mußte Amun-Re zum ‹König der Götter› werden, also zum Herrn all dessen, was seine Existenz dem Wirken Gottes in der Welt verdankt.

Als um 1550 v. Chr. die Hyksos, asiatische Fremdherrscher, die ein Jahrhundert lang einen großen Teil Ägyptens in ihrer Gewalt gehabt hatten, vertrieben wurden, war die siegreiche Dynastie, die das Neue Reich begründete, wiederum im Süden beheimatet. Thebanische Fürsten, die kriegerischen Herrscher der 17. Dynastie, Sebekemsaf, Sekenenre-Teo, Kamose und Ahmose mit Namen, waren es, die die nationale Einheit wiederherstellten. Sie gaben der Bevölkerung ihr Selbstbewußtsein und das Gefühl der Zusammengehörigkeit wieder, und sie ermutigten die Geistlichkeit der aufstrebenden Hauptstadt Theben, den Glauben des Volkes an seinen Gott zu stärken und damit die staatstragende Rolle der Religion leichter verständlich zu machen. Amun-Re, der König der Götter, in dem sich die Allgegenwart des Schöpfers äußerte, war nun durch seine unmittelbarste Äußerungsform, durch Luft und Atem, von denen alles Leben abhing, den Menschen ganz nahe gekommen.

Von nun an nahm Amun, der Verborgene, in seinen eigenen Geschöpfen Gestalt an, war er doch ‹der Lebenshauch, der in allen Dingen wohnt›. Er war ‹der Einzige, der sich in Millionen geschaffen hat›, der gute Hirte der Menschen, der Leben gibt und Leben erhält. Amun als dem Schöpfer des Lebens oblag es auch, Fortbestand und ewige Dauer des Lebens zu sichern. Er hatte am Weltbeginn das Leben erschaffen und allen Wesen den Atem eingehaucht, und so konnte auch nur von ihm das Vorbild der sozialen Grundstruktur der Familie kommen, von der letztlich alles Leben abhing.

In einfachen Bildern wurden diese theologischen Grundgedanken faßbar. Aus dem Prinzip des Weiblichen und des Männlichen wurde eine göttliche Familie, die sich auf ganz natürliche Weise in ihrer Nachkommenschaft fortpflanzte. Das weibliche Prinzip war die Göttin Mut, Mutter und Königin, die in ihrem Leib das Ei barg, aus dem neues Leben entstand. Als Gemahlin des Amun, also ganz nach irdischen Familienstrukturen, hat sie Anteil an seinem göttlichen Wesen und an seiner königlichen Bestimmung; während er die männliche Komponente des Königtums verkörpert, manifestiert sich in Mut das weibliche Element. In der Hieroglyphenschrift kann der Name der Mut mit einem Geier (﹅) geschrieben werden, dessen Lautwert *mut* ist, das altägyptische Wort für ‹Mutter›. In einem Wort- und Schriftspiel sind ihr Name und ihre wichtigste Funktion in ihrem Kopfputz angesprochen, wenn sie als Frau, als Königin mit der Doppelkrone von Ober- und Unterägypten (die Rote Krone für den Norden, die Weiße Krone für den Süden) dargestellt wird: Sie trägt dann oft den Balg eines Geiers, der mit Gold und edlen Steinen eingelegt ist.

Von der unauflöslichen Vereinigung des göttlichen Paares Amun und Mut, des Herrschers des Himmels und der Erde, hing der Fortbestand des Lebens ab. Es erneuerte sich im Sohn, in Chons, dem göttlichen Kind, Abbild seines Vaters und zugleich sein Erbe in der Herrschaft über das All. So ist Chons der theologische Ausdruck der Vereinigung der Elemente, aus der das Leben entstanden ist, und er ist gleichzeitig der lebendige Beweis der Unerschöpflichkeit dieses Lebens. Er erweitert den Aktionsradius des Amun: Während Amun die Sonne, die Wärme und in Re das Licht ist, ist Chons das Licht der Nacht, das Funkeln der Sterne und das Leuchten des Mondes, das dem Licht des Tages folgt. So wird Chons oft als ein Kind dargestellt, das als Kopfputz die Mondscheibe und Mondsichel trägt. Amun ist der ‹König› des Universums, und Chons, sein Sohn, ist der Thronfolger, das Kind, das zu Seiten seines Vaters die unendliche Dauer des göttlichen Ordnungswerks garantiert. Stets in jugendlicher Gestalt dargestellt, tritt er wie all die königlichen Prinzen auf und trägt wie sie den Kinderzopf an der rechten Schläfe des kahlgeschorenen Kopfes als Abzeichen des künftigen Königsamtes.

Vor allem aber verkörpert Chons die Gewißheit der ewigen Erneuerung des Wunders des Lebens. Das ist in seiner Erscheinungsform angedeutet, die auf einen Embryo anspielt, der den bergenden und nährenden Mutterleib noch nicht ganz verlassen hat. Das altägyptische Bild zeigt geradezu den Vorgang dieses Geborenwerdens, das sich immer von Neuem ereignet, wenn der Gott in eine eng anliegende Hülle gesteckt ist, die einer von bunten Binden umwundenen Mumiengestalt gleicht. Wie bei der Geburt eines Kindes lösen sich aus dieser bergenden Umhüllung der Kopf und die Hände des Kindgottes. Der Anfangspunkt des Lebenskreises ist auf diese Weise im Bild des Gottes angesprochen, aber die Bildaussage geht noch darüber hinaus: Sie postuliert auch die Unauslöschbarkeit des von Gott geschenkten Lebens, denn die Hände des göttlichen Erben halten die Symbole des Mysteriums ewiger Erneuerung: Das Lebenszeichen *anch* (☥), den *djed*-Pfeiler als Zeichen der Dauer und das *was*-Szepter, das Machtzeichen der Allherrschaft.

Amun, Herr des Lebens, und seine Göttergemeinschaft

Für eine so hochintellektualisierte Vorstellungswelt wie die thebanische Theologie konnte die als göttliche Familie konzipierte Triade nicht der einzige Ausdruck des allumfassenden Schöpfungswerks Gottes sein. Amun, der Einzige und Allmächtige, höchster Herrscher des unendlichen Alls, trug in seinem geheimen Wesen auch in sich selbst alleine seine Schöpferkraft und seinen eigenen Ursprung.

Die Lehre vom Schöpfergott lag im Geheimnis der Zahlen und konnte sich als Zahlensymbolik ausdrücken. Amun war der Eine, aus dem die Vielzahl entstand, die jedoch klar definiert war. Der Eine schuf aus seinem Wesen neun Fleisch gewordene Urformen des Lebens, seine *bau*, die mit ihm zusammen eine Zehnheit, eine Dekade bildeten. In ihr nahmen die elementaren Aspekete der Schöpfung erste konkrete Gestalt an. Diese Zehnheit war also arithmetisch betrachtet nichts anderes als eine Anwendung des Dezimalsystems, wobei die Neun, die aus dem Einen entstanden waren, eine eigene Größe bildeten, eine Neunheit, für die bisweilen auch der aus dem Griechischen abgeleitete Begriff *Enneade* gebraucht wird.

Auch das zweite Weltmodell baute auf der Erweiterung des Einen zur Zehnheit auf: Der Allgeist erschuf aus seinen Ausflüssen eine andere Neunheit, die *ka*-Wesen, in denen sich die Kreisläufe des Kosmos und der Erde artikulierten. Ihr letztlicher Ursprung und ihr Wesenskern aber war der Eine, und zehn mit ihm schlossen sie sich zur zweiten Dekade zusammen.

Die vom göttlichen Geist belebte Welt war aber immer noch unvollkommen, solange sie im Einen, der zwanzigfache Gestalt angenommen hatte, in Erscheinung trat. So entstand eine dritte und letzte Stufe, eine dritte Dekade, wiederum zusammengesetzt aus dem Ureinen und einer Neunheit, die dem schöpferischen Gedanken entsprungen war. So gab sich der Unerforschliche selbst einen Namen und setzte den Schöpfungsakt in Gang, indem er seine zehn Namen, die *renu*, aussprach.

Dreißig, altägyptisch *mabait*, war also die Gesamtheit des Gottesbegriffs, ein Zahlsymbol des Kosmos, der die Einheit und all ihre Vielfachen enthält und aufgrund dieser Struktur seinem geregelten Lauf folgt.

Dieses größte und tiefste Geheimnis entzog sich der direkten Offenbarung und der präzisen Beschreibung. Heilige Orte wie das geheimnisvolle *achmenu*, wie die unterirdischen Krypten des Taharka-Gebäudes beim Heiligen See oder des Opet-Tempels behüteten in ihren Texten und Reliefbildern dieses geheimste Wissen vor dem profanen Blick. Weiter draußen im Kultbereich benutzte man symbolische Formen, Bilder und Texte, die aus dem gewöhnlichen Repertoire theologischer Ausdrucksmittel stammten. Dazu gehörten vor allem die ‹Pseudo-Enneaden› – zweimal fünfzehn Götter –, die der gelehrte Schreiber nur aufgrund ihrer Zahlensymbolik richtig erklären konnte.

Viel ist über die ‹Neunheiten› von Karnak mit ihren fünfzehn Göttern geschrieben und viel Scharfsinn darauf verwendet worden, die kunstvolle Theologie dieser ‹Götter› darzustellen, die auf kaum erklärbare Weise mit ihren widersprüchlichen Namen in eine ‹große› und eine ‹kleine› Neunheit gegliedert sind. Bis in jüngste Zeit sind diese theologischen Schriften dem Verständnis verschlossen geblieben, da man sie weder lesen noch zueinander in Beziehung setzen konnte und sie deshalb als ‹späte› Elaborate abqualifizierte, die keine Verbindung mehr zu den alten religiösen Vorstellungen hatten.

Dabei lag die Symbolik dieser Strukturen ganz offen zutage: Zweimal fünfzehn ergibt die alles umgreifende Dreißig, die sich um Amun schart und aus ihm hervorgegangen ist und damit den Schlüssel zum Verständnis der geheimnisvollen Worte des großen Amun-Hymnus von Hibis liefert: ‹Amun (*imn*), der bleibt (*mn*) in allen Dingen. Du hast die Gruppen der Neunheiten gegliedert, du hast die Beiden Länder aufgeteilt unter die *ka* der Neunheit. Sie feiern für dich ihre Feste im Tempel.›

Der Reichstempel
von Karnak entsteht

Grundlagen

Geographie und Geschichte gingen eine enge Verbindung ein, als am Ende des dritten Jahrtausends v. Chr. für die oberägyptischen Könige die Zeit gekommen war, das erste Heiligtum des Amun zu errichten – Keimzelle des gewaltigsten Bauprogramms für ein Gotteshaus, das jemals in Ägypten und wohl in der ganzen antiken Welt verwirklicht wurde. Als Bauplatz wurde das Ostufer des Nils gewählt, nördlich der Stelle, wo später Theben erstehen sollte, und zweifellos schloß der Bauplan weiter im Süden bereits auch Luksor ein, das in den Kultabläufen eine so wichtige Rolle spielte. Die Hauptachse des Tempels war die Achse des Sonnenlaufs.

Nachdem die Königsmacht und die Legitimität der von Gott verliehenen Herrschaft wieder hergestellt waren, folgten seit dem Mittleren Reich Generationen von Königen unter Amuns Schutz und führten Ägypten zur Weltgeltung. Ihre vornehmste Pflicht aber war es, in ihrem Königsamt Priester und Bauherr zu sein.

Königliche und dynastische Selbstdarstellung prägten zwar das Wesen des Tempels, aber vor allem anderen war Karnak die Wohnung Gottes. Amun schuf das Leben und bewahrte es durch seine irdische Präsenz. Dem göttlichen Schöpfungsakt hatten König und Menschheit in ihren vom Glauben getragenen Taten zu antworten. So schufen die königlichen Bauherren den Tempel als lebendiges Weltmodell, das unaufhaltsam wachsend seine unverwechselbare Eigenständigkeit besaß.

Gründungsriten

In keiner der erhalten gebliebenen Quellen findet sich ein Hinweis auf den für die Geschichte des Amun-Tempels entscheidenden Augenblick, als dort, wo sich heute das leer gefegte Areal des ‹Hofs› des Mittleren Reiches befindet, ein König, dessen Namen wir nicht kennen, das Gründungsritual eröffnete.

Dieses festliche Ritual vereint in sich alle Handlungen und Litaneien, die zum ersten Bauabschnitt eines den Göttern geweihten Bauwerks gehören. All die aufeinander folgenden Gründungsriten verfolgen einen einzigen Zweck: die Gestaltwerdung eines neuen Wesens vorzuberei-

Ablauf der Gründungsriten eines Tempels (Reliefs im Edfu-Tempel):
1. Der König und die Göttin Seschat schlagen die Pflöcke ein, zwischen denen die Meßschnüre des künftigen Tempelgrundrisses gespannt werden
2. Der König formt den ersten Ziegel für das Fundament des Tempels
3. Der König hebt mit der Hacke den Fundamentgraben aus
4. Der König schüttet Sand in den Fundamentgraben

1

2

ten, eines Gebäudes, das wie ein menschlicher Körper oder ein Tier als heilige und lebendige Hülle zur Wohnung Gottes werden soll.

Wie die menschliche Brust das Herz in sich birgt, so umschließen Mauern und Räume des Tempels in ihrem geheimsten Inneren als räumlichen und geistlichen Mittelpunkt das Allerheiligste, das jenen Teil der lebenspendenden Gotteskraft in sich aufnimmt und birgt, den Gott den Menschen zugedacht hat.

Als ‹Sohn› Gottes und damit als Hoherpriester und einziger Bauherr hat der König zuallererst die Verpflichtung, die ‹Wiege› des künftigen Tempels zu schaffen. Er muß *meschenet* erschaffen, die Stelle, aus der die Wurzeln des Gebäudes wachsen sollen. Sein Entstehen, sein Wachsen auf festem Fundament und seine Vollendung galten allein seiner künftigen Rolle, Gott auf Erden zu beschützen, von dem, für den der Tempel lebte.

Nach der Auswahl des Bauplatzes legten der König und seine *Akolyten*, die Reinigungspriester, zunächst die Grundrichtungen des Tempels fest. Die Himmelsrichtungen wurden mit Hilfe eines Visierstabes, der *merchet*, nach dem Großen Wagen und – je nach Jahreszeit – auch nach dem Orion am Südhimmel bestimmt. Als Eckmarkierungen wurden Visiergerüste errichtet.

Zusammen mit einem Helfer, in den diesbezüglichen Tempelreliefs oft von Thoth, dem Gott der Weisheit und der Schrift, oder von Seschat, der Göttin der kultischen Ordnung und der Macht des Wortes, dargestellt, schlägt der König mit einem Schlegel die gegabelten Fluchtstangen der Visiergerüste ein. Zwischen ihnen spannt er anschließend den Meßstrick und steckt damit endgültig das Areal der Tempelgründung ab. An allen Ecken des Areals wird eine Gans geopfert, der der Kopf abgeschnitten wird.

Noch bevor die Fundamentgräben ausgehoben werden, findet als nächster Abschnitt des Rituals das Formen des ersten Ziegels statt, aus dem das ganze Gebäude wachsen soll. Viermal werden alle Ritualhandlungen wiederholt. Der König füllt ein in Wein aufgelöstes Gemisch aus Weihrauch und Terebinthenharz in die Ziegelform, stampft es fest, entnimmt es der Form und legt es auf einem Altar zum Trocknen aus.

Der Meßstrick hat inzwischen auf einer Gipsschicht, die unter ihm am Boden aufgebracht wurde, seinen Abdruck hinterlassen. Nach der Abnahme des Stricks macht sich der König daran, mit der großen *sedjamet*-Hacke daran, die oberste Erdschicht des Fundamentgrabens abzuheben. Obwohl der Tempelgrundriß letzlich ein Rechteck bildet, stellt man in den Bildern der Gründungszeremonien die Umrißlinie oft als Oval dar, einer Gebärmutter nicht unähnlich. Der Ritualablauf ist in eine kritische Phase eingetreten: Die Erde ist verletzt, aufgerissen, und die Schutzschlange des Ortes, der *Agathodaimon*, kann, wenn man sie nicht besänftigt, dadurch provoziert werden und das ganze Ritual zum Scheitern bringen. Offenbar galt dieser gefährlichen

3

4

Schlange das Gänseopfer. Nun kann man daran gehen, den eigentlichen Fundamentgraben auszuheben. Bis zum Grundwasserspiegel muß man graben; denn erst wenn die Sohle des Fundamentgrabens mit Wasser gefüllt ist, markiert der Wasserspiegel des *Nun*, der wie bei der Weltentstehung emporsteigt, die Ideallinie der Waagerechten. Rings um den Fundamentgraben wird diese Horizontale eingeritzt, bis zu der anschließend Sand in die Fundamentgräben geschüttet werden soll.

Die Sandfüllung wird im Graben festgestampft, ausgeglichen und nach der Horizontallinie der Wasseroberfläche korrigiert. Damit hat das künftige Gebäude seine solide Basis und läuft nicht Gefahr, sich zu senken, da der Sand in den Fundamentgräben alle statischen Veränderungen verhindert.

Nun legt dem König an den Gebäudeecken oder an den Rändern der Fundamentgräben in den Sand oder in gesondert angelegte kleine Gründungsgruben die Grundsteinbeigaben. Sie sollen vor allem den Nachweis erbringen, daß der König seiner Aufgabe als Bauherr nachgekommen ist; auf Grundsteintäfelchen und auf Miniaturwerkzeugen stehen daher die in Kartuschen geschriebenen Namen des Königs. Neben verschiedenen Opfergaben – Gefäßen, Naturalien, kleinen Werkzeugen, Materialproben, Gold- und Silberobjekten – gehört dazu auch unbedingt eine unterschiedliche Zahl kleiner Barren (von fünf bis zu siebzehn), in denen Wesen und Wirkung göttlicher Substanz, ihrer Gebeine und ihres Fleisches konzentriert sind: Gold, Silber, Bronze, grüner Stein oder Fayence, Lapislazuli und Türkis, roter Jaspis und Quarz. Hier liegen die lebenden Wurzeln des Tempels, und auf ihnen ruhen die vier Ziegel, die der König nach dem Spannen des Meßstricks als *meschenet*, als Wiege des Tempels geformt hatte.

Alles ist nun bereit, ein Werk für die Ewigkeit zu beginnen. Mit der charakteristischen Hebelstange rückt der König die erste Lage der Fundamentblöcke auf dem festgestampften Sandbett der Fundamentgräben an ihre Stelle. Regelmäßig wird mit dem Senkblei und dem Winkel nachgemessen, denn die Stabilität und Präzision des künftigen Tempels hängt ganz von diesen schwierigen ersten Arbeitsschritten ab. So wird auch diese Handlung des Königs mit der Tätigkeit des göttlichen Töpfers Chnum verglichen, der den Ton ohne Fehl zu makelloser Form gestaltet.

Um die eigentlichen Bauarbeiten beginnen zu können, muß das Fundament geweiht und gereinigt werden, bevor das Bauwerk aus seiner bergenden Schale wächst. Zur Reinigung verwendet man das ‹Erdsalz›, das Natron der Beiden Länder, das für Oberägypten in Elkab, für

5. Der König bringt dem Gott Horus die Ziegel für die Grundsteinbeigaben
6. Er rückt mit einer Hebelstange einen Eckstein zurecht – Symbol für einen besonders typischen Arbeitsschritt der Bauleute
7. Reinigung des Fundaments des neuen Tempels mit Natron
8. Der König weiht dem Gott seine neue Heimstatt
(Nach den Phototafeln bei E. Chassinat, Edfou)

5

6

Unterägypten im Wadi Natrun gewonnen wird. Es ist das stärkste Desinfektionsmittel, das die Antike kannte, und es wurde auch für die Mumifizierung verwendet. Nach Art des Landes zweimal vollzogen, vertreibt die Reinigung alles Übel und alle bösen Geister und schützt vor jeglicher Befleckung des Tempels. Das Natron liegt nun als Schutzschicht über dem ganzen Tempelfundament.

Die im Ablauf der vom König vollzogenen geheimen Rituale nun folgende Kulthandlung ist offenbar niemals bildlich dargestellt, sondern nur in textlichen Quellen beschrieben worden. An einem Bild des bereits fertiggestellten Tempels vollzieht der König das Belebungsritual der Mundöffnung. Aus der Tätigkeit des Bildhauers abgeleitet und durch die Ritualformeln auf eine religiöse Ebene gehoben, dienen diese altertümlichen Riten zur Belebung von Statuen und Mumien.

Der Ritualablauf schreibt vor allem vor, mit heiligen Geräten, dem Querbeil des Anubis, mit steinernen Fingern, mit einer Feuersteinklinge, dem fischschwanzförmigen *pesesch-kaf*, mit Reibsteinen die sieben Stellen zu berühren, an denen das Leben hängt – beim Menschen und bei den Statuen die sieben Öffnungen des Kopfes – und die die Träger der Grundfunktionen des Lebens sind. Ein großes Opfer bildet schließlich den festlichen Endpunkt des Rituals. Der Tempel hat angefangen zu leben, hat den göttlichen Atem in sich aufgenommen.

Während nun Leben in die Baustelle kommt, während der Bau allmählich unter dem eifrigen Treiben der Arbeiterscharen aus dem Boden wächst, hat der König noch ein letztes wichtiges Ritual zu vollziehen. Er muß das Gebäude seiner künftigen kultischen Bestimmung anpassen. Bereits ins Leben gerufen, geweiht, gereinigt, belebt und der Mutter Erde entstiegen, steht der Tempel doch noch außerhalb der Zeit. Noch fehlt ihm die Einbindung in den Kreislauf des Jahres, fehlen ihm Tag und Nacht, kurz: sein Lebensrhythmus, der auch dem Kult im Tempel Regel und Dauer verleihen wird. Mit dem *hetes*-Szepter, dem Zeichen der kultischen Zeit, berührt der König das vor ihm stehende Tempelmodell. Wenn eines Tages der Tempel vollendet sein wird, wird der König dieses Ritual wiederholen, die Hallen des Tempels durchschreiten, die Tempeltore öffnen und bis zum geheimnisvollen Allerheiligsten vordringen, das bis zu diesem Tag der Tempelweihe ebenso verschlossen geblieben war wie seine Vorräume, und er wird das Licht des neuen Hauses einlassen. Er wird dem Gott den Horizont öffnen und ihm seine Wohnung auf Erden geben.

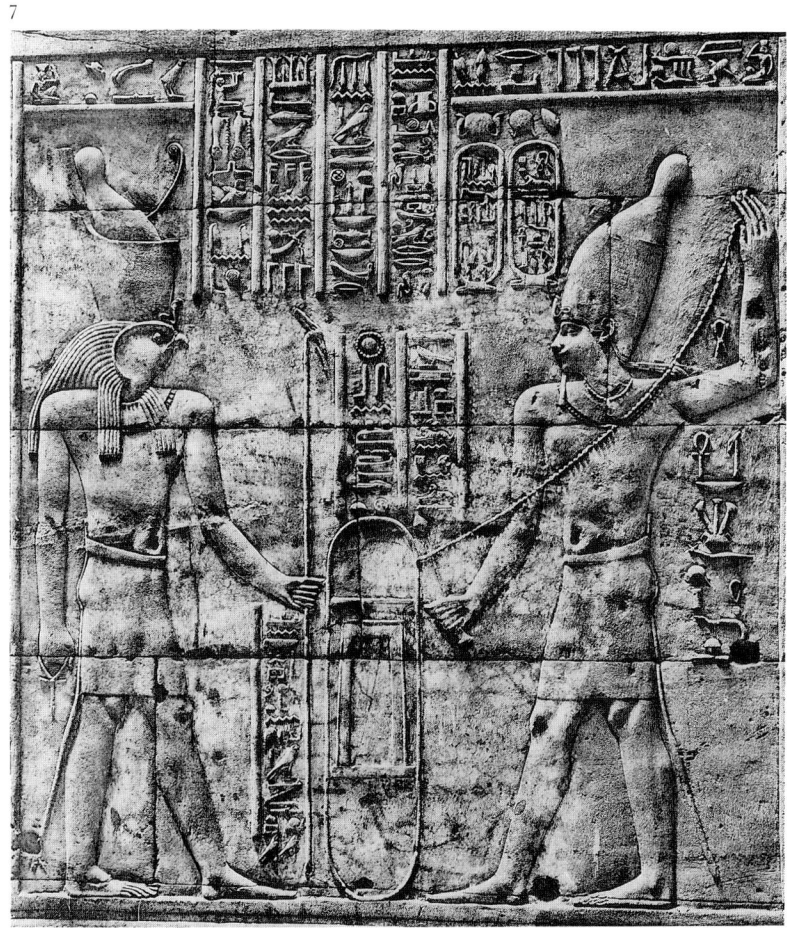

7   8

Tempelkult
und religiöses Leben
in Karnak

Sinn und Aufgabe der vorletzten Phase des Gründungsrituals eines ägyptischen Tempels, für den Amun-Tempel ebenso verbindlich wie für alle anderen Tempel vor und nach ihm, war es also, den geregelten Ablauf des Kultes zu gewährleisten; denn nachdem einmal die theologischen Grundlagen der Götterwohnung feststanden, traten auch die irdischen Funktionen des Tempels in Kraft, allen voran seine Rolle als Ort der beständigen *Begegnung* zwischen Himmel und Erde, zwischen Gott und den Menschen. Die konkrete Umsetzung dieser Begegnung ist der tägliche Tempelkult, festgelegt im kultischen Wort. Der Tempel war aber auch als Ort der Verschmelzung der beiden Aspekte des Königtums, des himmlischen und des irdischen, ein wichtiger Ordnungsfaktor, und so war er auch die Bühne der bedeutendsten Feste des Hofes und Ausgangs- und Zielpunkt aller Festprozessionen, bei denen die beiden Mächte Ägyptens, Gott und König, den Gläubigen zeigen konnten, welch tiefes Einverständnis zwischen ihnen in der großen Aufgabe herrschte, Leben zu schaffen und zu erhalten.

Der Rahmen

Die architektonische Struktur des Tempels mußte also nicht nur dogmatischen Vorgaben entsprechen, sondern in ihrer Raumgliederung auch praktischen Gesichtspunkten gerecht werden. Die Bauteile mußten einerseits die innere Logik des Rituals widerspiegeln, andererseits aber auch einen effektiven Tempeldienst ermöglichen. Nach diesen praktischen Notwendigkeiten sind die Wege und Räume im Tempel angelegt und bisweilen auch abgeändert worden.

Schematisch dargestellt muß der Tempel im Ablauf des täglichen Tempelrituals ein allmähliches Ansteigen des Bodenniveaus aufweisen. Diesem aufsteigenden Weg hin zur Gottheit (in Karnak von Westen nach Osten) entspricht ein allmählicher Übergang vom Licht zur völligen Dunkelheit. Im idealen Bauschema finden sich daher

– hinter einem Eingangspylon wenigstens ein Säulenhof,

– ein Vorraum oder Säulensaal mit Türen, durch die die Opfer herbeigebracht werden können und der König oder Priester zur Opferweihung Zutritt haben,

Schematische Zeichnung des westlichen Teils des Amun-Tempels von Karnak (altägyptisch *ipet-sut*) zur Zeit Thutmosis' IV. Links die Obelisken Thutmosis' III. und I., rechts das Barkensanktuar des Amun. Dazwischen (von links nach rechts) der Tordurchgang des 4. Pylons mit seiner Säulenvorhalle, der kleine Säulensaal (*wadjit*) und die Obelisken der Hatschepsut, der Tordurchgang des 5. Pylons, eine Zwischentür, der 6. Pylon und der Vorraum des Barkensanktuars mit den Wappenpfeilern. Noch weiter östlich muß sich das Allerheiligste befunden haben, von dem keinerlei Reste erhalten sind. Der schematische Schnitt zeigt deutlich, wie mit zunehmender Annäherung an das Allerheiligste die Räume enger und die Raumhöhen geringer werden, bis sich im Sanktuar Himmel und Erde treffen. (Entwurf Véronique Noyère)

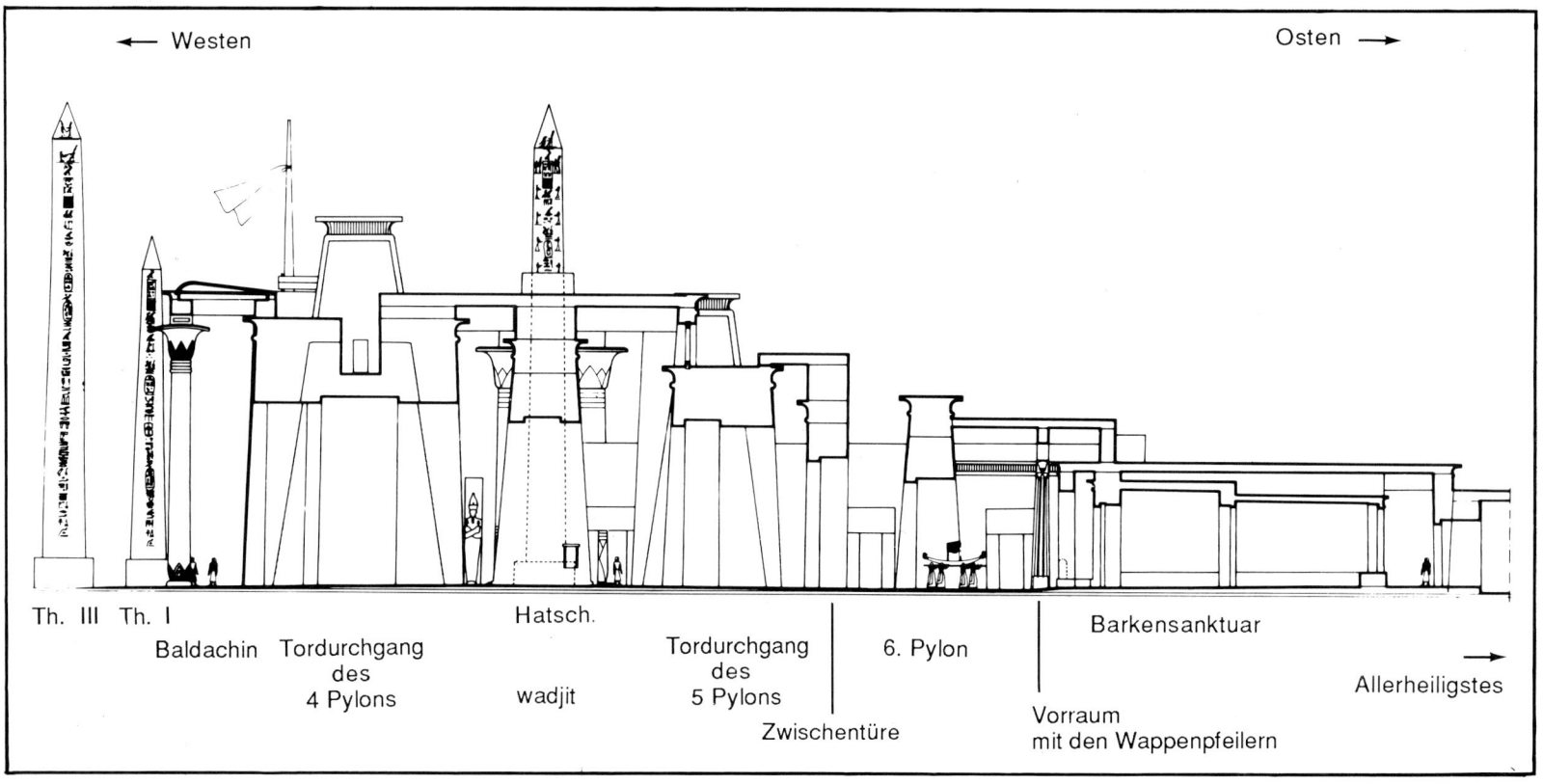

Th. III Th. I
Westen ←   Osten →

Baldachin   Tordurchgang des 4 Pylons   Hatsch.   wadjit   Tordurchgang des 5 Pylons   Zwischentüre   6. Pylon   Vorraum mit den Wappenpfeilern   Barkensanktuar   Allerheiligstes

– eine Barkenkapelle mit Umgang, in der Tempelachse von beiden Seiten zugänglich, umgeben von Nebenräumen, in denen vor allem Statuen des Königs aufbewahrt werden, die Anteil an Kult und Opfer haben und an Festtagen Amun bei seinen feierlichen Prozessionen begleiten. Im Neuen Reich wird es üblich, dem Gott wie dem König als Prozessionsfahrzeug eine tragbare Barke zu geben, die auf einen Sockel gesetzt ist. Die Götterstatue, dem Allerheiligsten entnommen, wurde in eine Kajüte aus kostbarem Holz gesetzt, die mit Gold beschlagen und mit Edelsteinen eingelegt war, und ein Segel aus Königsleinen verbarg das Ganze vor profanen Blicken;

– hinter der Barkenkapelle, soweit vorhanden, das Allerheiligste. Es lag mit seinen Sakristeien, Schatzhäusern und seinem Keller für Opfergaben nahezu völlig im Dunkeln. Bei Tage fiel spärliches Licht durch eine kleine quadratische Öffnung in der Decke und wies dem Priester seinen Weg, der aber wie seine Helfer wohl meist auf das Licht der Fackeln angewiesen war, die im Vorraum brannten.

Diese Grundstruktur konnte, wie in Karnak, nach Belieben erweitert und verunklärt werden; die Betonung des königlichen Charakters des Tempels, die um die Mitte des Neuen Reiches immer stärker wurde, hat derartige Planänderungen begünstigt. Der östlich hinter dem Allerheiligsten des ältesten Tempels unter Thutmosis III. angelegte gesonderte Tempelkomplex des *Ach-menu* ist hierfür ein Beispiel. Einzigartig in seinem Plan und seiner architektonischen Gestalt, ist das *Ach-menu* das Ergebnis einer Erneuerung des Dogmas, die eng mit der Wiedereinführung alter Festgebräuche verbunden ist, von denen noch die Rede sein wird.

Das tägliche Kultbildritual

Tag für Tag, Jahr für Jahr vollzieht sich im Tempel in althergebrachter Weise der tägliche Kult. Sein zeitlicher Ablauf ist genau geregelt, kontrolliert von den Tempel-Atsronomen, die durch die Beobachtung des Nachthimmels und der Dekansterne die Zeit bestimmen.

Es kann hier im begrenzten Rahmen dieser Darstellung nicht darum gehen, all die vielen Rituale eines Tageslaufs im Tempel im Detail zu beschreiben. Stattdessen soll ihr gedanklicher Hintergrund nachgezeichnet werden. Das Grundprinzip des gegenseitigen Gebens und Nehmens

Die königliche Prozession zog über die Süd-Nord-Achse des Amun-Tempels auf den Obeliskenhof zu, dessen Südtor im Hintergrund zu erkennen ist. Auf seinem Weg über die gepflasterte Prozessionsstraße durchschritt der Herrscher die monumentalen Tore der großen Pylone, zu deren Seiten kolossale Königsstatuen und Obelisken standen. In der Bildmitte die Reste des Siebten Pylons, davor die Sockel seiner beiden Obelisken, deren einer (links) von Konstantin d. Gr. nach Konstantinopel abtransportiert und im großen Hippodrom wiedererrichtet wurde. (Photo Alain Bellod)

beherrscht im alten Ägypten das enge Verhältnis zwischen Gott und Mensch. Amun stiftet die Ordnung und den Fortbestand der Welt, das Prinzip der *Maat*, er gibt das Leben und dessen materielle Grundlagen, denn er ist der Herr der Elemente. Als Gegenleistung müssen die Menschen den Nachweis erbringen, daß sie diese Ordnung der Welt anerkennen und das Geschenk des Lebens in seiner ganzen Größe zu schätzen wissen.

Die erste Verpflichtung der Menschen im Rahmen dieser Gegenleistung liegt darin, einer sinnvollen und nutzbringenden Tätigkeit nachzugehen, die ihnen ihren Lebensunterhalt gewährt. Das Opfer irdischer Güter – Brot, Wein, Salben, Stoffe, Essenzen, Schmuck, Mineralien, Metalle – ist zusammen mit der Darbringung von Symbolen der Fruchtbarkeit der Erde – Wasser, Ackerland, Papyrus, Pflanzen und Blumen – ein Zeichen des Bemühens der Menschen, die göttliche Ordnung zu achten. All diese verschiedenen Opfer können im Opfer der Maat zusammengefaßt werden; die kleine Figur der Göttin, auf einem Korb hockend, ist das knappste und gültigste Symbol für das intakte Verhältnis zwischen Gott und Mensch. In ihrem Stirnband sitzt eine Feder als Zeichen einer harmonischen, ausgewogenen Gesellschaftsordnung; das Lebenszeichen in ihrer Hand ist Programm und Erfolgsgarantie zugleich. Da das Leben und die Weltordnung keine Unterbrechung erfahren dürfen, ist die unaufhörliche Wiederholung des Kultes eine unabweisbare Pflicht. Aus diesem Grund sind all die zahllosen Einzelheiten des Kultablaufs immer wieder auf den endlosen Wänden der Tempel in Bild festgehalten und in Beischriften erklärt und vertieft. So trägt der Tempel das Ritual auf seinen Leib geschrieben und erweckt es damit zum Leben, und sollten dereinst die Menschen nicht mehr sein, so bräche doch diese Wechselwirkung nicht ab, das Gleichgewicht bliebe dennoch bestehen, der Fortbestand des Lebens geriete nicht in Gefahr.

Anfang und Urgrund dieses wechselseitigen Verhältnisses ist allein der König, der Sohn des Re und des Amun. Pharao ist der einzig legitimierte Priester, der einzig denkbare Mittler. Da die Gottheit in ihren zahllosen Namen in ganz Ägypten allgegenwärtig ist, der König aber auch seinen politischen Pflichten nachgehen muß, läßt er sich in seinem Priesteramt vertreten, um zu gewährleisten, daß der Kontakt zu Gott allüberall, zu gleicher Zeit und in vollem Unfang aufrecht erhalten wird. So sind in allen Tempeln des Landes Priester im Namen und in Vertretung des Königs im Kult tätig. An der Spitze steht der Hohepriester, der ‹Königspriester›, der die verschiedenen Priesterränge leitet, der anstelle des abwesenden Königs die kultischen Handlungen vollzieht und dem König, wenn er im Tempel weilt, assistiert. Dieser Hohepriester – in Karnak ‹der erste Prophet des Amun-Re, des Königs der Götter› – ist es, der bis in die kleinsten Einzelheiten den täglichen Kult überwacht und darüber hinaus die Vorbereitungen zu den großen Tempelfesten leitet und ihren ordnungsgemäßen Ablauf sorgt.

Festrituale

Das Festjahr

Das Tempeljahr war von einem äußerst dichten Festkalender geprägt. Alle wichtigen jahreszeitlichen Daten – Neujahr im Juli und Ankunft der Nilflut, Erntefest, Ende des astronomischen Jahres – wurden in Festen begangen. Der tägliche Tempeldienst wurde verstärkt, die Opfergaben wurden vervielfacht, und besondere Ritualtexte wurden rezitiert und gesungen. Karnak war in diesen Festrhythmus einbezogen, und alle Tempelfeste waren hier noch viel prachtvoller als anderswo, denn der Tempel des Amun war der größte in ganz Ägypten.

Wenn der Festkalender einen Auszug aus dem Tempel nicht vorsah, öffneten die Festhöfe ihre Tore und ließen die Priester und ihre Helfer ein, die aus den im Süden gelegenen Tempelmagazinen die Opfergaben zu den Altären trugen. Im Namen des Königs nahm der Hohepriester die feierliche Weihe der Opfer vor; dann brachten die diensthabenden Reinigungspriester die Gaben in den eigentlichen Tempel, das *ipet-sut* des Amun, um sie vor dem Allerheiligsten niederzulegen, dessen Tore bei diesem Anlaß länger als gewöhnlich geöffnet blieben. Von hymnischen Gesängen begleitet, wurden die Opfer anschließend auf alle wichtigen Plätze des Tempels verteilt, auf die Kapellen der ‹Neunheiten›, die Hallen der Königsstatuen, die Sanktuare der Mut und des Chons, der Heiligen Familie Amuns. Eine kurze Kulthandlung galt auch den Statuen hochgestellter Persönlichkeiten, denen als königlicher Gunstbeweis für ihre treuen Dienste die Erlaubnis erteilt worden war, in ihren Statuen an den Festzeremonien teilzunehmen.

Nachdem vom Besten aller Gaben geopfert worden war, wurde das ganze reiche und vielfältige göttliche Festmahl in die Tempelmagazine zurückgebracht. Dort wurde es unter den Priestern aufgeteilt und bescherte ihnen üppige Tage; der Rest ging ans Volk, das zu den Hintereingängen des Tempels kam, um dort in frommer Dankbarkeit die Gaben Gottes zu empfangen. Mehrmals im Jahr durfte die ganze Bevölkerung von Theben am Überfluß dieser Opfermähler teilnehmen. Woran zuerst Gott sich gelabt hatte, das nährte noch einmal seine Geschöpfe.

Die Königsfeste im Ach-menu

Mit dem Beginn des Neuen Reiches leitete das ägyptische Königtum seine Legitimität ausschließlich von Theben ab, und so ergab es sich zwangsläufig, daß sich in Karnak alle Aspekte des Pharaonentums konzentrierten. Amun, der König der Götter, verlieh auch dem irdischen Königtum seines Sohnes, des Pharao, seine Weihe. Folglich fand die Krönung des Königs im Heiligtum des Amun-Re statt; zu Beginn der 18. Dynastie, unter Thutmosis I., war der *wadjit* genannte Tempelteil zwischen dem V. und IV. Pylon vermutlich der Ort der Königskrönung. Im südlichen Teil dieses breiten Hofes wurde dem König die Weiße Krone von Oberägypten, im nördlichen die Rote Krone von Unterägypten aufs Haupt gesetzt; rings um den Hof standen Statuen des Herrschers als konkreter bildlicher Ausdruck seiner Präsenz im Tempel.

Nach vollzogener Weihe, Krönung und Reinigung schritt der neu inthronisierte König nach Osten auf das Allerheiligste zu und vollzog mit der Darbringung eines Opfers sein Amt als Hoherpriester.

An jedem Jahrestag der Krönung und ebenso bei jedem Regierungsjubiläum, jedem *sed*-Fest, das im Prinzip alle dreißig Jahre, in Wirklichkeit aber je nach politischen Notwendigkeiten viel öfter gefeiert wurde, wurden diese altertümlichen Riten von Neuem vollzogen. Als unter den Ramessiden zu Beginn der 19. Dynastie die *wadjit* durch den Einbau der Hatschepsut-Obelisken und ihren Umbau zur Säulenhalle zu eng geworden war, trat unter Sethos I. und Ramses II. an ihre Stelle als Ort der königlichen Zeremonien der riesige basilikale Säulensaal zwischen dem III. und II. Pylon, zu dem wohl schon Tutanchamun und Haremhab unmittelbar nach der Amarnazeit die Fundamente gelegt hatten.

Axonometrischer Schnitt durch den Westteil des Amun-Tempels zur Zeit Amenophis' III. Von links unten nach rechts oben folgen aufeinander: Obeliskenhof, Kreuzungspunkt der zwei Tempelachsen; Eingang zum *ipet-sut*, dem inneren Tempelteil, der in die Säulenhalle, die *wadjit*, mit ihrer Doppelreihe von Papyrussäulen führt; zwei kleine Säulenhöfe beiderseits des Sechsten Pylons; Zugang zum Barkensanktuar über eine Rampe, flankiert von den beiden Wappenpfeilern. Der innerste Tempelteil, ‹Palast der Maat› genannt, umfaßt die zentrale Stationskapelle und die zu ihren Seiten liegenden Raumfolgen, die unter der Königin Hatschepsut errichtet wurden. (Entwurf Véronique Noyère)

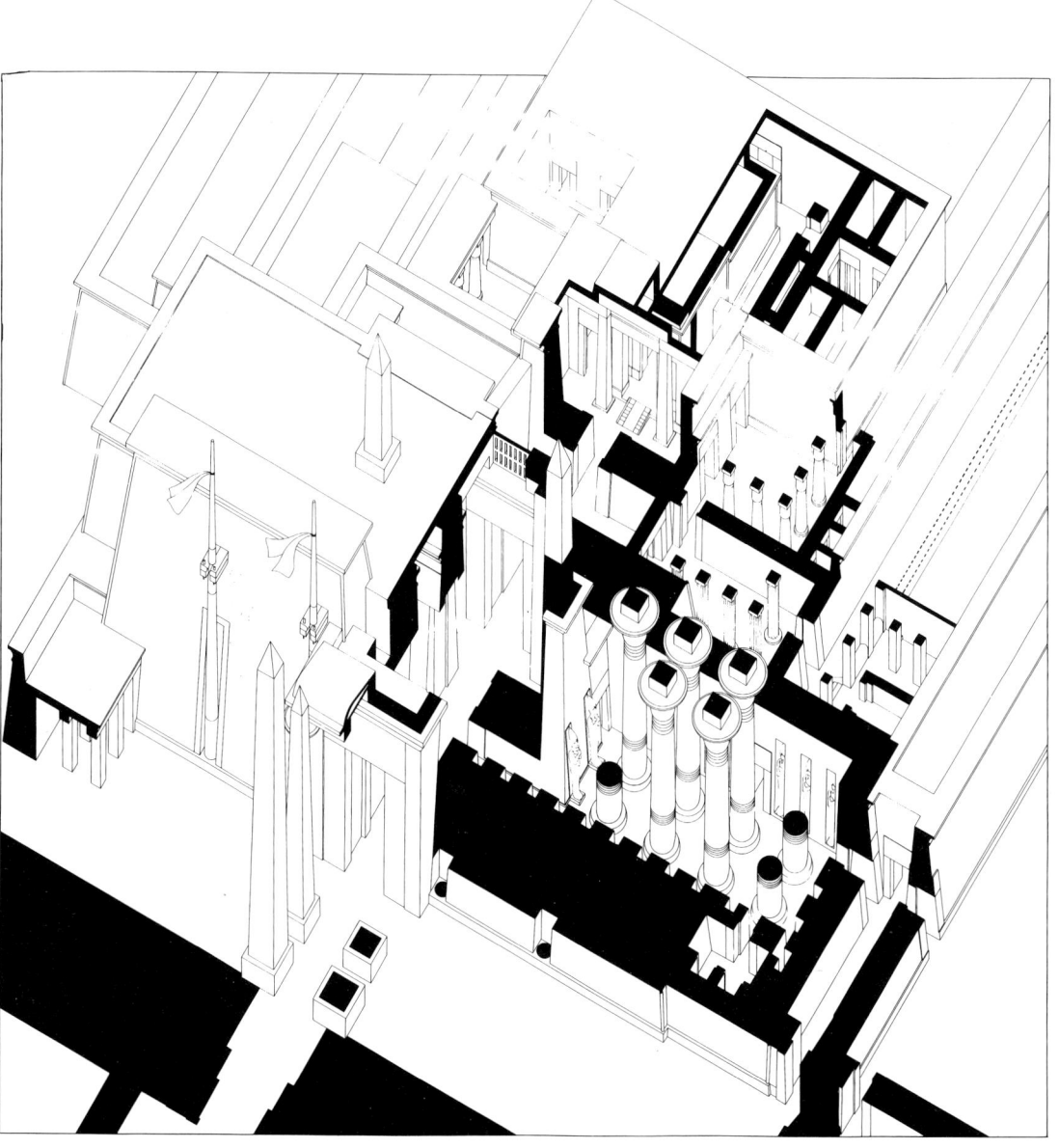

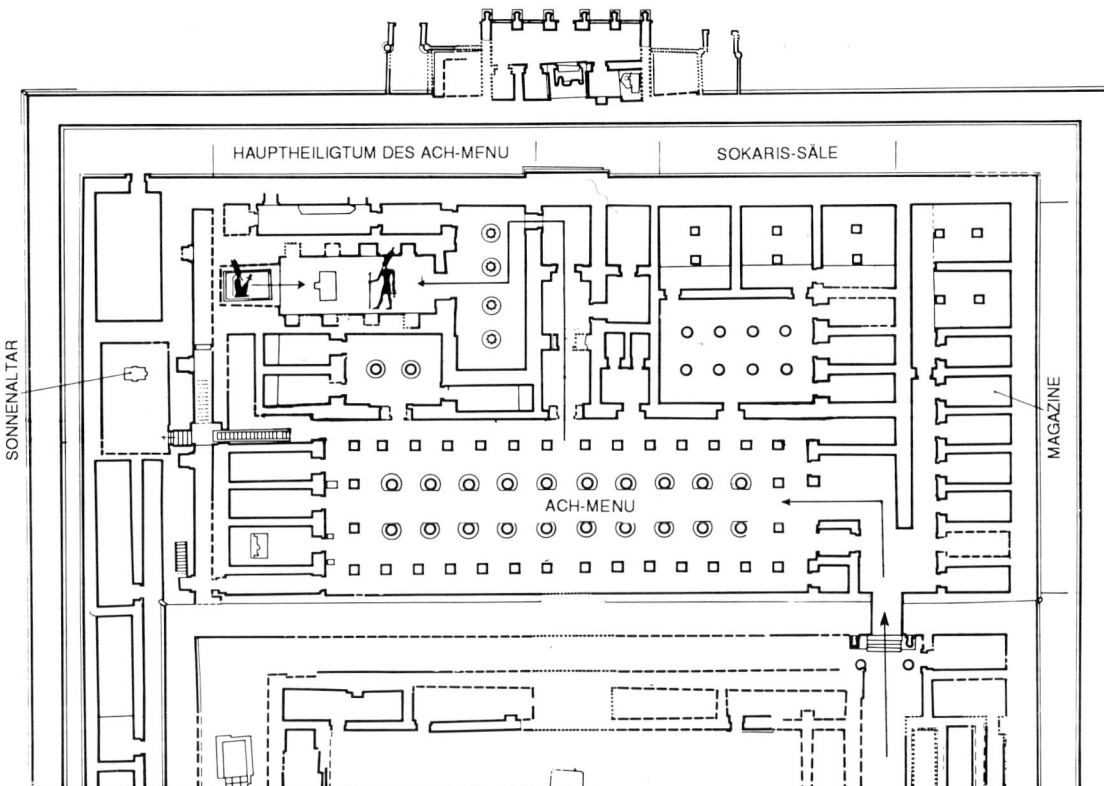

SONNENALTAR

MAGAZINE

ACH-MENU

O

N   S

W

Übersichtsplan des *ach-menu*, der Festhalle Thutmosis' III., und seiner Nebenräume im Ostteil des Amun-Tempels (Zeichnung Denise Revault)

Das außergewöhnlichste Sakralbauwerk der ägyptischen Architektur hat jedoch Thutmosis III. in den glanzvollsten Jahren des Neuen Reiches dem Tempel von Karnak hinzugefügt. Sein altägyptischer Name *Ach-menu*, eine übrigens nicht ganz korrekte Umschreibung, beinhaltet ein theologisches Programm. In dem so bezeichneten Gebäude vereinigen sich der ‹König der Götter› und der ‹Sohn, König und Gott› in verklärtem göttlichem Licht (*ach*).

Die kultische Rolle des *Ach-menu* liegt in der höchsten Verklärung der Kräfte einer harmonischen Weltordnung, des Regelwerks, das sich an dieser spezifischen Stelle des Karnak-Tempels in den beiden Ordnungsprinzipien und zugleich in den beiden Hauptbereichen der Welt, Himmel und Erde, ausdrückt. Im *Ach-menu* konzentriert sich diese Vereinigung von Mensch und Gott, dieser Tempel spiegelt in seinem Plan und in seiner wohl bedachten Raumordnung die Gesamtheit der öffentlichen Festriten außerhalb der Tempelmauern wider, bei denen die wichtigsten Phasen der Aneignung und Teilung der Erde rituell nachvollzogen wurden.

Die Ortswahl im Osten des Hauptheiligtums des Amun innerhalb der massiven Umfassungsmauer des eigentlichen Tempels weist zunächst schon deutlich darauf hin, das die Rituale des *Ach-menu* geheim gehalten werden sollen. Der Tempel ist nur von Süden her über einen geschützten Gang zugänglich, der am ‹Palast der Maat› und südlich am ältesten Tempel vorbeiführt. Das einzige Zugangstor liegt leicht erhöht und wird über eine Rampe und eine Treppe erreicht, zu deren Seiten kolossale Königsfiguren stehen. Der Plan gibt also die Richtung der Wege im Tempel vor und zwingt zur Begehung seiner Achsen, die zugleich die Achsen Ägyptens sind: Die Süd-Nord-Richtung nimmt auf das Land Ägypten und seine Prägung durch die Richtung des Flusses Bezug; die West-Ost- und die Ost-West-Achsen in ihrem ständigen Wechsel bilden den Sonnenlauf ab.

In dem Festsaal mit den charakteristischen Zeltstangensäulen findet die königliche Prozession ihren Höhepunkt und führt den Herrscher zu den drei an der Nordseite des Saals gelegenen Kapellen, die in ihrer Abfolge den Abschluß des Weges bilden. Hier empfängt, nach Süden blickend, Amun, der König der Götter, Herr der Beiden Länder, auf Erden wohnend den König, Thutmosis III. – und in späteren Zeiten dessen Nachfolger, die gegen alle sonstige Regel keinerlei Veränderungen an diesem Gebäude vornehmen, sondern es ganz im Gegenteil bis hinein in die Ptolemäerzeit nach dem Vorbild seines Gründers immer wieder renovieren lassen.

Als ‹Tempel von Millionen von Jahren› dem Königtum geweiht, weist das *Ach-menu* ganz spezifische Bauformen auf. In den abgeschlossenen Räumen im Südteil mit ihrem chthonischen, erdverbundenen Charakter ist der Gedanke der ewigen Wirksamkeit der Königsherrschaft des Sohnes des Re das beherrschende Thema. So stellen die Wandreliefs das Regierungsjubiläum, das *sed*-Fest als zeitlos gültiges Ereignis dar und verewigen auf diese Weise auf den Tempelwänden die Rolle des Königs als Spender des Lebens und Garant der regelmäßigen Wiederkehr der Natur und des Flusses. Symbolischer Ausdruck dieser Inhalte ist der Vasen- und Ruderlauf, zu dem der König in Assuan, am Ursprung der Nilüberschwemmung aufbricht, dort ein erstes Mal Wasser ausgießt, dann flußabwärts zieht, um das lebenspendende Naß nach Norden bis ins Delta zu

Der thronende König im Gewand des Regierungsjubiläums, des Sed-Festes. Relief in den Südosträumen des *ach-menu*. (Photo Jean-Claude Goyon)

45

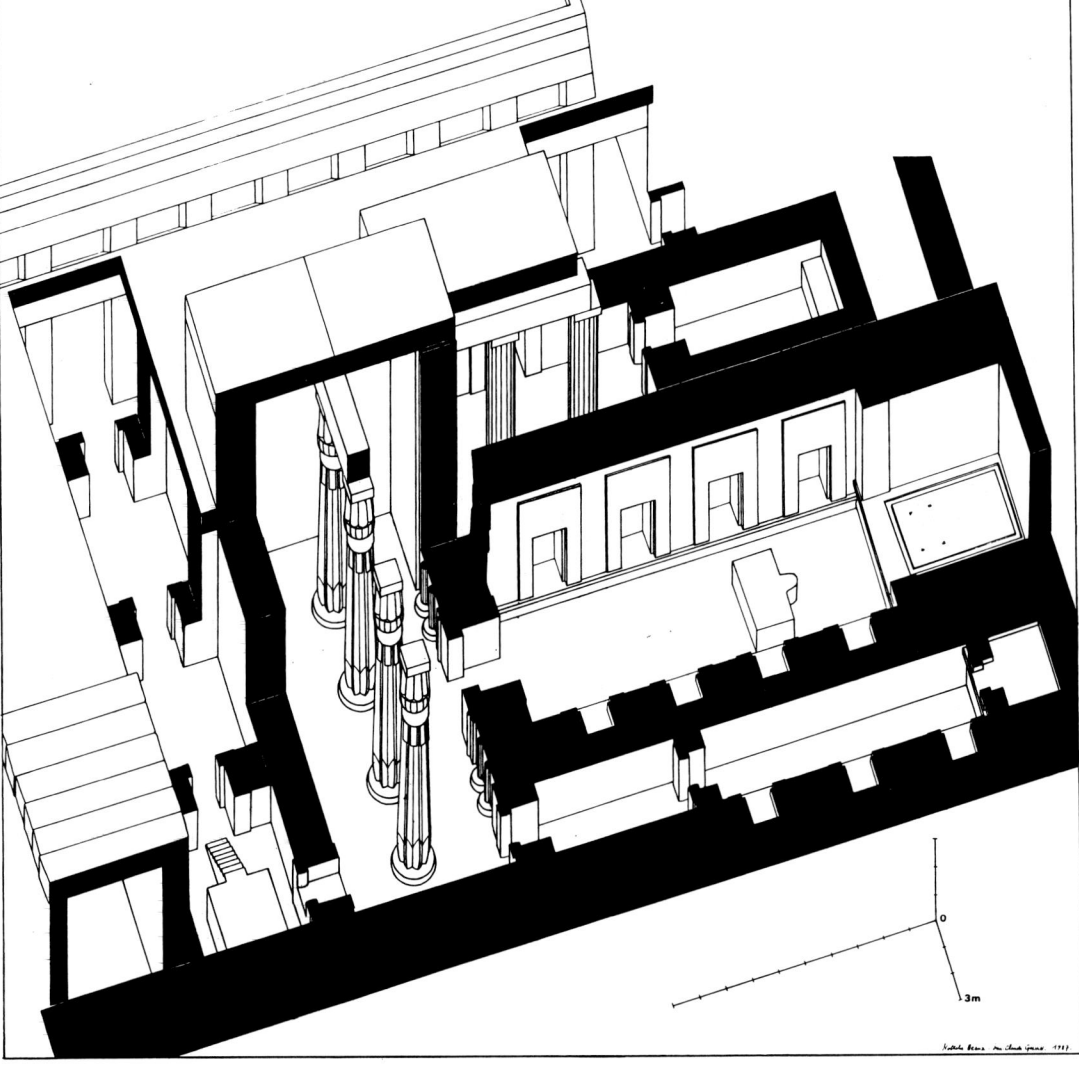

Axonometrischer Schnitt des Allerheiligsten im *ach-menu* mit dem davor liegenden Säulensaal, dem ‹Botanischen Garten›, so benannt nach seiner Reliefdekoration, die zahlreiche Tiere und Pflanzen aus dem ganzen Herrschaftsbereich Thutmosis’ III. zeigt. (Zeichnung Nathalie Beaux und Jean-Claude Golvin)

Gesamtansicht des Sanktuarbereichs im *ach-menu*. Links im Vordergrund der große Quarzitsockel, auf dem einst der Schrein des Götterbildes stand. Im Hintergrund die Bündelsäulen des ‹Botanischen Gartens›. Dieser Teil von Karnak bleibt aufgrund seiner starken Zerstörung und Unübersichtlichkeit für den Tempelbesucher heute schwer verständlich.
(Photo Paul Barguet)

Rechte Seite
Ausschnitt aus den Tier- und Pflanzenbildern im ‹Botanischen Garten› (Photo Alain Bellod)

tragen, durch nichts aufzuhalten oder vom Weg abzubringen. Zielpunkt des Laufes ist das ewige Heliopolis, die Urheimat des Königtums. Wie diese heilige Stadt im Norden des Landes liegt, so befindet sich auch die Treppe, die über gedeckte Terrassen zum erhöht angelegten Sonnenhof mit dem Sonnenaltar führt, an der Nordseite des Saales mit den Zeltstangensäulen. Dieser vierseitige Altar, nach den vier Himmelsrichtungen ausgerichtet, drückt wie in den altehrwürdigen Tempeln der Frühzeit des Sonnenglaubens in aller Klarheit die Gewaltenteilung zwischen Gott und König aus, denn auf ihm wird durch das Maat-Opfer der Austausch göttlicher und königlicher Macht vollzogen.

Das bewußte Spiel mit den Achsen des Tempels ist es, das wie ein Leitmotiv den einzigen Schlüssel zum Verständnis der Funktion des Festsaales selbst liefert. In der Mittelachse öffnet sich nach Osten eine Tür in eine blind endende Abfolge von drei Räumen. Zunächst mag es scheinen, daß Thutmosis III. hier das Mittelsanktuar des Amun nach Osten verlegt habe, sich nach Westen öffnend. Daß dem nicht so ist, zeigt ein Durchgang, der von hier aus ins eigentliche geheime Innere des Tempels führt. In der Nordwand des hintersten der drei Räume befindet sich hoch über dem Boden eine kleine Tür, den Eingängen zu den Krypten ptolemäischer Tempel vergleichbar. Wenn man über einen Sockel vor der Türschwelle hochgestiegen ist, kann man jenseits der Tür nach Norden hinuntersteigen. Es ist ein Weg ins Dunkle, der einzig dem König oder seinem Stellvertreter, dem Hohenpriester, erlaubt ist. Hier ruht das unaussprechliche Geheimnis Amuns, des Schöpferkönigs. Es wird für immer unbekannt bleiben, in welcher Gestalt der Verborgene hier wohnte, sicher jedoch ist, daß er von hier aus auf die ganze Welt ausstrahlte, umgeben von den zehn Grundformen des Weltbeginns, die in den zehn Wandnischen dargestellt waren.

Die schematische Zeichnung erlaubt es am ehesten, die Funktion der Räume zu erfassen. Im Geheimnis dieses Ortes zeigt sich der Schöpfer inmitten seiner Schöpfung. Von dem hohen Granitsockel aus, seinem Urhügel, blickt er nach Süden auf seine ersten zehn Äußerungsformen, die die Welt und das All beleben sollen, auf seine erste himmlische Ordnung. Weiter im Süden schließt sich quer liegend das Abbild der geschaffenen Welt an. Vier schlanke Pflanzensäulen

46

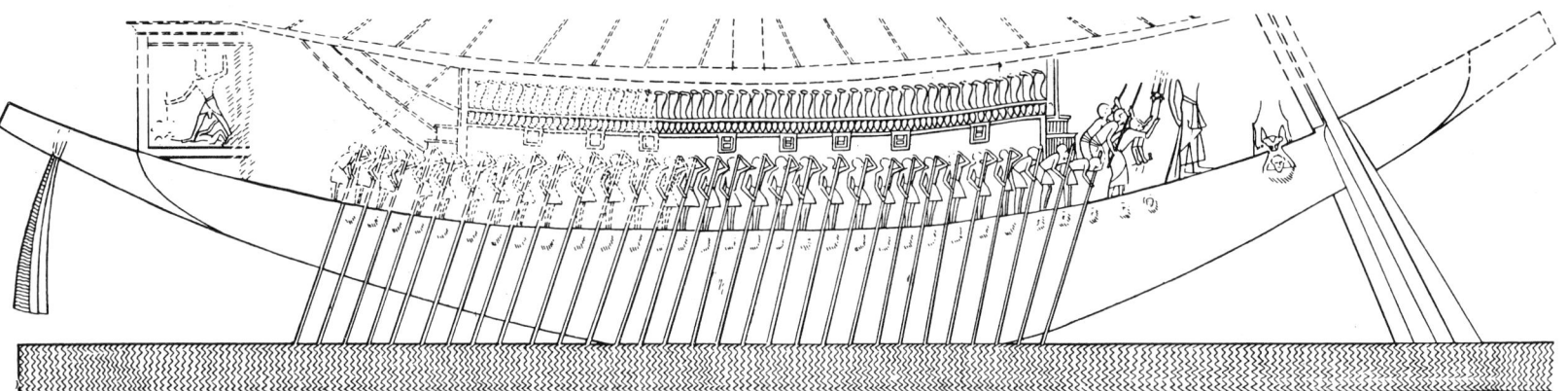

Das große Prunkschiff des Amun, *user-hat* genannt, an Bug und Heck mit Widderköpfen geschmückt. In der Kajüte in der Mitte des Schiffes steht die Kultbarke des Amun, dahinter (links) die Barke des Chons – Falkenköpfe mit Mondscheibe als Bug- und Heckzier – und die Barke der Mut, geschmückt mit dem Frauenkopf der Göttin, der die Doppelkrone trägt. Vor der Kajüte zelebriert der König ein Weihrauchopfer. Am Bug stehen Figuren der Göttinnen Maat und Hathor, gefolgt von einer königlichen Greifengestalt. Relief im Großen Säulensaal. (Photo Alain Bellod)

Schlepper des *user-hat*-Schiffes. Relief auf der Ostseite des Dritten Pylons. Zusätzlich zu den Ruderern auf beiden Seiten besaß der Schlepper ein großes Segel. (Nach Schwaller de Lubicz)

tragen als Himmelsstützen das Dach, über dem die Sonne von Osten nach Westen ihren Tageslauf vollzieht, die Nacht besiegt und am Morgen von Neuem aufgeht. In diesem Raum stellt sich die Welt der Menschen, der Könige dar, und nichts kann ihr Gleichgewicht, die Harmonie des Lebens stören. In aller Üppigkeit ist dieses Leben in Bildern von außergewöhnlicher Schönheit und Vielfalt in den Reliefs der unteren Wandzone festgehalten; eine reiche und wundersame Pflanzenwelt sprießt aus dem Urwasser, vermischt sich mit allerhand Getier, mit wirklichen und märchenhaften Vogelgestalten und bildet den Hintergrund für ein außergewöhnliches Naturbild, das dem Raum den irreführenden Namen ‹botanischer Garten› eingetragen hat.

So wurde bei jedem Besuch des Königs, der sicherlich zeitlich mit den wichtigsten Festen des jährlichen Naturablaufs zusammenfiel, die Gabe Gottes an den König bestätigt, die dieser sich als Erbe Amuns verdient hatte, indem er in wechselseitigem Geben und Nehmen die zwischen Gott und König geltenden Gesetze eingehalten hatte. Nirgendwo sonst in Karnak konnte sich diese Begegnung ereignen. Einzig das geheimnisvoll verborgene Sanktuar des *Ach-menu* setzte Ort und Geschehen der ewig sich wiederholenden Schöpfung in konkrete architektonische Form um.

Feste im Umfeld des Tempels

Das Opet-Fest

Die festlichste aller Prozessionen Amuns und des Königs, eng mit dem heiligen Geheimnis des *Ach-menu* verbunden, das soeben beschrieben wurde, war zweifellos das Fest der ‹geheimen Kapelle› (*ipet*) im Süden, das den König nach Luksor führte. Erste genauere Nachrichten über dieses Fest, das in seinem vielfältigen Programm große Beliebtheit beim Volk genoß, finden sich erst in den Reliefbildern der Roten Kapelle der Königin Hatschepsut aus dem ersten Drittel der 18. Dynastie. Bis zum Ende dieser Epoche wird das Ritual kaum eine Veränderung erfahren.

Amun und seine Familie, Mut und Chons, machten sich in ihren tragbaren Prozessionsbarken im Herzen des Tempels, am Schnittpunkt der heiligen Tempelachsen, der durch die Obelisken des III. und IV. Pylons markiert war, in ihrer Festprozession auf den Weg. Von hier aus nahm der Zug im feierlich gemessenen Schritt der Träger, die von Station zu Station abgewechselt wurden, seinen Weg hinaus nach Süden über die Prozessionsstraße, eine Abfolge von Höfen und Pylonen, die bis in die Zeit des Haremhab immer prachtvollere Gestalt annahmen.

Amun in Widdergestalt. Relief auf der Ostwand des ‹Cachette-Hofs› nördlich des Siebten Pylons. (Photo Paul Barguet)

Am Weg, der zu dem Nebentempel Luksor führte, waren Festkapellen als Ruheplätze der Götterbarken errichtet. Je näher man dem Zielpunkt der Ausfahrt des Gottes kam, desto ausgelassener wurde die Festesfreude der Teilnehmer, umso lebhafter die Zeichen heiliger Ekstase des Volkes. Jedermann eilte herbei, ‹den Gott zu schauen› mit seiner heiligen Familie. Es wurde gesungen, getanzt und getrunken, und schließlich durfte man am heiligen Festmahl teilnehmen, das den Höhepunkt der Ankunft des Gottes bezeichnete. Der König – oft in Begleitung der Königsfamilie – nahm an diesem Fest teil und vollzog persönlich das Opfer. Amun-Re zog sich nun in die heilige Einsamkeit im Innersten des Tempels von Luksor zurück, um dort, abgesondert von der Menge und ihrem Lärm, seine Neugeburt zu erleben. Das hierbei vollzogene Ritual bleibt uns in seinem Inhalt weitgehend unbekannt, da keinerlei ausführliche Texte erhalten sind; der Festkalender legt es auf die wichtigsten Tage der für Ägypten so existenzentscheidenden Nilüberschwemmung vom 19. Tag des 2. Monats bis zum 10. Tag des 3. Monats des Frühjahrs, *achet*. In dieser Zeit erfuhr der Gott die verschiedenen Phasen der Erneuerung seiner Schöpferkraft.

Den einfachen Gläubigen, denen die Einzelheiten des Dogmas ebenso verborgen blieben wie der tiefe Sinn des Rituals, stellte sich das Ergebnis dieses heiligen Geschehens in einem leicht verständlichen Bild dar, im heiligen Widder des Amun mit der Sonnenscheibe, dem mächtigen Begatter, dessen Statuen für jedermann sichtbar die ganze heilige Prozessionsstraße quer durch die Stadt säumten. Für das einfache Volk, der Natur eng verbunden, bedurfte es nicht des Bildes des ithyphallischen Gottes; der tierische Inbegriff der Männlichkeit, stets zeugungsbereit, war ein ausreichend klares Bild. Man war sich auch bewußt, daß sich in diesem eindeutigen Bild das kommende große Wunder ausdrückte: die Erneuerung der Natur, die sich alsbald aus dem fruchtbaren Naß erheben würde. Wenn auch der Mann vom Lande, der herbeigekommen war, um am Fest teilzunehmen, nicht viel mehr als diese Äußerlichkeiten erlebte, so konnte er sich doch ohne Mühe vorstellen, daß so das Leben ‹beim ersten Male› entstanden war, ganz wie es die Legende berichtete.

Hierin liegt die inhaltliche Aussage dieses Festes. Während sich Amun nach Süden auf den Weg macht, talaufwärts der Strömung entgegen, läßt Hapi, der Nilgott, unter seinen fruchtbaren Wasserfluten behutsam die Ernte sprießen und neues Leben entstehen. Amun verweilt für lange Zeit in seinem geheimen Refugium, das im Süden von Theben gelegen ein Abbild der südlichen Landesgrenze ist. Dreißig Tage dauert seine Regeneration, und ganz wie er selbst erfährt auch die Welt in diesen dreißig Tagen eine Verjüngung. Auch der König hat in seinem *ka*, seiner Schöpferkraft, die ihn über die Natur stellt, Anteil an den Auswirkungen des Rituals. Wie sein göttlicher Vater feiert er das Mysterium seiner göttlichen Geburt. Beide, Vater und Sohn, erfahren im dritten Monat der *achet*-Jahreszeit aus sich selbst heraus ihre Neugeburt, und zusammen kehren sie nach Karnak zurück. Mit ihrem Rückweg nach Norden bekräftigen sie die reiche Befruchtung des Bodens Ägyptens durch den Nil, denn ihre Rückfahrt vollzieht sich auf dem Fluß. Amun und sein Sohn fahren auf riesigen Zeremonialschiffen, auf deren Deck ihre Barken aufgestellt sind. Mit Gesang, Musik und Hymnen wird diese neuerliche Besitzergreifung des Landes von Süden nach Norden festlich begangen, dem Fest vergleichbar, das bei der Krönung des Königs gefeiert worden war. Vom Süden bis zum Norden triumphiert Amun, der König der Götter, als Re. Sein geliebter Sohn, der König – er steuert persönlich das Schleppschiff – spielt im Fest die Rolle des Horus, des starken und kühnen Erben. Er führt seinen Vater wie die untergehende Sonne über den Westkanal nach Karnak zurück. Und wie aus dem morgendlichen Re-Harachte nach einem reichen Tag der abendliche Atum geworden ist, so geht Amun im ‹Horizont› hinter den Pylonen zur Ruhe. Wenn am nächsten Morgen die rote Sonnenscheibe über dem einsam aufragenden Ostobelisken aufgeht, nimmt das Leben der Menschen von Neuem seinen Lauf, getragen von der unumstößlichen Gewißheit seiner ewigen Wiederkehr.

Das Talfest

Im zweiten Monat des Sommers (*schemu*) begannen um den Neumond die festlichen Tage der Fahrt des Amun auf die Westseite von Theben. Vor langer Zeit schon war dieses Fest in der 11. Dynastie zeitgleich mit dem Min-Fest, einem Fest zum Beginn der Ernte, am Morgen des Neumondtages des ersten Sommermonats gefeiert worden; damals hatten die Mentuhotep-

Pfeilerfassade des Kleinen Tempels von Medinet Habu, einer peripteralen Anlage aus der Zeit Thutmosis' III. (Photo Jean-Claude Golvin)

Wandmalerei in einem thebanischen
Grab (Nr. 277) der 19. Dynastie in
Gurnet Murrai. Die Statuen
Amenophis' III. und der Königin Teje
werden anläßlich des ‹Talfestes› in einer
Prozession mitgeführt. Als
Transportmittel dienen Schlitten, an
deren Kufen Zugseile befestigt sind. Den
Priestern in weißen Leinengewändern
und Pantherfellen folgen Wedelträger.
(Archiv CFETK)

Das ‹schöne Fest vom Wüstental› war zuallererst eine Begegnung verschiedener Äußerungsformen des Königtums mitten im Reich des ewigen Lebens, das völlig zu Unrecht das Reich der Toten genannt wird. Im Westen von Theben liegen zwar große Nekropolen von Königen und Privatleuten aus pharaonischer Zeit, allen voran das Tal der Könige; aber über den Tod hinaus ist das Westufer von Theben ein für die antike Welt ganz außergewöhnlicher Ort, an dem im Neuen Reich alle Könige Ägyptens sich in ihren aufwendigen Bauwerken zu übertreffen versuchten, die nicht so sehr ihrer eigenen Verherrlichung dienen sollten, sondern der Ideologie, die sie verkörperten, der Rolle des Königs auf Erden.

So mußte im 11. Jahrhundert v. Chr., am Ende der Ramessidenzeit, Amun bei seinem Auszug nacheinander sämtliche ‹Tempel von Millionen von Jahren› am Wüstenrand aufsuchen. Das begann im Süden, am Ausgangspunkt der Prozession in Medinet Habu beim Tempel der 18. Dynastie, der in die riesige Tempelanlage Ramses' III. einbezogen war, mit den Tempeln des Tutanchamun, Eje, Haremhab, mit dem Tempel Amenophis' III. und den Memnonskolossen. Es folgten in Gurna das Ramesseum und die Kapellen und Tempel um den Tempel Thutmosis' III.; im Norden schließlich bildete der Tempelbezirk Sethos' I. den Abschluß. Auf dem Rückweg nach Süden, vorbei an den Ausläufern des Assassif, hielt die Prozession des Gottes mehrmals an, um aller bekannten Könige zu gedenken. Letzter Zielpunkt war Deir el-Bahari, die Festbühne des Gottes, von Hatschepsut geplant, von Thutmosis III. vollendet und bis in die Ramessidenzeit erweitert.

Könige am Fuß der natürlichen Felspyramide der als heilig verehrten westthebanischen Bergspitze das Felsenrund von Deir el-Bahari als Bauplatz für den ersten ‹Tempel von Millionen von Jahren› in Theben gewählt. Die Festdaten änderten sich im Lauf der Jahrhunderte, Geist und Sinn des Festes aber widerstanden der Zeit.

Für zwölf Tage verließ Amun den Tempel von Karnak, um zunächst auf dem Fluß bis in Höhe von Luksor zu fahren; dort überquerte sein Schiff den Fluß nach Westen und setzte seine Fahrt auf einem der Kanäle fort, die zum ‹Land des Lebens›, zur Nekropole führten, wo die Sonne zur Ruhe geht. Die erste Station lag im Süden, am von hohen Bergen umstandenen Wüstenrand vor dem Tal der Königinnen, heute Medinet Habu genannt. In altägyptischer Zeit hieß der Ort Djeme oder ‹der Hügel von Djeme›. Ein Tempel mit Umgang, harmonisch und leicht in seinen Proportionen, war dort bereits in der 18. Dynastie errichtet worden, um Amun bei seinem Besuch in Theben aufzunehmen. All die vielen Rituale zu nennen, die bei diesem Auszug des Amun begangen wurden, würde ins Uferlose führen, denn im Lauf der Jahrhunderte haben sie sich immer wieder verändert und erweitert. Wesentlichstes Merkmal des Festes war aber stets die *Begegnung*.

50

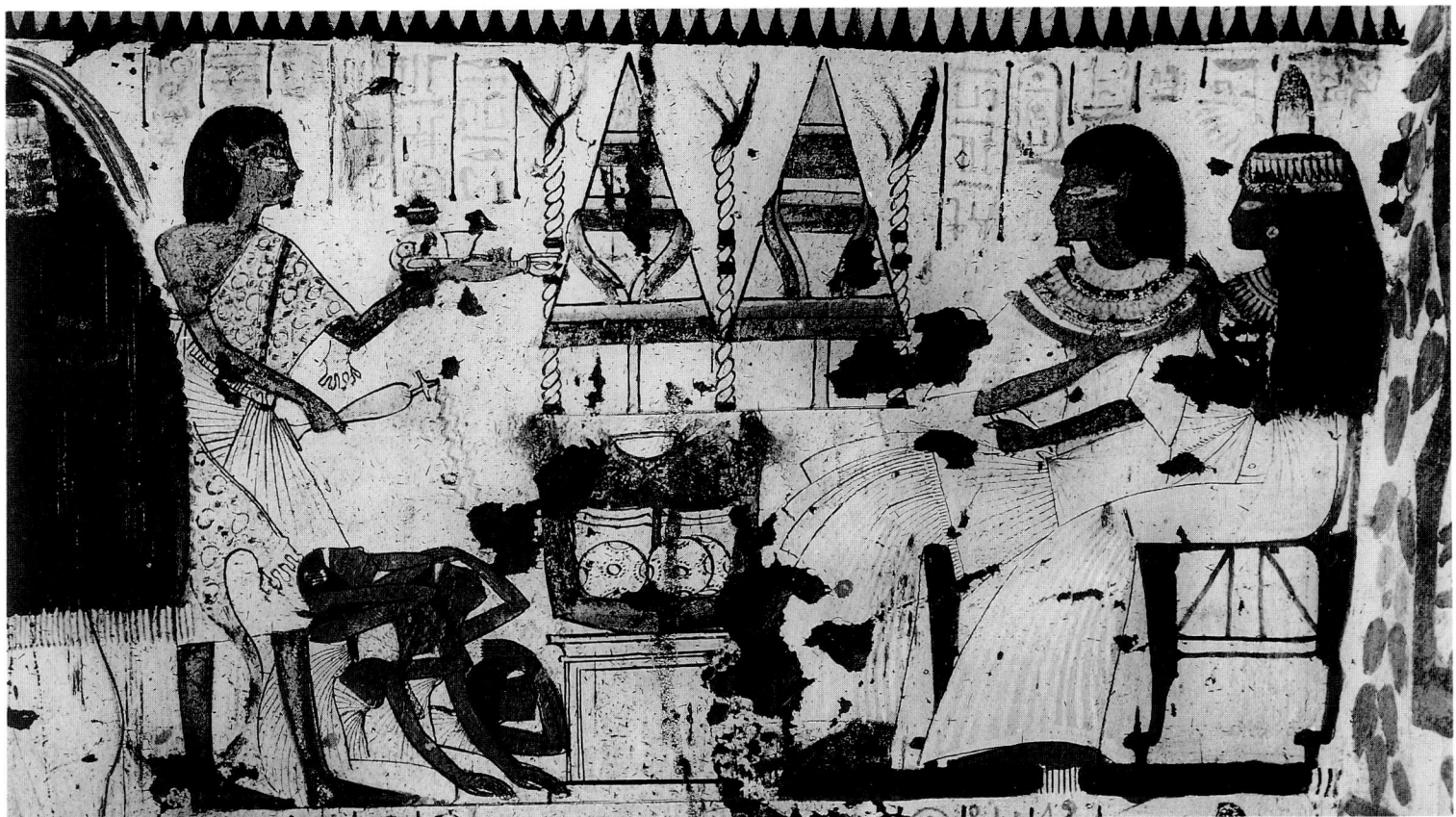

Wandmalerei in einem thebanischen Grab (Nr. 51) der 18. Dynastie in Gurna. Fackeln und Opfergaben beim ‹Talfest›. Auch beim täglichen Tempelritual bediente man sich solcher Fackeln, wenn man in die innersten, dunkelsten Räume des Tempels schritt. Wahrscheinlich mischte man Salz in das Wachs dieser Fackeln, wie es Herodot für ägyptische Öllampen beschreibt: ‹Es sind kleine Gefäße mit Salz und Öl; darauf schwimmt ein Docht, der die ganze Nacht hindurch brennt.› Das Salz sollte die Rußbildung verhindern. (Archiv CFETK)

Überall, wo die Prozession Halt machte, erlebte das Fest einen neuen Höhepunkt. Ganz Theben war auf das Westufer gefahren, Kleine und Große, Bauern und hohe Würdenträger. Überall wurde unter der Leitung blinder Harfner gesungen und musiziert. Alle Statuen und Prozessionsbarken der altehrwürdigen Könige, die aus ihren ‹Tempeln von Millionen von Jahren› gekommen waren, schlossen sich dem Festzug an, dessen Mittelpunkt die Barke des Gottes und die Barken seiner Heiligen Familie bildeten. Der Klang der Sistren, der Perlen der *menat*-Halsketten und der Kastagnetten der Musikantinnen des Amun vermischte sich mit dem Geschrei der Menge.

Alle oberirdischen Kammern der Gräber sind von den Festgästen geöffnet worden. Feuerstellen sind angelegt worden, über denen Gänse und Enten gebraten werden. Überall werden Myrrhen und Weihrauch auf Altären verbrannt und Stabsträuße vor den Stelen und Statuen aufgestellt. Riesige Blumengebinde werden auch Amun und seiner Begleitung im Verlauf des großen Opfers dargebracht, an dem alle teilnehmen.

Tage und Nächte gehen über dem Fest dahin; die Feldarbeit ist glücklicherweise getan. Wenn schließlich das Fest seinem Ende naht, wird noch die lange Nacht der Rückkehr Amuns nach Karnak gefeiert. In Deir el-Bahari, der letzten Station des Festzugs, bereiten die Priester das Ritual der Fackeln vor, dem die Wiederkehr des Lichts am ersten Tag des Jahrs als Vorbild gedient hat. In dieser Nacht ist die ganze Nekropole ein einziges Lichtermeer. Vor den Gräbern, auf den Vorplätzen der Kapellen feiert man ein ‹Fest der Trunkenheit›; jedermann spricht kräftig dem Alkohol zu, vor allem dem Wein, aber auch dem Bier, man stößt an auf Amun, auf die Könige, auf Eltern und Freunde. In unmittelbarer Nachbarschaft der Verstorbenen, am Tor zur Ewigkeit findet dieses ausgelassene Fest statt, ein Fest der Hoffnung, nicht ein einfaches Trinkgelage.

Am Morgen des letzten Festtages verlassen die heiligen Gäste das ‹Land des Lebens› und kehren zum Kanal zurück, wo die Tragbarken wieder auf ihre Schiffe geladen werden. Die Menge bleibt an Land und kehrt in einzelnen Grurpen zurück zu den ‹Tempeln und Kapellen von Millionen von Jahren›. Nur die Heilige Familie von Karnak fährt hinaus auf den Fluß, überquert vom Westufer aus eine kleine Strecke flußabwärts treibend den Nil und erreicht alsbald den heimatlichen Tempel. Nach den üblichen Reinigungen werden die Götterbarken von Bord getragen, und Amun mit seiner Familie zieht nach Osten bis zur Kreuzung der Tempelachsen vor dem IV. Pylon. Hier biegen Mut und Chons nach Süden ab zu ihren eigenen Heiligtümern. Alleine zurückgeblieben, begibt sich Amun ins Innere des *ipet-sut* und besteigt als Herr des Himmels seinen Königsthron. Nun hat das Ritual seinen Sinn erfüllt, ist zum Abschluß gekommen. Im Westen, wo die Sonne ihre Verjüngung beginnt, hat Amun wie Re in seinem Untergang zwölf Tage verweilt, in denen sich die zwölf Stunden der Nacht spiegeln. Nach Ablauf dieser Zeit beginnt der Kreislauf von neuem und Amun-Re geht wieder auf in seinem irdischen Lichtland, in Karnak.

Viele andere Feste erlebte das Jahr in Karnak neben denen, die in aller Kürze geschildert worden sind, darunter das Neujahrsfest mit seinen Ritualen des neuen Lichtes, die Feste des Wassers und der Bestätigung der Königsherrschaft, die gleichzeitig im ersten Monat des Jahres gefeiert wurden; die feierlichen Kulte für Mut, Chons und den thebanischen Ptah; das Amun-Fest zum ‹Stützen des Himmels›, das Fest der Zehnheit, das Fest des ‹Eintritts in den Himmel›. Ihre dichte Folge im Festkalender und die nur unklaren textlichen Informationen machen es fast unmöglich, sie alle zu kennen und zu beschreiben.

Letzlich ist dies auch gar nicht nötig, wo doch Zweck und Sinn des ägyptischen Tempels generell eindeutig sind: zu leben, zu wachsen, sich räumlich und funktional zu entwickeln, um die Welt am Leben zu halten.

Vielleicht ahnt der Besucher des Amun-Re-Tempels von Karnak, diese Beschreibung des Tempels im Gedächtnis, wie übervoll von gläubiger Liebe zum Leben diese geheiligten Räume die er durchschreitet, heute noch sind, wo sie der Mensch und die Zeit gezeichnet haben. Die Schlußworte des großen Amun-Hymnus von Hibis mögen hierbei helfen:

Er aber bleibt in allen Dingen,

Leben, von dem man ewiglich lebt.

2
Architekturelemente
des Tempels

Blick in den kleinen Säulensaal
vor dem Allerheiligsten des
Chons-Tempels (Photo Jean-
Claude Golvin)

Spurensicherung

Die verschiedenen Bauteile, die den monumentalen Tempelkomplex von Karnak bilden, haben sich nur langsam dem Verständnis der Neuzeit erschlossen. Die ersten Reisenden im 16. und 17. Jahrhundert wußten noch nicht einmal, wo Theben lag. Sie erkannten noch nicht die eigentliche Bedeutung der gewaltigen Bauten, die sie auf ihren abenteuerlichen Reisen fern jeden archäologischen Interesses entdeckten.

Der Kultbetrieb in den großen Tempeln von Karnak und Luksor muß am Anfang des 4. Jahrhunderts n. Chr. eingestellt worden sein. Im Jahr 301 ließ Kaiser Diocletian den pharaonischen Tempel von Luksor grundlegend umbauen und integrierte die wichtigsten Tempelteile in ein riesiges römisches Garnisonslager. Ziegelmauern mit Wachttürmen wurden rings um den Hof Amenophis' III. errichtet, der zum Kernbereich der Festung geworden war. Die altägyptischen Wandreliefs wurden mit einer dünnen Stuckschicht verputzt und mit Fresken bemalt. Der Säulensaal verwandelte sich in eine Kapelle für die Feldzeichen der Garnison, und auf die Rückwand einer Nische, die in der vermauerten Tür in der Tempelachse angelegt worden war, malte man die vier Kaiser der ersten Tetrarchie. Namenlos geworden, waren die großen thebanischen Tempel nun der Zerstörung preisgegeben oder wurden zu Zweckbauten umfunktioniert.

Um 330 ließ Konstantin zwei große Obelisken von Karnak abtransportieren und leitete damit eine Phase der Zerstörung ein, die sich über Jahrhunderte erstrecken sollte. Einst heiliges Areal, den einfachen Sterblichen unzugänglich, wurden die Tempel nun nach und nach von einfachen Hütten aus Nilschlamm überwuchert, ärmlichen Dörfern, die sich zu Füßen der verfallenden Prachtbauten duckten.

Von den Klöstern, die von koptischen Christen seit dem 6. Jahrhundert in die Tempel eingebaut wurden, sind da und dort noch Reste erkennbar, so am I., VIII. und IX. Pylon. Meist sind es Nischen, in deren Reliefdekor sich das christliche Kreuz findet, oder auch einfach Balkenlöcher von Ziegelbauten, die nicht mehr erhalten sind. Das *Ach-menu* wurde zur Kirche; Heiligenfiguren auf den Säulen und christliche Inschriften sind noch deutlich über den altägyptischen Bildern erkennbar. Wie alle ehemals bewohnten Stätten wurde auch Karnak allmählich ein *kôm*, ein Ruinenhügel, der langsam und stetig durch Flugsand, durch Abfälle und durch Bauschutt der Lehmziegelhäuser immer weiter anwuchs. So versank der große Tempel allmählich in Bergen von Schutt, die am Ende des 19. Jahrhunderts die Höhe von vier Metern erreicht hatten. Alte Stiche und die ersten Photographien zeigen den Tempel von Karnak in diesem Zustand.

Im Mittelalater war Oberägypten für Europa gänzlich in Vergessenheit geraten. Die Pracht von Theben, der ‹hunderttorigen Stadt›, lebte nur noch in den Berichten der klassischen Autoren. Keiner kannte mehr die wirkliche Lage des Ortes, niemand mehr wußte, wie Theben wirklich aussah.

Die Wiederentdeckung dieser Ruinen ist eine lange Geschichte, die ihren Anfang im Jahre 1589 nimmt, als ein Unbekannter nach Theben kommt, den die Sprache seines überaus detaillierten Reiseberichts als Venezianer ausweist. Der unbekannte Reisende aus Venedig, einer der allerersten Bewunderer von Karnak nach diesen langen Jahrhunderten völligen Vergessenseins, ist wohl der Einzige, der noch die gewaltigen, 6,60 m langen Deckblöcke über dem Mittelschiff des großen Säulensaals gesehen hat, die er als ‹ultramarinblau› bemalt beschreibt. Trotz der zahlreichen Einzelbeschreibungen und der recht exakten Aufmessungen der Gebäude findet der Autor keinen Zugang zur Bedeutung dieser Architektur. Die Mauern mit ihren ‹lebensgroßen Figuren› und ‹ägyptischen Schriften und Buchstaben›, deren Sinn noch für Jahrhunderte verschlossen bleiben wird, sind ihm immer wieder Anlaß zu grenzenlosem Staunen.

Es erübrigt sich hier, die Namen all derer aufzuzählen, die nun in großer Zahl nach Oberägypten kommen; mehrere Arbeiten sind in jüngster Zeit zu diesem Thema erschienen. So weilen beispielsweise im Jahr 1668 Protais und Francois, zwei Kapuzinermönche, in Theben, um die Kopten Oberägyptens zu bekehren. Sie entdeckten ‹eine ganze Anzahl von Tempeln der falschen Götter, noch völlig erhalten, mit überaus alten Palästen, die voll sind von Statuen und Götzenbildern›, und bei ihnen findet sich die früheste Erwähnung des Namens Karnak. Erst im Jahr 1718 identifiziert der Pater Sicard schließlich die Reste von Karnak und Luksor als die Ruinen des legendären antiken Theben, einer der größten Hauptstädte des Pharaonenreiches.

In Unkenntnis der eigentlichen Funktion der einzelnen Baukomplexe von Karnak sehen auch die späteren Reisenden in den Ruinen aufgrund ihrer gewaltigen Dimensionen die Überreste eines riesigen Königspalastes mit Hallen, Wohnräumen, Nebengebäuden. Dieser Fehleinschätzung unterliegt auch noch Champollion, der Entzifferer der Hieroglyphen, der 1828/1829 in Karnak weilt.

Trotz der nach und nach zusammengetragenen Erkenntnisse – nicht zu vergessen die ersten wirklich wissenschaftlichen Aufnahmen, die die Gelehrten aus Bonapartes Ägypten-Expedition im Jahre 1799 anfertigten – mußten viele Jahre vergehen, bis sich allmählich die Funktion der einzelenen Tempelteile erschloß. Die inhaltliche Erschließung des Karnak-Tempels ist noch in vollem Gang. Ihr Fortschritt hängt von den Forschungsarbeiten ab, die vor Ort seit 1894, seit der Gründung der Antikendirektion Karnak ununterbrochen im Gange sind.

Anstatt die Geschichte der archäologischen Arbeiten so großer Gelehrter wie Auguste Mariette oder Gaston Maspero und ihrer Nachfolger nachzuzeichnen, soll im Folgenden vielmehr ein möglichst detailliertes Bild der verschiedenen Bauteile eines großen pharaonischen Tempels erarbeitet werden.

Diese Elemente der Tempelarchitektur sollen für den Amun-Tempel entlang dem Weg vom Tempeltor zum Allerheiligsten beschrieben werden, von außen nach innen. Anschließend folgen in ihren Grundzügen die Nebengebäude und die Umfassungsmauern, die den heiligen Bezirk umschließen. Soweit es der aktuelle Forschungsstand zuläßt, wird für jeden Teil des Tempels sein religiöser Stellenwert, seine Funktion und sein Ursprung herausgearbeitet, um schließlich seinen Platz im Gesamtgefüge dieses monumentalen Tempelkomplexes zu bestimmen.

Nordwest-Ecke des Ersten Hofes mit dem ramessidischen Stationstempel für das Opetfest und das Talfest. In der rechten Bildhälfte der Kiosk des Taharka, Ruheplatz für die Amun-Barke, mit der Taharka-Säule. Im Hintergrund die Rückseite des Nordturms des Ersten Pylons. Die vier fensterähnlichen Öffnungen in den obersten Steinlagen sollten die gewaltigen Granitbalken aufnehmen, an denen die Flaggenmasten in den Nischen der Tempelfassade fixiert werden sollten. (Photo Jacques Livet)

Kais, Rampen, Alleen

Der Hauptzugang zum Tempel des Amun von Westen her war ein Kanal. Die unter Leitung von Georges Legrain am Ende des 19. Jahrhunderts durchgeführten Grabungsarbeiten haben die Gesamtanlage des Eingangsbereiches geklärt; eine gepflasterte Straße, der *dromos*, in der Ramessidenzeit angelegt, führte auf das Tempeltor zu, auf beiden Seiten gesäumt von Figuren liegender Löwen mit Widderköpfen, von Widdersphingen, Abbildern des Gottes Amun, zwischen deren Vordertatzen im Schutz des Gottes Statuen seines ‹geliebten Sohns›, des Königs stehen. Diese monumentale Allee führte ursprünglich in gerader Linie auf den Eingang des großen Säulensaales zu, wurde aber, als Taharka vor dem Tempel seinen großen Kiosk errichten ließ und schließlich der I. Pylon erbaut wurde, um mehr als die Hälfte verkürzt. Die abgeräumten Widdersphingen wurden beiderseits des Ersten Hofes magaziniert.

Diese Zugangsallee, zu der es Analogien in anderen thebanischen Tempeln gibt, so in den Tempeln des Gottes Month in Karnak, Tod und Medamud, nahm ihren Anfang an einer erhöht angelegten Plattform, die sich über einem T-förmigen Hafenbecken erhob; von ihm führte ein Kanal nach Westen hinaus zum Nil. Nur die Anlegestelle, die Treppen und Zugangsrampen am Westende des Kanals sind ausgegraben worden, aber die Gesamtanlage läßt sich unschwer rekonstruieren, da sie im Grab des Neferhotep in der thebanischen Nekropole (Ende der 18. Dynastie) in den Wandmalereien abgebildet ist.

Auf der großen Wasserfläche des Hafenbeckens war genug Platz zum Manövrieren des prachtvollen Schiffs *user-hat*, ‹mit mächtigem Bug›, das die Prozessionsbarken von Amun, Mut und Chons bei ihrer Ausfahrt nach Luksor anläßlich des Opet-Fests oder nach Medinet Habu auf dem Westufer beim Talfest aufnahm. Dieses Prunkboot des Gottes wurde von einem Schiff geschleppt, in dem in mehreren Reihen übereinander Ruderer saßen. An normalen Tagen standen die Anlegestellen im Westen des Tempels und an den Seiten des T-förmigen Hafenbeckens auch Lastschiffen für den Lieferverkehr und für den Nachschub von Baumaterial zur Verfügung.

In der 29. Dynastie wurde unmittelbar südlich der Zugangsallee von König Achoris eine Kapelle erbaut, in der die Barke des Amun bei dessen Rückkehr nach Karnak begrüßt wurde, bevor Amun in feierlicher Prozession in den Tempel einzog. Dieser Zugang zum Tempel war aber nicht die einzige Möglichkeit, zum Heiligtum zu gelangen; es gab auch einen Weg zu Lande. Eine Sphinxallee verband Karnak mit dem Mut-Tempel und mündete in die Sphinxallee, die vom Chons-Tempel nach Luksor führte. Über zweieinhalb Kilometer zog sich diese heilige Straße durch die Stadt.

Wie auch bei den anderen Alleen wuchsen beiderseits der gepflasterten Straße Bäume in Pflanzgruben, deren Spuren noch erkennbar sind. Aus den Reliefdarstellungen der Roten Kapelle der Hatschepsut, deren Blöcke im III. Pylon von Karnak gefunden wurden, ergibt sich, daß an dieser Prozessionsstraße insgesamt sechs Stationsheiligtümer errichtet waren, von denen jedoch nur noch zwei in Spuren nachgewiesen werden können. ‹Stationsheiligtum› bezeichnet hier ein kleines Gebäude, in dem auf einem Sockel die Prozessionsbarke des Gottes während der Kulthandlungen abgestellt werden konnte, die im Verlauf der Prozession zelebriert wurden. Am Weg von Karnak nach Luksor und im großen Hof des Amun-Tempels waren auch dreigeteilte Tempelchen errichtet worden, in deren drei nebeneinander liegenden Räumen die Prozessionsbarken des Amun in der Mitte und die der Mut und des Chons zu beiden Seiten abgestellt werden konnten. Diese einzelnen Tempelräume, schmal und tief, besaßen breite Eingangstore und waren mit großen Steinplatten eingedeckt.

Die besterhaltenen Barkenkapellen im thebanischen Bereich, die sich noch an Ort und Stelle befinden, sind die der Hatschepsut in der Nordwestecke des ersten Hofs des Luksor-Tempels, dort von Ramses II. wiedererrichtet, und die Sethos' II. an der Nordseite des großen Hofes des Amun-Tempels in Karnak. Der Dreierschrein, den Ramses III. an der Südseite desselben Hofes errichten ließ, erreichte sogar die Dimensionen eines richtigen Tempels mit Pylon, von Pfeilerstatuen des Königs – sogenannten Osirispfeilern – gesäumtem Hof, erhöht angelegtem Vorraum und geschlossenen Sälen; anstelle des Allerheiligsten aber liegen nebeneinander die drei Kapellen für die Götter der Heiligen Familie von Karnak.

Auf dem Tempelvorplatz befanden sich verschiedene Anlagen, die zur Durchführung der kultischen Handlungen benötigt wurden. Wo, wie in Karnak, diese Anlagen ausgegraben und untersucht sind, finden sich stets auch Wasserstellen, Becken oder Zisternen, die man für Waschungen benötigte. Kaianlagen, Kanäle und gepflasterte Straßen bildeten somit ein ganzes System von Zugangswegen, die zu den monumentalen Tempeltoren führten. Als Hinleitung zu der in sich geschlossenen und geheimnisvollen Welt des Tempels mußten schon diese Alleen

Wandmalerei im Grab des Neferhotep: Schematische Darstellung des Nils (links) und des Kanals, der den Fluß mit dem Hafenbecken verband, an dem die westliche Zugangsallee des Amun-Tempels von Karnak begann. Vor der Plattform am Anfang der Allee das Wasserbecken mit Lotosblüten. Beiderseits des Kanals üppige Gärten mit verschiedenen Arten von Bäumen und Papyrusteichen. (Nach Alexander Badawi)

Würde und Majestät ausstrahlen. Heute sind die antiken Zufahrtskanäle verschüttet, und die Kaimauern mit der sie überragenden Plattform scheinen weit vom Nil entfernt zu liegen.

Der Wasserweg war natürlich auch der bequemste Transportweg für Baumaterial. Wenn man die Nilüberschwemmung geschickt nutzte, so konnten selbst schwerste Blöcke bis an ihren Bestimmungsort gebracht werden. Von der Gunst dieser naturgegebenen Transportmöglichkeit wurde reger Gebrauch gemacht. Aus den Wandmalereien im Grab des Neferhotep ergibt sich übrigens, daß der Kanal und das Hafenbecken vor dem Amun-Tempel, zunächst als Transportwege für die Bauleute benutzt, später von üppig bepflanzten Baumgärten gesäumt wurden. Die Wasserstraße war zum großartigen ‹Garten Gottes› geworden. So muß man sich rings um das heute oft wenig attraktive Umfeld der Tempel eine üppige, gepflegte Parkanlage vorstellen. Oftmals allerdings – und insbesondere in Karnak – waren diese Parks durch die langfristigen und häufigen Bauarbeiten an den großen Eingangspylonen in Mitleidenschaft gezogen, und wenn an Bauprojekten wie dem großen Kiosk des Taharka gearbeitet wurde, dann war der Tempelzugang durch Gerüste und riesige Steinblöcke überhaupt versperrt. Solch chaotische Verhältnisse müssen beim Amun-Tempel fast ein Dauerzustand gewesen sein, da der Westabschluß des großen Hofes bis zuletzt Baustelle war und niemals vollendet wurde. Es wäre völlig falsch und widerspräche dem spezifischen Charakter von Karnak, wollte man sich den Tempel des Amun als ein vollendetes, im Glanz eines Neubaus erstrahlendes Heiligtum vorstellen.

Ein besonderer Bautypus entstand unter Taharka in der 25. Dynastie vor der Westfassade des Amun-Tempels, vor dem Osttempel Ramses' II. und vor dem Chons-Tempel im Süden, ein Kiosk aus hohen Papyrussäulen, die mit niedrigen Säulenschranken verbunden waren. Mit diesen eleganten Bauten vor den verschiedenen großen Tempeltoren von Karnak nahmen die Könige der sudanesischen Kuschitendynastie vom Tempel Besitz und trugen zugleich zu seiner weiteren Verschönerung bei. Die große Spannweite zwischen den Säulen dieser Kioske konnte nur von leichten Dachkonstruktionen überdeckt werden oder blieb überhaupt noch oben offen. Der Kiosk vor dem Chonstempel besaß, wie sich aus der Anschlußstelle am Pylon ergibt, zumindest einen Architrav mit Hohlkehlengesims.

All die Gebäude und Anlagen, von denen die Rede war, lagen also vor den viel monumentaleren eigentlichen Tempeltoren, die erst den Zugang zum Heiligtum bildeten. Sie verliehen schon dem Vorfeld des Tempels die Atmosphäre des Heiligen, dienten aber auch bei den Festaufzügen als Bühne für die kultischen Handlungen.

Pylone und Tore

Die riesigen Eingangsbauten zum heiligen Bezirk, die mit dem griechischen Terminus Pylon bezeichnet werden (der altägyptische Ausdruck war *bechen*), bestehen aus einem weiten Tor, das von zwei wuchtigen Türmen mit geböschten Mauern flankiert wird, massiven Steinbauten, die im übertragenen Sinn wahrhaft ‹künstliche Berge› sind. Für den alten Ägypter stellte auch wirklich der eine Pylonturm das Ostgebirge Ägyptens, der andere das Westgebirge dar, und beide zusammen bildeten den Horizont, an dem das Tagesgestirn jeden Morgen von neuem aufging.

Außerdem stand die Sonne stets auch über der Mittelachse des Tores in Gestalt einer geflügelten Sonnenscheibe, die in kräftigem Relief auf der Hohlkehle des Türbalkens saß, von zwei Uräusschlangen flankiert, machtvollen Schutzsymbolen. Tiefe vertikale Einschnitte an der Vorderseite der Pylontürme dienten zur Befestigung von hohen hölzernen Masten, an deren Spitze lange Wimpel befestigt waren. Jeder Flaggenmast war in einen steinernen Sockel gesetzt und wurde in zwei Dritteln seiner Höhe von hölzernen Klammern festgehalten, die in den fensterähnlichen horizontalen Öffnungen der Pylonwand verankert waren.

Die Flaggenmasten vor dem Zweiten und Dritten Pylon von Karnak, die etwa vierzig Meter hoch aufragten, bestanden jeweils aus einem einzigen Pinienstamm aus Kilikien. Auf Abbildungen dieser Masten in Tempelreliefs erkennt man noch die Ansatzstellen der zahllosen Äste dieser Pinien. In Inschriften wird beschrieben, daß das untere Ende dieser Masten mit Metallklammern armiert war und daß ihre Spitze eine Verkleidung aus Elektrum trug, einer Gold-Silber-Legierung. Mit Bronzemanschetten waren auch die Stellen der Masten verkleidet, an denen die Klammern ansetzten.

Aus der aufgenagelten Bronzeverkleidung eines Flaggenmasts, die vor dem Westturm des IX. Pylons ausgegraben wurde, läßt sich der Basisdurchmesser dieses Masts mit etwa eineinhalb Metern berechnen. Die Innenseite der Manschette trägt die Kartuschen des Königs Haremhab, des Erbauers dieses Pylons; da diese Inschrift von außen nicht sichtbar war, besaß sie wohl magische Funktion, ähnlich den Grundsteinbeigaben, die dem Gott Amun geweiht wurden.

Die religiöse Symbolik der Flaggenmasten ist offenkundig. Sie sollten die Präsenz Gottes im Flattern der Wimpel sichtbar werden lassen, die vom Wind, vom göttlichen Atem bewegt wurden. Als bei der Zerstörung Thebens die Flaggenmasten in Flammen aufgingen, platzten oft große Teile der Wände um die Nischen der Masten ab; am VIII. Pylon von Karnak ist das noch heute gut zu erkennen.

Eine Reihe sehr detailgenauer Abbildungen verschiedener Pylone in Grabmalereien und Tempelreliefs zeigt die ganze Ausschmückung der Fassaden und erlaubt somit eine vollständige Rekonstruktion ihres ursprünglichen Erscheinungsbildes. Ein Relief aus der Zeit des Herihor (21. Dynastie) im Hof des Chonstempels zeigt den II. Pylon in seinem ursprünglichen Zustand der Zeit Haremhabs (18. Dynastie); es ist eines der besten Beispiele für den überwältigenden Eindruck, den diese Tempeleingänge ausstrahlten, und es darf durchaus als authetischer Beleg für das Erscheinungsbild der Fassade des Amun-Tempels am Ende der 18. Dynastie gelten.

Wenn man auch annehmen muß, daß diese Reliefbilder oft die tatsächlichen Proportionen des Bauwerks zu hoch wiedergeben, so waren doch zweifellos die großen Pylone ursprünglich von viel schlankerer Gestalt, als das ihr heutiger Zustand vermuten läßt. Da ihr oberer Teil mehr oder

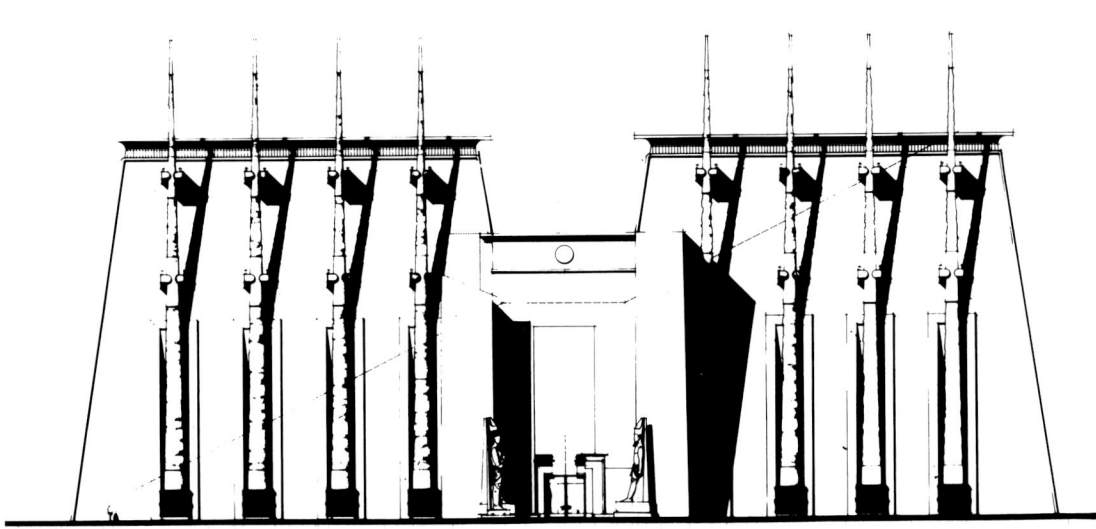

Zeichnerische Rekonstruktion der Westfassade des Zweiten Pylons, basierend auf den erhaltenen Architekturresten und einer Reliefdarstellung aus der Zeit des Herihor im Chonstempel. Unter Haremhab am Ende der 18. Dynastie erbaut, bildete der gewaltige Pylon damals den eigentlichen Tempeleingang. Das monumentale Tor, zu dessen Seiten später zwei Kolossalstatuen Ramses' II. aus Granit aufgestellt wurden, lag genau in der Achse des gepflasterten Prozessionswegs, der zu dieser Zeit direkt von der Plattform am Hafenbecken auf den Pylon zuführte. Alle Architekturdetails, die sich aus antiken Originalquellen erschließen lassen, sind in diese Zeichnung eingearbeitet. Sie gehört zu einer ganzen Serie von Rekonstruktionszeichnungen des Originalzustands der einzelnen Tempelteile, auf deren Grundlage das große Modell des Amun-Tempels erstellt wurde. Dank der Hilfe der Studien- und Forschungsabteilung der Electricité de France war es auch möglich, mit diesem computergestützten Projekt perspektivische Ansichten der wichtigsten Tempelteile zu verschiedenen Zeiten der baugeschichtlichen Entwicklung zu erstellen. (Nach Eric Richard)

Die Türschlösser der großen Tempeltore bestanden aus einem Bronzeriegel, der sich, auf Rollen laufend, leicht an einer Kette ziehen ließ. Ähnlich wie bei den löwengestaltigen Wasserspeiern haben die Löwenköpfe der Türriegel apotropäische, übelabwehrende Bedeutung. Der Löwe garantierte die Unversehrtheit des Tempels. Die beiden Löwen über dem Riegel symbolisieren den Ost- und Westhorizont. Sie liegen einander gegenüber auf der Nachbildung einer Tempelfassade mit Türe, Rundstab und Hohlkehle. Der ganze hintere Teil der Riegelkonstruktion steckte in einer tiefen Ausarbeitung des Türpfostens, wie man sie noch heute an allen großen Tempeltoren von Karnak beobachten kann. Mehrere solcher Bronzeriegel sind heute im Ägyptischen Museum in Kairo ausgestellt, außerdem auch die bronzenen Türangeln, in denen sich die schweren Türflügel drehen konnten. (Nach Schwaller de Lubicz)

weniger stark zerstört ist, wirken sie heute oft plump und schwer. Die erst in den letzten Jahren durchgeführte Wiederherstellung des II. Pylons läßt die ursprünglichen Proportionen recht gut erahnen, und auch die am besten erhaltenen Pylone von Edfu, Medinet Habu und vom Chons-Tempel in Karnak zeigen dieses ausgewogene Bild.

Die Abfolge der zehn Pylone des Amun-Tempels bezeichnet von außen nach innen chronologisch rückläufig die allmähliche Erweiterung des Tempels und läßt sehr gut sein gewaltiges Wachstum entlang den beiden Tempelachsen erkennen. Von Thutmosis I. bis zu Nektanebos I. reicht die Zeitspanne dieser Entwicklung – ein rundes Jahrtausend. Diese gewaltigen Torbauten, die die Grenzen der großen Höfe und Säulensäle des Tempels markierten, waren mit den Obelisken die am höchsten aufragenden Bauteile. Als Grundregel gilt dabei, daß ihre Abmessungen im Lauf der Zeit kontinuierlich zunahmen, also höher und breiter werden, je weiter man sich vom Allerheiligsten entfernt – eine Gesetzmäßigkeit, die sich auch an zahlreichen anderen ägyptischen Tempeln beobachten läßt.

Der gewaltige I. Pylon von Karnak, der größte jemals in Angriff genommene Torbau, mißt in der Breite mehr als einhundert Meter; seine ursprüngliche Höhe wird bei etwa 34 Metern gelegen haben. Daß er unvollendet geblieben ist, liegt wohl nicht allein an diesen gigantischen Ausmaßen; es scheint vielmehr, daß die Bautätigkeit nach der Regierungszeit des Nektanebos mehr und mehr auf andere Projekte verlagert wurde, vor allem auf Instandsetzungsarbeiten.

Der riesige Materialbedarf bei der Errichtung dieser Pylontürme führte immer wieder zum Abbruch zahlreicher anderer Gebäude, die als Steinbrüche verwendet wurden; die Ausgrabungen am III. und IX. Pylon von Karnak haben hierfür eindrucksvolle Beispiele geliefert. Mit all den vielen Blöcken abgerissener älterer Bauwerke, die in ihnen als Füllmaterial wiederverwendet wurden, sind diese Pylontürme heute wahrhafte archäologische Fundgruben. Ihre systematische Untersuchung liefert nicht selten wichtige Anhaltspunkte für die Rekonstruktion früherer, teils sehr alter Bauwerke. Spektakulärstes Beispiel ist die Weiße Kapelle des Königs Sesostris I., die im Freilichtmuseum von Karnak vollständig wiederaufgebaut werden konnte.

Manchmal erstehen ganze Perioden der ägyptischen Geschichte wieder aus dem Inneren dieser Pylone; so hat der IX. Pylon in den letzten Jahrzehnten Schicht für Schicht, als Füllmauerwerk in ihm verbaut, 12 000 reliefgeschmückte kleine Sandsteinblöcke aus der Zeit Amenophis' IV. preisgegeben.

So haben die Pharaonen keineswegs immer nur mit frisch gebrochenem Steinmaterial gebaut. Ein großer Teil der Bausubstanz wurde aus Abbruch von Nachbargebäuden oder aus Blöcken errichtet, die herrenlos herumlagen, von früherem Abriß übriggeblieben. Die systematische Wiederverwendung von Steinblöcken hatte wegen der vielen verschiedenen Steinformate oft eine gewisse Unregelmäßigkeit des Mauerwerks zur Folge. Am Chons-Tempel und am IX. Pylon ist das gut zu beobachten. Erscheint auch zunächst ein Pylon von außen massiv, kompakt und einfach strukturiert, so kann doch sein Innenleben recht vielschichtig und schwer verständlich sein. Zum anderen macht gerade die Vielzahl der Epochen und Vorgängerbauten, aus denen diese wiederverwendeten Blöcke stammen, die Erforschung dieser Pylone so besonders ergiebig.

Die hohen Mitteltüren der Pylontore bestanden aus hölzernen Türflügeln, deren Material aus Asien eingeführt wurde. Die einzelnen Bretter und Balken wurden von Bronzeplatten zusammengehalten. Die Türflügel waren bisweilen mit Silber, Gold oder Elektrum beschlagen. In all ihrem mit kräftigen Farben bemalten Reliefschmuck, mit ihren da und dort angebrachten Verkleidungen aus kostbarem Material müssen diese Bauwerke einstmals ein prachtvolles Bild geboten haben. Die schweren Türflügel, die sich an riesigen bronzenen Türangeln in Drehpfannen aus Granit schwenken ließen, konnten mit Riegeln in Gestalt liegender Löwen verschlossen werden; Beispiele solcher Riegel sind im Ägyptischen Museum in Kairo ausgestellt.

Manche Tempeltore verzichteten auf die beiden Pylontürme, entsprachen aber sonst in ihrer Gestalt und ihren Dimensionen völlig den Toren in der Mitte der Pylone. Karnak besitzt mehrere großartige Beispiele dieses Typus. Im Osten des Amun-Tempels errichtete in der 30. Dynastie Nektanebos I. das große Osttor; im Süden erhebt sich vor dem Chonstempel das Tor Ptolemaios' III. Euergetes, im Norden am Month-Tempel das Tor Ptolemaios' IV. Philopator. Von außen gesehen waren vom ganzen Tempelkomplex nur diese Pylone und riesigen Tore sichtbar, eingebaut in die hohen Ziegelmauern, die den heiligen Bezirk rings umschlossen.

Im Umfeld des Tempels und auf den Vorplätzen dieser Pylone und Tore bot sich den Bürgern von Theben die außergewöhnliche Möglichkeit, mit der Gottheit in Kontakt zu treten. Diese direkte Verbindung geschah meist durch Vermittlung von Statuen, so zum Beispiel der heilkräftigen Figur der Löwengöttin Sachmet an einem Altar im Opet-Tempel oder der Statuen des ehrwürdigen Schreibers Amenophis-Sohn-des-Hapu aus der Zeit Amenophis' III. am X. Pylon. Die großen Tore und der Horizont der Pylone waren die eigentlichen ‹Grenzen› des heiligen Areals.

Das große Tor Ptolemäus' III.-
Euergetes, das sich vor dem Chons-
Tempel nach Süden auf die
Prozessionsstraße öffnet, die nach Luksor
führt. Sechs Bildregister schmücken
dieses Tor. Auf die bekrönende
Hohlkehle ist das beherrschende Bild der
Sonnenscheibe gesetzt, deren Uräen und
weit gespreizte Schwingen die
Himmelsbahn des Tagesgestirns
beschreiben. (Photo Alain Bellod)

Wie beim großen Amun-Tempel von
Karnak ist auch beim Luksor-Tempel das
ursprüngliche Erscheinungsbild der
Tempelfassade von altägyptischen
Reliefs bekannt. Ein Relief im Westteil
des südlichen Säulengangs des Ramses-
Hofes in Luksor ist der Pylon Ramses' II.
mit seinen hohen Flaggenmasten,
Kolossalstatuen und den beiden großen
Obelisken in all seiner Pracht abgebildet.
Der rechte Obelisk wurde im Jahr 1835
abtransportiert und auf der Place de la
Concorde in Paris wiedererrichtet. Die
wirklichen Proportionen des Pylons, der
in seiner vollen Höhe noch gut erhalten
ist, sind in diesem Reliefbild viel zu
schlank wiedergegeben. Zum anderen
sind die Kolossalfiguren, die man
eigentlich von vorne zeigen müßte, vom
ägyptischen Künstler in Profilansicht
gezeichnet, so als ob sie um neunzig Grad
gegen die Wand gedreht wären. Diese
Darstellungsweise entspricht den
Grundregeln der ägyptischen Kunst,
charakteristische, aussagekräftige
Ansichtsebenen auszuwählen und
darzustellen. (Photo Alain Bellod)

Obelisken und Kolosse

Besondere Bedeutung für den Tempel hatten auch die Obelisken und Kolossalstatuen, die oft im Vorfeld der großen Pylone aufgestellt waren.

Ebenso wie die Tempelreliefs dienten auch die Obelisken nicht einfach der Ausschmückung des Tempels, sondern hatten vielmehr eine ausgeprägte symbolische Funktion. Ihre charakteristische Form kommt in ihrer heute noch üblichen Bezeichnung *Obelisk* zum Ausdruck, einem griechischen Wort, das ‹kleiner Bratspieß› oder ‹spitzes Stöckchen› bedeutet, diese Bezeichnung spiegelt aber auch die spöttische Haltung der alten Griechen gegenüber diesen so einzigartigen Schöpfungen der ägyptischen Architektur; am Rande sei erwähnt, daß auch das Wort ‹Pyramide› von einem griechischen Wort abgeleitet ist, der ein spitzes Brot bezeichnet. Aufgrund ihres äußeren Erscheinungsbilds werden auch heute noch die Obelisken immer wieder bildhaft als ‹Nadeln› bezeichnet (*massala* im Arabischen, *needle* im Englischen). Die Funktion und wirkliche Form dieser pharaonischen Denkmäler läßt sich aber nur aus ihrem ursprünglichen Kontext heraus verstehen.

Der Ursprung des Obelisken, bis auf die vorgeschichtliche Zeit des späten 4. Jahrtausends v. Chr. zurückgehend, liegt im *benben* von Heliopolis, einem Steinmal, in dem das Symbol des Urhügels gesehen wurde, der sich bei der Weltschöpfung aus dem Urwasser erhob. Als es sich die ägyptische Architektur unter dem Einfluß der Sonnentheologie von Heliopolis zur Aufgabe machte, in ihren Formen religiöse Aussagen zu fixieren, wurde die reine Pyramidenform zum Ausdruck der ewigen Dauer der geschaffenen Welt, die von der Energie der Sonne beherrscht und belebt wird. Hierin liegt die wichtigste Aussage der Pyramiden von Sakkara und Gisa, dies wird die tiefe Bedeutung der pyramidenförmigen Strukturen der Sonnenheiligtümer der 5. Dynastie in Abu Gurob sein.

Als im Lauf der Jahrhunderte, kulminierend im Mittleren Reich, die Pyramide in erster Linie ein Grabbau geworden war und nun aus Lehmziegeln erbaut wurde, war die große Zeit der Obelisken angebrochen. In kleineren Dimensionen als die Pyramiden, aus edlem Material hergestellt, konnte er an allen Kultorten als gültiges Abbild des Urhügels errichtet werden, auf dem sich der Schöpfer als Licht niederließ, um sein Schöpfungswerk zu vollziehen. Kristallisationspunkt des Obelisken aber ist hoch oben, abgehoben von den Niederungen der Welt, seine mit Gold verkleidete Pyramidenspitze, auf der sich Morgen für Morgen von neuem die Rückkehr des Lichtes vollzieht. Durch seinen Schaft, der seinerseits wieder einen Pyramidenstumpf darstellt, ist der monolithe Obelisk mit der Menschenwelt verbunden. So übernimmt er die Rolle, den Menschen die Schöpferkraft der Sonne zu übermitteln und sie damit am Leben zu erhalten. Wie der König der einzige Mittler in Menschengestalt zwischen Himmel und Erde ist, so ist der Obelisk ein Bindeglied aus göttlichem Stoff zwischen Irdischem und Göttlichem.

Mindestens fünfzehn Obelisken wurden im Lauf des Neuen Reiches in Karnak errichtet, das seit dem Mittleren Reich das wichtigste Heiligtum des ägyptischen Reiches war und wo Amun-Re, der König der Götter, als Schöpfer und Sonnengott die ewige Wiederholung der Weltschöpfung vollzog. Sie waren paarweise vor den Pylontürmen aufgestellt und bezeichneten dort, nach Westen blickend, symbolisch die Grenzen des Horizonts des Gottes. In Vierergruppen aufgestellt markierten sie auf Erden die vier Himmelsrichtungen, deren Lage das heilige Quadrat von Heliopolis bestimmte, die Basis der Pyramide und damit das Abbild des Kosmos. Stand ein Obelisk alleine wie der Ostobelisk, der unter Thutmosis IV. in Karnak errichtet wurde, dann war er auch das Urbild des Urhügels: Er symbolisierte Ursprung und stete Erneuerung des Lebens, indem sich Morgen für Morgen die Strahlen der aufgehenden Sonne auf ihm niederließen.

Ganz zu Recht sagt Plinius der Ältere, daß die Obelisken ‹nach dem Vorbild der Strahlen der Sonne› gemacht seien. Ihre Pyramidenspitze und oft auch der obere Teil des Obeliskenschaftes waren mit Elektrum beschlagen, dem ‹Fleisch der Götter›, um die Strahlen des Tagesgestirns zu spiegeln und auf diese Weise die ewige Wiederekehr der Sonne zu garantieren.

Die riesigen Kolossalstatuen der Könige, aus monolithen Quarzit- oder Granitblöcken gehauen, hatten ihren angemessenen Platz an der königlichen Prozessionsstraße, an der Süd-Nord-Achse von Karnak vom X. bis zum VII. Pylon, an der auch die ersten Tempel zur Feier der Regierungsjubiläen standen. Neueste Untersuchungen einer Forschergruppe des Oriental Institute Chicago im Luksor-Tempel haben gezeigt, daß die Kolossalfiguren Ramses' II. im Ersten Hof Darstellungen des Königska waren. Dieser *ka* wurde mit dem König geboren oder wohl eher mit der Zeugung des Königs geschaffen und war – von Anbeginn ein vollkommenes Wesen – ein göttlicher Leib und von rein göttlichem Wesen. Er stand dem König von frühester Jugend an zur Seite, wie es die Reliefs im Luksor-Tempel zeigen, und begleitete ihn bis ins Grab, wie es die Wandbilder in der Grabkammer des Tutanchamun zeigen.

Oberster Teil des noch aufrecht stehenden Obelisken der Hatschepsut in Karnak. In der Mittelzeile Namen und Beiworte der Königin. Links in mehreren Registern jeweils Amun, vor dem rechts die Königin opfert. Links oben umarmt Amun die Königin, auf dem Pyramidion setzt er ihr die Krone auf. Das in extremem Streiflicht aufgenomme Photo zeigt die trotz der perfekten Herstellungstechnik der Obelisken unregelmäßige Glättung der Oberfläche. (Photo Alain Bellod)

Auch vor dem Tempel wären Funktion und Aufstellungsort der Kolosse schwer erklärbar, wenn man in ihnen nur Dekorationselemente oder Denkmäler zum Andenken an den König sähe. Diese monumentalen Königsfiguren waren nicht einfach Statuen, sondern sie demonstrierten an den Tempeltoren den göttlichen Charakter des Königtums.

Tempelräume

Säulensäle

Der II. und IV. Pylon des großen Amun-Tempels bilden den Zugang zu weiten Sälen, die man oft als Hypostylhallen bezeichnet, also geschlossene Räume, deren Decken von Säulen getragen werden. Der älteste dieser Säulensäle wurde von Thutmosis I. erbaut und trug wegen seiner Pflanzensäulen den Namen *wadjit*, ‹der mit den grüner Pflanzen›. Von Hatschepsut und Thutmosis III. umgebaut, enthielt er in seinem endgültigen Zustand zwei Reihen hoher Papyrussäulen und ein Dach aus riesigen Steinblöcken, die auf den Architraven und den Wänden des Saales auflagen. In die untere Zone der Wände ist rings eine Reihe von Nischen eingelassen, in denen kolossale Königsstatuen in Osirisgestalt stehen.

Dieser Säulensaal hat die Form eines querliegenden Rechtecks, das in seiner Mitte durch die beiden Obelisken der Königin Hatschepsut und deren Ummauerung durch Thutmosis III. in zwei Teile zerschnitten ist. Der enge Raum zwischen den beiden hoch aufragenden Pylonen, die den Säulensaal begrenzen, muß die Aufrichtung der zwei riesigen Obelisken, die zu den größten von Karnak gehören, sich überaus schwierig gestaltet haben. In den vergangenen Jahren ist dieser ganze Abschnitt von Karnak dokumentiert und untersucht und in seinem ursprünglichen Zustand wieder hergestellt worden. Gerade dieser Teil des Tempels ist besonders stark zerstört, da die Verkleidung der beiden Pylone Thutmosis' I. mit großen Kalksteinblöcken von Kalkbrennern herausgerissen und geraubt wurde.

Die Pracht dieses älteren Säulensaales, des ersten gedeckten Raumes im eigentlichen Tempel, den die Ägypter *ipet-sut* nannten, wurde jedoch durch ein noch viel kühneres Bauprojekt in den Schatten gestellt, das etwas weiter im Westen jenseits des offenen Hofes entstand, der am Kreuzungspunkt der beiden großen Tempelachsen lag, durch den berühmten großen Säulensaal, jenen Wald aus 134 monumentalen Säulen, den Sethos I. und Ramses II. zwischen dem III. und dem II. Pylon errichten ließen. Mehr als alle anderen Teile von Karnak hat dieser Säulensaal bei den frühen Reisenden wahre Begeisterungsstürme ausgelöst, wenn sie ihn ‹kolossal, grandios,

Freie Rekonstruktion des großen Säulensaals von Karnak. Das Schnittbild zeigt deutlich die Grundkonzeption dieses eindrucksvollen Raumes, insbesondere das erhöhte Mittelschiff, dessen aus mächtigen Sandsteinblöcken gebildetes Dach von Papyrussäulen mit geöffnetem Kapitell getragen wird. Durch Fenster hoch an den Seitenwänden beleuchtet, war dieser Teil des Säulensaales weniger dunkel als die Seitenschiffe. Die Blickrichtung des Schnittbildes geht nach Osten auf die Fassade des Dritten Pylons und durch seine (normalerweise geschlossene) Tür auf den Durchgang des Vierten Pylons, dessen Portikus in dieser alten Zeichnung weggelassen ist. (Description de l'Egypte, 1799)

gigantisch, staunenswert ...› nennen. Niemand konnte erklären, wie er erbaut worden war, und fast mußte man annehmen, daß die Götter selbst es gewesen waren, die geholfen hatten, einen Bau zu errichten, dessen Architrave siebzig Tonnen wogen und in mehr als fünfzehn Metern Höhe auf den riesigen Kapitellen lagen. Nicht weniger staunenswert das breite Mittelschiff, beleuchtet durch die Gitter der hohen Fenster, das ursprünglich mit Steinblöcken von fast sieben Metern Spannweite eingedeckt war. Jede Säule war ein riesiger Papyrusstengel aus Stein, der seine reich bemalte Dolde zum Himmel entfaltete.

Dennoch war die Stabilität und ewige Dauer dieser Architektur, die nicht nach menschlichem Maß geschaffen schien, nur vordergründig, denn zahlreiche Spuren antiker Reparaturen zeigen sich an allen Säulen des Mittelschiffs. Offenbar sind schon in der Antike – spätestens seit der Ptolemäerzeit – im Säulensaal umfangreiche Ausbesserungsarbeiten durchgeführt worden. Die Gründe hierfür waren verschiedener Natur: Als die Holztüren der schweren Mitteltore abbrannten, zersprang ringsum der Stein so sehr, daß eine völlige Erneuerung der Türpfosten ins Auge gefaßt werden mußte. Am II. Pylon sind die Renovierungsarbeiten zum Abschluß gekommen, im Tordurchgang des III. Pylon blieben sie unvollendet, wie heute noch an verschiedenen Einzelheiten der Architektur zu erkennen ist. Auch in den Sockelzonen der Mauern lassen sich viele Flickstellen mit flachen Blöcken beobachten, die der Mauer untergeschoben wurden, ein Versuch, all die Wandteile zu festigen, deren Sandstein bereits durch den zerstörerischen Einfluß des Grundwassers in Mitleidenschaft gezogen war. Wenn der große Säulensaal von Karnak auch heute noch durch die Proportionen und die kräftige Rhythmisierung der langen Reihen seiner zahllosen Säulenschäfte in Erstaunen versetzt, so hat doch die Bautechnik dieses Architekturwunders heute alle ihre Geheimnisse preisgegeben. Allein die außergewöhnliche Größenordnung dieses Bauvorhabens macht aus dem Säulensaal einen Sonderfall; die Bauverfahren hingegen entsprechen auch sonst gebräuchlichen Praktiken.

Das Tempelareal von Karnak besitzt weitere Säulensäle die nach demselben Konstruktionsschema mit großen Steinplatten eingedeckt sind, die auf Architraven ruhen. Zu ihnen gehört der von Thutmosis III. östlich des Amun-Tempels erbaute Komplex mit der ‹Festhalle›, dem *ach- menu*, mit den Sokaris-Räumen im Süden und dem ‹Botanischen Garten› im Norden. Dieser Bautypus findet sich aber auch im Chons-Tempel und im Opet-Tempel mit ihren Säulensälen, die von Fenstern mit steinernen Fenstergittern in den Längswänden erhellt wurden. All die anderen großen Tempel Ägyptens besaßen solche Säulensäle. Der Weg ins Allerheiligste führte also durch die Eingangspylone und die zum Himmel offenen Höfe in die geschlossenen Räume, die kleiner und kleiner wurden, je weiter man zum Sanktuar vordrang.

Daneben besaß der Tempel zu beiden Seiten der Achse einfache geschlossene Räume. Aufgrund ihrer geringen Grundfläche konnten sie unschwer mit einer einzigen Reihe von Deckplatten eingedeckt werden, ohne daß weitere Stützen notwendig waren. Diese kleinen Räume dienten den unterschiedlichsten Funktionen. Es waren kleine Sanktuare, Nebenkapellen oder Magazine;

Die Gitterfenster des Mittelschiffs des großen Säulensaals von Karnak waren über den seitlichen Toren etwas breiter als normal. Die von doppelten Architraven getragenen Deckblöcke sind größtenteils nicht erhalten. Am oberen Bildrand erkennt man jedoch die Reste von fünf zerbrochenen Steinplatten, die zur ursprünglichen Eindeckung des Mittelschiffs gehörten. (Photo Alain Bellod)

Die Fenstergitter ließen nur gedämpftes Licht in den großen Säulensaal von Karnak fallen. Hinter den Fenstergittern sind bei diesem Blick durch die süd-nördliche Querachse die geöffneten Papyrusdolden der Säulenkapitelle des Mittelschiffs sichtbar. (Photo Jacques Livet)

Rechte Seite
Unfertiges Reliefbild des Herrn von Karnak Amun-Rê, des ‹Herrn des Himmels› mit seinem langen Götterbart. Zahlreiche Bilddetails sind noch nicht vollendet, der Schurz, das Gesicht, die Arme. Das Szepter in der Rechten des Gottes ist nur angedeutet, während das Lebenszeichen in seiner Linken bereits fertiggestellt ist. (Photo Jacques Livet)

Folgende Seite
Modell des Karnak-Tempels von Rachid Migalla (Photo Jean-Claude Golvin)

Das Götterbild war von ineinander geschachtelten Schreinen beschützt. Ein Relief im kleinen Tempel des Osiris-Heka-Djet in Karnak (23.-25. Dynastie) stellt auf anschauliche Weise diese zwiebelschalen-ähnlichen Umhüllungen dar, die zur Mitte hin immer enger werden, wo im Zentrum des Reliefs die kleine Nische sichtbar wird, in der das Götterbild stand. (Photo Jean-Claude Golvin)

letztere waren oft zweigeschossig angelegt, um Stapelplatz für Kultgerät und nicht vom Verderb bedrohte Opfergaben zu gewinnen. Ein enger Gang konnte den Zugang zu einer ganzen Reihe kleiner schmaler, aber tiefer Seitenräume vermitteln, die mit großen Steinplatten gedeckt waren. Am Eingang zum Magazintrakt im Nordteil des Amun-Tempels, unmittelbar an das älteste Heiligtum anschließend, dessen Areal man heute fälschlich ‹Hof› des Mittleren Reiches nennt, lag auch der Raum, in dem die Opfergaben, die man von außen herbeibrachte, geweiht wurden.

All diese Räume waren für das Funktionieren des Tempels von größter Wichtigkeit, andere, viel kleinere aber, wie die inneren Barkenkapellen und die Sanktuare, hatten trotz ihrer bescheidenen Ausmaße eine viel größere Bedeutung.

Die inneren Barkenkapellen

Die Prozessionsbarke des Amun mußte ihren Platz ganz tief im Inneren des Tempels haben, in einer Barkenkapelle, die wie im Luksor-Tempel oder im Chons-Tempel unmittelbar vor dem Allerheiligsten lag. Die älteste erhaltene Darstellung dieser heiligen Barke findet sich in den Wandreliefs der Kalzitkapelle Amenophis' I., die von Henri Chevrier aus Blöcken rekonstruiert werden konnte, die sich im Kernmauerwerk des III. Pylons fanden. Die außerordentliche Qualität dieser Kapelle, in der ursprünglich die Götterbarke ihren Platz hatte, entspricht ihrer zentralen kultischen Funktion.

Mit Bedacht wählte man für die Kapelle der Prozessionsbarke des Amun im Herzen des Tempels kostbareres Material als einfachen Kalkstein oder Sandstein; die Schönheit des Quarzits der Roten Kapelle der Hatschepsut und die Qualität der in diesen Stein geschnittenen Reliefs zeigt den Effekt dieser Materialwahl. Diese Kapelle, von deren Blöcken zwei Drittel wiedergefunden wurden, stellt in ihrer Konstruktionsweise einen bemerkenswerten Sonderfall dar. Ein sorgfältiges

Schematische Darstellung der Barkenkapelle auf einem der Reliefblöcke aus der ‹Roten Kapelle› der Königin Hatschepsut in Karnak. Die Königin ist in der normalen Erscheinungsform eines Pharao dargestellt. Sie opfert vor ihren osirisgestaltigen Statuen Weihrauch. Ihr Bildnis zeigt keinerlei weibliche Züge; wären nicht die Inschriften, in denen unmißverständlich der Name der Königin steht, so könnte man die Darstellung der Königin auch für ein Bild des Königs Thutmosis III. halten. Gegenstand des Bildes ist nicht das wirkliche Erscheinungsbild der Königin, sondern ihr herrscherliches Amt. Im Inneren der Kapelle steht die Götterbarke des Amun auf einem Sockel; sie birgt den Götterschrein, den ein Leinentuch umhüllt und vor profanen Blicken schützt. (Photo Alain Bellod)

Studium der etwa 250 erhalten gebliebenen Blöcke hat ergeben, daß im Gegensatz zu allen anderen ägyptischen Bauten jeder dieser Blöcke völlig ausgearbeitet und sogar mit Relief versehen wurde, bevor er dem Mauerverbund eingefügt wurde. Jedes Bildfeld ist also flächenfüllend auf die Blockgröße abgestimmt, keine Szene wird von einer Blockfuge durchschnitten. Außerdem läßt sich feststellen, daß die verschiedenen Vertiefungen in den Stoßflächen der Blöcke, in denen Klammern zur Verbindung der Blöcke befestigt werden sollten, niemals verwendet wurden, denn sie weisen keinerlei Mörtelspuren auf. Schließlich fällt auf, daß das Hohlkehlengesims des oberen Wandabschlusses dieser Kapelle niemals zur Ausführung gelangte.

Dieser Befund ist einzigartig und steht in offenen Widerspruch zu den Grundregeln ägyptischer Baukunst. Alle Blöcke dieser Kapelle wurden vorgefertigt und nicht in kleinen Chargen hergestellt; folglich wurden ihre Oberflächen allseitig bearbeitet, während sonst nur die zur Versetzung der Blöcke nötigen Flächen fertig geglättet wurden. Einzigartig ist auch, daß hier Quarzit zu relativ kleinen Blöcken verarbeitet wurde, während sonst aus diesem Material kolossale Königsstatuen – wie die vor dem VIII. und X. Pylon in Karnak oder die Memnonskolosse auf dem thebanischen Westufer – oder monumentale Tempeltore wie an der Stationskapelle Sethos' II. gefertigt wurden.

Schließlich ist die Rote Kapelle das einzige Bauwerk, dessen für ägyptische Verhältnisse erstaunlich regelmäßig dimensionierte Blöcke völlig senkrechte Stoßfugen aufweisen. All diese Besonderheiten haben bislang noch keine zufriedenstellende Erklärung gefunden. Vielleicht zwangen die Probleme der Bearbeitung des Quarzits zu der völlig ungewöhnlichen Entscheidung, die Reliefs im Atelier herzustellen. Der niemals ausgeführte obere Wandabschluß und das Fehlen von Mörtelspuren legen aber auch die Vermutung nahe, daß diese Kapelle niemals wirklich gebaut wurde. Nach Aussage der Inschriften erst ganz am Ende der Regierungszeit der Hatschepsut, in ihrem 17. Jahr hergestellt, hätte dieses Bauwerk bestenfalls die extrem kurze Spanne von drei Jahren gestanden. Thutmosis III. ging daran, ihre Reliefs und Inschriften ausmeißeln zu lassen, um die Blöcke für sich selbst in Anspruch zu nehmen. Dieser Plan wurde alsbald aufgegeben, und Thutmosis III. ließ sich eine eigene Kapelle aus Rosengranit errichten, von der ebenfalls Teile ausgegraben worden sind.

Rosengranit, kostbarer als der ringsum verwendete Sandstein, ist es auch, aus dem die Mauern und die Decke des Bauwerks bestehen, das im Herzen des Tempels all die früheren Kapellen ersetzte: das prachtvolle Barkensanktuar des Philippos Arrhidaios, dessen imposanter Baukörper noch heute die letzte Station vor dem geheimnisvollen Allerheiligsten bildet.

Nach einem Vorschlag von François Daumas steht die Wahl der Baumaterialien in direktem Zusammenhang mit der religiösen Funktion der Architekturteile; so sind ist wohl nicht rein zufällig für diese Kapelle Kalzit, Quarzit und Rosengranit anstelle von Sandstein oder Kalkstein verwendet worden. Da jedoch die Bemalung der Wandflächen letztlich das Baumaterial gar nicht in Erscheinung treten ließ, war offenbar das Wesen des Materials von größerer Bedeutung als seine ästhetische Qualität. Das Wertvollste und Schönste, was überhaupt verfügbar war, sollte der Gottheit gehören. Kalzit (‹Alabaster›) und Quarzit als sehr heterogene Gesteine weisen jedoch oft Fehlstellen auf, so daß sehr oft ausgeflickt werden mußte; die Kapelle Amenophis' I. und die Kolossalstatuen am VIII. Pylon zeigen viele solche Ausbesserungen. Dabei wurde jeweils das ganze Umfeld der Fehlstelle in geringer Tiefe abgearbeitet und in die Vertiefung ein genau einpassendes Stück Stein guter Qualität eingelegt, über das auch problemlos die Reliefdekoration geführt werden konnte.

Die Sanktuare

Zu den bedauerlichsten Verlusten in Karnak zählt die Zerstörung des Areals, in dem sich das eigentliche Sanktuar des Amun-Re befunden haben muß. Nachdem der Kult im 4. Jahrhundert n. Chr. eingestellt worden war, wanderten die Kalksteinblöcke in die Kalköfen der Klöster und der bescheidenen Ansiedlungen, die sich in Karnak einnisteten. In diesem Areal, im ‹Hof› des Mittleren Reiches muß man sich den heiligen Hain des ältesten Tempels vorstellen, der das Allerheiligste des Schöpfergottes als die Keimzelle des Tempels umschloß, der sich von hier aus zu seiner späteren Größe entwickeln sollte.

Zweifellos barg dieser Bereich verschiedene Gebäude, deren zentrale Bedeutung sich unmittelbar aus der Lage des Areals im Gesamtgefüge des Tempels ergibt. Der Plan von Karnak zeigt ganz deutlich, daß der Tempel von diesem in seiner Flächenausdehnung eher bescheidenen Mittelpunkt aus schrittweise wuchs und dabei stets die besondere Bedeutung dieses Platzes respektierte. Wichtig ist nun, daß alle Mauern an der Ostseite der Hatschepsut-Räume, die heute den westlichen Abschluß des ‹Hofes› des Mittleren Reiches bilden, ursprünglich unmittelbar an Mauern angebaut waren, die heute völlig verschwunden sind. Die heute sichtbaren Außenwände sind nicht verkleidet, da sie ursprünglich im Inneren einer massiven Mauer lagen. Die roh belassenen Blöcke zeigen übrigens senkrecht verlaufende Einschnitte, durch die nach Versetzen der Blöcke in die Fugen Mörtel eingefüllt werden konnte.

Die Grabungsarbeiten in diesem Abschnitt lassen leider keinerlei Mauerreste mehr erkennen; lediglich eine große Umfassungsmauer aus Lehmziegeln läßt sich feststellen, deren späteste Baustufe aus der Zeit Amenophis' I. zumindest auf die Existenz des hier ursprünglich stehenden Tempels hinweist.

So muß man auf Vergleichsmaterialien zurückgreifen. Die beste Parallele liefert das Sanktuar des Chons in Karnak, wenn es auch nur als Anhaltspunkt dienen kann, da das wirkliche Aussehen des Hauptsanktuars des Amun unbekannt ist. Das auffallend kleine Sanktuar sollte in einem Naos, einem Granitschrein, die Götterstatue aufnehmen, den Sitz der göttlichen Lebenskraft, und sollte die in der Statue konzentrierte gewaltige Energie bergen. Der Innenraum des Schreins konnte sehr klein bleiben, da die Götterstatue nur eine Elle, also 52 Zentimeter, hoch war. Schrein, Sanktuar, Säle, Dächer und Mauern schlossen sich zu einer schützenden Hülle dieser spezifischen Form Gottes auf Erden, die von existenzieller Bedeutung für den Lauf der Welt war.

Bautechnisch stellte ein solches Sanktuar aufgrund seiner geringen Ausmaße keine besonderen Probleme, wenn auch in einem dieser Räume östlich der Festhalle Thutmosis' III. in Karnak ein riesiger Quarzitsockel steht, auf dem ursprünglich eine Kapelle errichtet war.

Der Raum, in dem dieses geheimste Sanktuar stand, hat einen länglichen Grundriß und besitzt Wandnischen, ist aber zu sehr zerstört, als daß sich seine ursprüngliche Gestalt rekonstruieren ließe.

Der große Kalzitsockel im weiten leeren Areal des ‹Hofes› des Mittleren Reiches, von Henri Chevrier aus Fragmenten rekonstruiert, die er an Ort und Stelle fand, ist ein gewichtiger Hinweis, daß auch in diesem Bereich ein bedeutendes Sanktuar gestanden haben muß. Ähnlich wie bei den Kapellen für die Prozessionsbarken des Amun wurde wahrscheinlich auch für diesen Komplex von zentraler Bedeutung ganz oder zumindest teilweise wertvolles Steinmaterial verwendet.

Im Sanktuar stand der Schrein, aus einem einzigen Steinblock gehauen. Seine Außenwände waren gebōscht, sein Dach hatte die Form einer Pyramide. Als Gehäuse der Götterstatue war er meist aus einem besonders ausgesuchten Granitblock gemeißelt; hinter zwei Türflügeln öffnete sich die kleine Nische mit dem Götterbild, an dem all die Rituale vollzogen wurden, die den täglichen Ablauf des Lebens im Tempel prägten.

Überall dort, wo die architektonische Gesamtkonzeption eines altägyptischen Tempels noch sichtbar erhalten ist, im Chons-Tempel in Karnak, in Medinet Habu, Dendera, Philae, Edfu, Kom Ombo, stellt man fest, daß im Verlauf des Weges von außen hinein zum Allerheiligsten die Raumgrößen kontinuierlich abnehmen, das Bodenniveau allmählich ansteigt und die Decken immer niedriger werden. Gerade im Vergleich zu den gewaltigen Schutzbauten ringsum unterstreichen die kleinen Abmessungen des Allerheiligsten, sein Abgeschlossensein nach außen und

Der kleine Säulensaal vor dem Allerheiligsten des Chonstempels (Eingang rechts im Bild) ist gut erhalten. Vier kannelierte Säulen trugen das Dach; in ihrer Mitte, genau in der Achse des Tempels und unmittelbar vor der Tür zum Sanktuar, steht noch der Sockel für die Götterbarke. Das Sanktuar selbst ist ein kleiner rechteckiger Raum, in dem ursprünglich der Schrein für das Götterbild stand. In diesem Tempel, der einer einheitlichen Planung aus der Zeit Ramses' III. entspringt, werden die Grundstrukturen eines ägyptischen Tempels viel klarer erkennbar als im großen Amun-Tempel, an dem laufend angebaut und umgebaut wurde und der heute zu großen Teilen zerstört ist. (Photo Jean-Claude Golvin)

seine Lage im Innersten des Tempels die ganz besondere Bedeutung dieses Raumes. Dieses langsame Aufsteigen zu Gott in seinem bergenden Naos, im kleinsten, am besten geschützten und geheimsten Raum des gewaltigen Tempelkomplexes ist die zentrale Aussage und Funktion des ägyptischen Tempels, der unmittelbare Ausdruck einer kaum vorstellbaren Konzentration von Energie. Man kann sich heute wohl kaum mehr ein Bild davon machen, welch tiefes Geheimnis, welche überwältigende Macht dies alles für die alten Ägypter in sich barg. Die Gottheit tief innen im Dunkel des Tempels war eine zugleich gefährdete und gefährliche Macht. Ihr konnte man sich nur mit größter Ehrfurcht und aller Vorsicht nahen, indem man die lange Folge der Höfe, Kolosse, Obelisken und Säle durchschritt, von deren schweren Toren sich jeweils nur ein einziges öffnete.

Nebengebäude

Jubiläumskapellen

Nur wenig muß über die königlichen Jubiläumskapellen gesagt werden, die an mehreren Stellen von Karnak erhalten geblieben sind, vor allem in der Südachse, auf der sich zwischen dem VII. und X. Pylon die großen Prozessionen bewegten. Ihre Fassaden hatten weite Tore, zu deren Seiten Pfeiler mit quadratischem Grundriß standen.

Das vollkommenste Beispiel dieses Bautypus ist die Jubiläumskapelle Sesostris' I. Sie wurde Block für Block im Füllmauerwerk des III. Pylons ausgegraben. Sie ist eines der ältesten und gleichzeitig eines der schönsten Bauwerke von Karnak. Dieser elegant proportionierte, streng symmetrisch angelegte Kiosk mit einer Treppe an seiner Vorder- und Rückseite wurde anläßlich der Zeremonien des Regierungsjubiläums des Königs benutzt. Auf dem Sockel und um die untere Wandzone zieht sich ein Inschriftfries, der alle Gaue Ägyptens nennt und damit das ganze Land im Tempel versammelt. Jede Eintragung für einen Gau, einen Regierungsbezirk, nennt dessen Namen, den Namen der Gauhauptstadt und seine Flächenausdehnung.

Das Gebäude besitzt keinerlei Türen und ist nach allen Seiten offen; damit ahmt es Zelte nach, die auf einem Unterbau errichtet wurden und in Reliefbildern gezeigt werden, die das Regierungs-jubiläum des Königs feiern. Diese pavillonartigen Gebäude besaßen an den beiden Schmalseiten eine Treppe; in ihrem Inneren standen auf einem Sockel Rücken an Rücken zwei Throne. Während der Festlichkeiten zur Bestätigung seiner Herrschaft nahm der König in diesem Kiosk Platz, einmal mit der oberägyptischen, einmal mit der unterägyptischen Krone. Als Material für die überaus fein geschnittenen Reliefs dieser Kapelle diente der besonders qualitätvolle Kalkstein aus Tura, einem Steinbruch südlich von Kairo. Unter den zahllosen Bildthemen findet sich beispielsweise eine Palastfassade, deren Mauern charakteristische Nischen mit einer Tür in ihrer Mitte aufweisen, an der sogar die Türriegel angegeben sind. Dieses außerordentlich fein geschnit-tene Reliefbild ist nicht höher als zehn Zentimeter. Wahrscheinlich handelte es sich um einen Kultbau in Karnak, um eine Kapelle für den als Priester fungierenden König, die ursprünglich wohl in einem Hof oder auf dem Vorplatz des Tempels stand.

Nutzbauten

Im Ramesseum, in Medinet Habu oder in Abydos sind rings um den Tempel ausgedehnte Nutzbauten erhalten geblieben, wie sie zu jedem großen ägyptischen Tempel gehörten. In Karanak sind diese Bereiche des Tempelareals noch äußerst unvollständig ausgegraben. Aus der Analyse von Luftaufnahmen, aus einzelnen Grabungen und durch den Vergleich mit anderen Tempeln läßt sich jedoch auch für Karnak ein ungefähres Bild gewinnen.

Die auffälligste Nebenanlage von Karnak ist der große Heilige See. Zunächst versorgte dieser künstliche See die Werkstätten und die nahe gelegenen Wohnungen der Priester mit Wasser und diente zu Waschungen und auch für rituelle Handlungen wie Ausfahrten heiliger Schiffe, die nach der Ritualvorschrift auf dem Wasser vollzogen werden mußten; die Bedeutung des Heiligen Sees reichte jedoch viel weiter. Im Tempel als Weltmodell stellte der See oder das Wasserbecken innerhalb des heiligen Bezirks neben Erde, Himmel und Sonne das vierte Lebenselement dar, das Wasser.

Reliefbild der Krönung des Königs von Unterägypten an der Weißen Kapelle Sesostris' I. in Karnak. Links steht der ithyphallische (mit erigiertem Glied dargestellte) Gott Amun-Min. Er trägt als Kopfputz zwei hoch aufragende Federn, ein typisches Abzeichen von Luft- und Himmelsgöttern. Über seinen erhobenen rechten Arm ist ein Wedel gelegt, ein Herrschaftsabzeichen. Die linke Hand ist unter dem Gewand verborgen und umfaßt das erigierte Glied, das aus der mumiengestaltigen Umwicklung des Körpers herausragt – ein Symbol der wichtigsten Funktionen des Gottes, Fruchtbarkeit und Wiedergeburt. Auf ihn schreitet von rechts der König zu, bekleidet mit der Roten Krone und einem plissierten Hemd und Schurz, an dem ein Tierschweif befestigt ist. Der König wird von dem Gott Atum von Heliopolis geleitet, der die Doppelkrone des Königs von Ober- und Unterägypten trägt und sich von einem Königsbild nur durch seinen Götterbart unterscheidet. (Photo Alain Bellod)

77

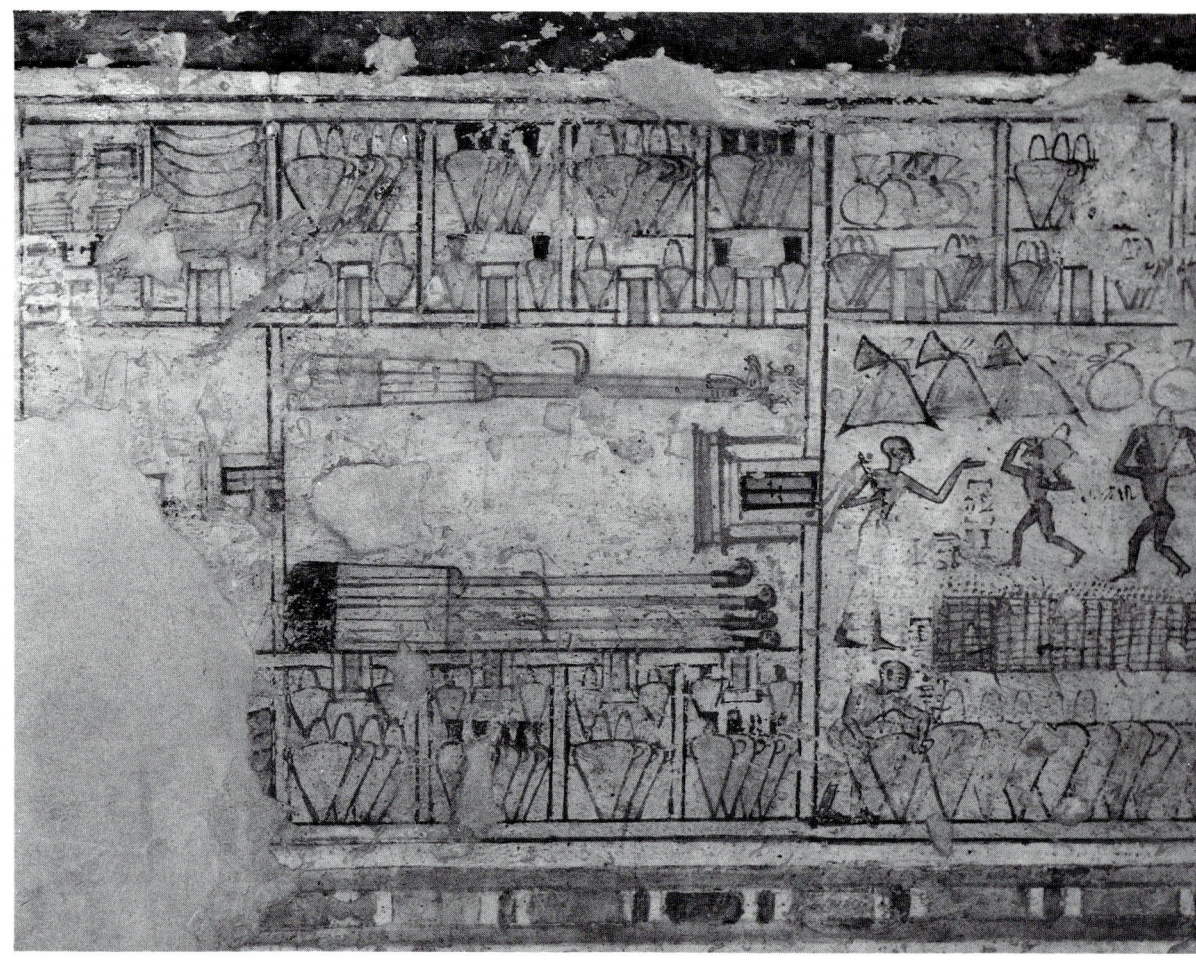

Diese Becken mit Wasser zu füllen, war unschwer zu bewerkstelligen; es genügte, bis unter den Grundwasserspiegel zu graben, der vom Nil her regelmäßig aufgefüllt wurde. Zur Aushebung des Seebeckens wählte man die Jahreszeit, zu der das Grundwasser aufgrund des niedrigen Wasserstands des Flusses extrem tief lag. Gleichzeitig konnte man die Beckenwände mit großen Steinblöcken auskleiden; diese Mauern erhielten eine leichte Wölbung nach außen, um den Druck der umgebenden Erdmassen aufzufangen. Das jahreszeitlich bedingte Steigen und Fallen des Flusses und dem entsprechend die beträchtlichen Schwankungen des Grundwasserspiegels hatten einen gründlichen Austausch des Wassers im See zur Folge. An Nilometern, überdeckten Treppen, die in einen Brunnenschacht hinunterführten, wo die Messungen durchgeführt wurden, konnte der Wechsel des Wasserspiegels beobachtet und aufgezeichnet werden. Mindestens drei derartige antike Wasserstandsmesser waren in Karnak in Gebrauch.

Wie im Umfeld aller anderen großen Tempel Ägyptens lagen auch im Bezirk des Amun-Tempels eine ganze Anzahl von Wirtschaftsgebäuden, Magazine und Werkstätten, Priesterwohnungen und Nebenkapellen. Dieser ganze Bereich war recht regelmäßig angelegt und durch kleine Straßen erschlossen.

Der interessanteste Komplex solcher Nutzbauten, der im thebanischen Bereich erhalten geblieben ist, befindet sich im Areal des Ramesseums. Dort kann man noch heute die erstaunlich gut erhaltenen Tonnengewölbe, mit denen die Magazine überdeckt waren, bewundern und ihre Bauweise studieren. Diese Gewölbedecken bestanden aus sehr großen, flachen Ziegeln, die ausgehend von einer Stirnmauer in regelmäßigen Ziegellagen versetzt wurden, so daß eine Rüstung überflüssig war. Um die Haftung der Ziegel untereinander zu erhöhen, waren diese Ziegelbogen schräg gestellt, so daß sie aufeinander lagen und sich von einem Ende des Raumes bis zum anderen gegenseitig stützten. Man konte auf diese Weise jeden Ziegel mit dem schräg darunter liegenden Gewölbebogen durch eine einfache Mörtelschicht verbinden. Der parabolförmige Querschnitt dieser Tonnengewölbe garantierte eine überaus stabile Statik. In Karnak ist nur ein einziges solches Tonnendach in sehr schlechtem Zustand erhalten geblieben; in Abydos gibt es südlich des Tempels Sethos' I. noch mehrere gut erhaltene Beispiele. Diese Bautechnik, das ‹nubische Gewölbe›, ist von so erstaunlicher Stabilität, daß sie bis heute der Zerstörung widerstanden hat.

In Karnak würden erst umfangreiche Ausgrabungen die Voraussetzungen für eine Rekonstruktion der ursprünglichen Konzeption der Nebenanlagen des Amun-Tempels schaffen. Die einzigen bislang in diesen Bereichen durchgeführten Grabungen haben östlich des Heiligen Sees ein Wohnviertel für Priester zutage gefördert. In geringen Spuren zeichnet sich an der Südseite des Heiligen Sees ein ganzer Komplex von Nutzbauten ab, Magazine für Opfergaben und ein Geflügelhof für die heiligen Gänse des Amun mit einem direkten Zugang zum Wasserspiegel des Heiligen Sees, einer Gänseleiter in Form eines ummauerten, mit Steinplatten gedeckten Kanals.

Die Lage des ‹Lebenshauses› hingegen bleibt unbekannt, dieser Institution, die Tempelbibliothek und geistliche Universität war, wo die gelehrten Priester sich unter anderem mit den grundlegenden Fragen der Astronomie, der Theologie und der Religion beschäftigten und wo das Wissen der Zeit zusammenlief. Auch die Schreiberschulen, die Tempelarchive, die Schatzhäuser, die verschiedenen Werkstätten bleiben noch zu finden. Kleinere Nebentempel lagen wahrscheinlich im Nordteil des Tempelareals.

All diese Bauten bestanden ungeachtet ihrer Bedeutung und ihrer Funktion aus Lehmziegeln. Die konstruktiven Details von Türen, Fenstern, Treppen oder Dächern, die sich hier beobachten lassen, entsprechen ganz dem Befund der sonstigen Profanarchitektur. Nur die Tempel bestanden ganz aus einem edleren Material, aus ausgewähltem Gestein, für eine lange Lebensdauer bestimmt, selbst wenn die Bauten, die daraus errichtet wurden, manchmal nur eine kurze Weile bestanden. Wurde eines dieser Gebäude abgerissen, so wurden die Steinblöcke alsbald wiederverwendet und erfüllten ein weiteres Mal ihre Rolle als dauerhafter Baustoff, haltbar genug, um die Ausführung selbst größter Bauprojekte zu ermöglichen.

Umfassungsmauern

Zur Form und Bautechnik der großen Umfassungsmauern aus Lehmziegeln, die die äußerste Begrenzung des heiligen Bezirks bildeten, sollen hier einige neue Gesichtspunkte vorgestellt werden. Die Funktion dieser hohen Mauern war, den Tempel magisch zu schützen und alle fremden und schädlichen Kräfte von ihm fernzuhalten. Pragmatisch gesehen schützten sie den Reichtum des Tempels, die kostbaren Materialien und Naturalien in den Werkstätten und Magazinen. So bewegen sich die Hypothesen zur Erklärung der eigenartigen Konstruktionsweise

Bereich der Dienstwohnungen der Priester östlich des Heiligen Sees, vom Centre Franco-Egyptien ausgegraben und teilweise restauriert. Die recht konfortablen Lehmziegelhäuser besitzen jeweils mehrere Zimmer und einen Hof. Den Hauseingang bildet ein steinernes Tor, auf dem bisweilen noch der Name des Hausbewohners steht. (Photo Jean Lauffray)

dieser heiligen Schutzmauern zwischen den Extremen einer rein religiösen Bedeutung und einer primär technisch bedingten Bauweise.

Paul Barguet sieht in der charakteristischen Wellenstruktur der Ziegellagen der Umfassungsmauer des Amun-Tempels in Karnak ein Abbild des *Nun*, der Wogen des Urozeans, der endlosen Wasserfläche vor der Erschaffung der Welt. Für Henri Chevrier hingegen ist diese Wellenstruktur das Ergebnis einer perfektionierten Bautechnik für die Errichtung langer Mauerzüge aus Nilschlammziegeln, erstmals in der Zeit Nektanebos' I. verwendet, der die große Umfassungsmauer des Amun-Tempels errichten ließ. Technische Bedingtheiten und religiöse Symbolik überlagern sich in der ägyptischen Architektur untrennbar, und so ist keiner dieser beiden Gesichtspunkte von vornherein ganz abzulehnen. Neueste Untersuchungen haben jedoch zu dem eindeutigen Ergebnis geführt, daß zumindest teilweise eine Verbesserung der Bautechnik zu diesen Formen geführt hat. Die ältesten Ziegelumfassungsmauern, in Hierakonpolis und Abydos (Schunet el-Zebib) gut erhalten, sind in streng horizontalen Schichten gemauert; ihre relativ kleinen Nilschlammziegel sind allseitig mit einer etwa einen Zentimeter starken Schicht einfachen Schlamm-Mörtels miteinander verbunden.

Diese Mauertechnik bleibt durch die ganze pharaonische Epoche bis an den Anfang der 30. Dynastie in Gebrauch; die Umfassungsmauer des Tempels Ramses' III. in Medinet Habu ist ein repräsentatives Beispiel. Nichts scheint dabei auf die Idee hinzudeuten, in diesen Mauern aus rein religiösen Gründen die Wellen des *Nun* darzustellen. Andererseits bleiben die Mauern mit den wellenförmigen Ziegelschichten seit ihrem ersten Auftreten im 4. Jahrhundert v. Chr. in ganz Ägypten bis ans Ende des Altertums allgemein in Gebrauch, nicht nur als Umfassungsmauern der großen ptolemäischen und römerzeitlichen Tempel (Dendera, Edfu, Kom Ombo), sondern auch bei deren Nebengebäuden und bei Profanbauten.

Wenn es auch nicht ganz von der Hand zu weisen ist, daß auch religiöse Gründe dazu beitrugen, diese Bauform in die späteste Phase der ägyptischen Architektur aufzunehmen, so ist es doch ganz klar, daß diese Bauweise beträchtliche technische Vorteile bot. In diesem Zusammenhang sind mehrere erst in jüngster Zeit erkannte Details von Bedeutung. Während die Ziegel der älteren, horizontal strukturierten Mauern in Mörtel verlegt waren, sind die wellenförmigen Ziegellagen nicht durch Mörtel verbunden. Die auf diese Weise errichteten Mauern waren also eigentlich nichts anderes als ‹Ziegelhaufen›. Ohne Zeit damit zu verlieren, Tausende von Mörtelverbindungen herzustellen, brauchte man einfach nur Ziegel aufeinander zu schichten. Man beschränkte sich darauf, nach jeweils einigen Ziegellagen die wellenförmige Oberfläche mit einer dünnen Schicht feuchten Nilschlamms zu glätten, um dann mit den nächsten Schichten fortzufahren. Diese Bautechnik erlaubte ein sehr schnelles Arbeiten, noch gesteigert durch den Übergang zu erheblich größeren Ziegelformaten als in früherer Zeit.

Der hohe Anteil von Keramikbruch in den Ziegeln von Karnak und Luksor ist ein klarer Beweis für die Herstellung der Ziegel an Ort und Stelle, wobei das Rohmaterial direkt aus dem Umfeld des Tempels stammte, einem Areal, das seit Jahrtausenden besiedelt war. Man kann sich vorstellen, wie während der Erbauung der Umfassungsmauer Zehntausende von Ziegeln rings um die Baustelle zum Trocknen in der Sonne ausgelegt waren.

Zur Steigerung der Festigkeit der Mauern wurden spezielle Techniken entwickelt. In Karnak legte man in gewissen Abständen zwischen die Ziegellagen Schichten von Stroh als pflanzliche Verbindungsschicht; außerdem wurden gelegentlich Holzbalken horizontal in die Mauer einge-fügt. So bestand die Umfassungsmauer des Amun-Tempels schließlich aus einzelnen Sektoren, die im regelmäßigen Wechsel konkave und konvexe Ziegellagen aufwiesen und die in schrägen Fugen aneinander stießen; die Reihenfolge der Errichtung dieser Sektoren ergibt sich aus dem Verlauf dieser Fugen.

Nach diesen technischen Vorbemerkungen sollte auch daran erinnert werden, daß das bestän-dige Wachsen des Karnak-Tempels über Jahrhunderte hinweg zur Errichtung mehrerer aufein-ander folgender konzentrischer Umfassungsmauern führte, die nur an wenigen Stellen ausgegra-ben sind; die Umfassungsmauer Nektanebos' I. umschloß schließlich als letzte Erweiterung in einem riesigen Viereck den gesamten Tempelkomplex. Einerseits den Opet-Tempel einschlie-ßend, andererseits das Hafenbecken aussparend, das den Ostabschluß der Zugangsallee im Westen des Tempels bildete, konnte die Umfassungsmauer auf der Westseite des Tempels den Anschluß an den I. Pylon nur finden, indem sie einen tiefen Rücksprung bildete. Diese Umfas-sungsmauer hat die Form eines Trapezes, da sie der unterschiedlichen Orientierung der verschie-denen Tempelbauten folgt.

Auch sonst nimmt sie die leichten Verschiebungen der beiden Hauptachsen des Tempels, der West-Ost- und der Süd-Nord-Achse, auf. Wie der obere Mauerabschluß gestaltet war, läßt sich an keiner einzigen Stelle mehr feststellen. Vielleicht war die Mauer wie in Medinet Habu von Zinnen bekrönt, hinter denen eine Art Wehrgang umlief. Die Architektur der riesigen Festungsbauten aus Lehmziegeln bietet einige weitere hypothetische Vergleichsmöglichkeiten. Jedenfalls waren die Umfassungsmauern mit Sicherheit so hoch, daß alle im Inneren des Areals liegenden Bauten unsichtbar blieben und von außen gesehen der Tempel wie eine riesige Festung mit Bastionen und Toren wirkte. Die Flächenausdehnung dieser Tempel war im Verhältnis zu den sie umgebenden Siedlungen riesig. In Dendera beispielsweise war der Hathor-Tempel mit seinem Tempelbezirk inmitten der Stadt der weitaus größte Architekturkomplex, und außerhalb der Umfassungsmauer scheint es nicht ein einziges öffentliches Gebäude aus Stein gegeben zu haben. Sogar die prunkvol-len Königspaläste des Neuen Reiches wie der Amenophis' III. in Malkata waren aus leichten, vergänglichen Materialien erbaut.

Die wellenförmig verlegten Ziegelschichten der Umfassungsmauer des Nektanebos stellen vermutlich die Wogen des *Nun* dar, des Urozeans vor der Erschaffung der Welt. Die ursprüngliche Höhe dieser Ziegelmauern muß der Höhe der größten heute noch erhaltenen steinernen Tempeltore entsprochen haben, des Nektanebos-Tores im Osten und des Euergetes-Tores im Süden. Das kleine Tor auf diesem Bild ist ein Nebeneingang, der zu den noch nicht ausgegrabenen Nebengebäuden in der Südostecke des Amun-Bezirks führt. (Photo Alain Bellod)

An der Nektanebos-Mauer in Karnak kann man wie schon angedeutet die zeitliche Abfolge der Errichtung der einzelnen Mauerabschnitte am Fugenverlauf zwischen diesen Sektoren ablesen. Eine sorgfältige Beobachtung der Form der einzelnen Mauerzüge und ihrer Anschlußstellen zeigt eindeutig, daß mit dem Bau der großen Mauer an verschiedenen Stellen gleichzeitig begonnen wurde, so daß ihre Fertigstellung wesentlich beschleunigt wurde.

Die Art der Fundamentierung dieser großen Lehmziegelmauern mit Wellenstruktur läßt sich am Kom el-Sultan in Abydos noch heute gut beobachten und analog auf den Amun-Tempel in Karnak übertragen. Die Fundamente sind gemessen an der Höhe und Stärke der Mauer erstaunlich gering eingetieft. Nach dem Ausheben eines flachen Grabens wurden an den beiden Enden des jeweiligen Mauerabschnitts zunehmend länger werdende Ziegellagen zu ebener Erde verlegt. So konnte man die Form der ersten konvexen Wölbung festlegen. Aus Nilschlammziegeln erbaut, waren diese massiven Mauern leichter als die Pylone und großen Mauern aus Stein; und so genügte auch ein viel schwächeres Fundament.

Sinn und Zweck der in der Mitte eingesenkten, konkaven Ziegellagen, die, wie schon beschrieben, aus einfach aufeinander geschichteten, nicht durch Mörtel miteinander verbundenen Nilschlammziegeln bestanden, war es, den Schwerpunkt der Mauer möglichst tief nach innen zu verlegen. Die Mauerabschnitte mit konvexen oder horizontalen Lagen stemmten sich auf die konkav gewölbten Abschnitte, und dieses Kräftespiel verstärkte die Haftung der einzelnen Mauerabschnitte untereinander und damit letzlich der ganzen Mauer, deren Teile sich buchstäblich ineinander verkeilten. Dieser gegenseitige Druck der einzelnen Mauerabschnitte wirkte sich immer nach beiden Seiten aus und fehlte folglich an den Ecken der Umfassungsmauer, so daß sich dort ein statisches Problem ergab. Zu seiner Lösung entwickelte man eine sinnreiche Konstruktion. Die konkave Wölbung der Ziegellagen wurde an den Ecken auf den doppelten Wert gesteigert, so daß sich die Druckkräfte ganz auf das Innere der Mauer verlagerten. Dieses System ist allgemein angewandt worden und findet sich gut sichtbar in Karnak, Dendera, Luksor, Deir el-Medina, Elkab, Abydos und Kom Ombo. Seine weite Verbreitung zeigt, wie sehr man darauf bedacht war, die Mauern so stabil wie möglich zu bauen. Henri Chevrier hat sogar die Ansicht vertreten, die Ziegel seien in noch feuchtem Zustand verbaut worden, so daß durch die leichte Schrumpfung des Nilschlamms beim Trocknen der ganze aus lose verlegten Ziegeln gebaute Mauerabschnitt sich noch stärker verdichtet hätte. Es ist jedoch kaum wahrscheinlich, daß ungetrocknete Ziegel ohne Bruchgefahr und Verformung verarbeitet werden konnten.

Vor diese gewaltigen Baukörper aus aufeinander geschichteten Nilschlammziegeln war beiderseits eine Verkleidung von nur einer Ziegelstärke geblendet. Die Ziegel dieser Oberflächenverkleidung waren sorgfältig mit Mörtel verfugt. Offenbar diente diese durchgehende ‹Haut› der Mauer dazu, das Ziegelmassiv nach außen abzuschließen und zu verhindern, daß sich Unkraut in den Fugen festsetzte und die Mauer allmählich zerstörte. Diese Oberflächenverkleidung konnte wenn nötig leicht ausgebessert werden; ihre sorgfältige Ausführung verlieh der Mauer ein repräsentatives Erscheinungsbild. Gelegentliche Vor- und Rücksprünge im Mauerverlauf sollten wahrscheinlich nur die Eintönigkeit der viele hundert Meter langen Wände unterbrechen, die für die Bewohner der nahe gelegenen Stadt die eigentliche Außenfassade des Tempels waren. Die konkav gewölbten Mauerabschnitte sprangen gegen die anderen Mauerteile leicht vor und erweckten damit den Eindruck mächtiger Türme, die allein schon durch dieses Erscheinungsbild den Tempel zu beschützen schienen.

Diese späten Mauern mit ihren wellenförmigen Ziegellagen haben offenbar auf die Architektur vorbildhaft gewirkt, denn in der römischen Zeit sind sie mehrfach sogar in Stein nachgeahmt worden.

In Philae, Kalabscha und Dendera sind die Steinlagen der Mauer beiderseits des Haupttores konkav angelegt, ohne daß es dafür irgend einen praktischen Grund gäbe. In Taposiris Magna, westlich von Alexandria, sind sogar die Vor- und Rücksprünge der einzelnen Mauerabschnitte in die aus Stein gebaute Umfassungsmauer übernommen, obwohl die Steinlagen völlig horizontal versetzt sind. Bauformen, die ursprünglich aus der Ziegelbauweise entstanden waren, haben diese praktische Funktion hier völlig verloren und sind rein formal in die Steinarchitektur übernommen worden. Wenn hier nur noch das charakteristische äußere Erscheinungsbild der großen späten Umfassungsmauern in Stein nachgeahmt wird, dann ist das mit den allerersten Anfängen der ägyptischen Steinarchitektur in der ersten Hälfte des 3. Jahrtausends vergleichbar, wo die Baumeister des Jenseitspalastes, des Grabkomplexes des Königs Djoser in Sakkara die typischen Bauformen der Lehmziegel- und Mattenarchitektur in Stein übertragen hatten. Hier haben der Rundstab, die Hohlkehle und die Scheintür ihren Ursprung, die dann zu den Standardformen der ägyptischen Architektur werden.

Die Lage des antiken Theben, der eigentlichen Stadt, ist noch weitgehend unbekannt. Sicherlich hat die allmähliche Ausbreitung des Areals von Karnak einen Teil der Stadt unter sich begraben; Die Grabungen im Hof des X. Pylons und östlich des Heiligen Sees haben solche

Siedlungsreste erbracht. Auch um den Tempel von Luksor, den südlichen ‹Ableger› von Karnak, lagen Wohnviertel. Ihre an unregelmäßig verlaufenden Straßen angelegten Häuser sind in den letzten Jahrzehnten ausgegraben worden. Die Gesamtausdehnung des ‹hunderttorigen Theben› mit dem Tempel von Karnak, all den anderen Heiligtümern und ihren Nebenanlagen und mit der Wohnstadt war so gewaltig, daß in der Römerzeit Theben den aussagekräftigen Namen *Diospolis Magna* bekam, ‹die große Stadt des Zeus›, des höchsten Gottes.

Man wird sich also Karnak als einen riesigen Baukomplex vorstellen dürfen, der mit seinen mächtigen Umfassungsmauern die Wohnviertel mit ihren kleinen, niedrigen Häusern und Hütten aus Nilschlammziegeln hoch überragte. Zwischen den Wohnhäusern verlief da und dort ein kleiner Seitenkanal; Gruppen von Palmen und Gärten lockerten das Stadtbild auf. Die majestätischen Alleen der Widderfiguren und der Sphingen, der Zufahrtskanal zum Tempel, die hochaufragenden Mauern des Tempels kontrastierten in ihrer streng geordneten Regelmäßigkeit mit dem Straßen- und Gassengewirr der Wohnviertel ringsum, deren Häuser wie noch heute immer wieder übereinander und ineinander gebaut wurden. Inmitten dieser verwirrenden Stadt waren die großen Tempel von Karnak für den antiken Besucher Thebens die markanten Punkte des Stadtbilds. Die Umfassungsmauern prägten diesen Eindruck ganz wesentlich mit, und als bedeutende Bauleistung wurde ihre Errichtung ganz offiziell auf Denksteinen festgehalten, die in die Mauern eingelassen waren und von denen einige wiedergefunden worden sind.

Die Krümmung der Ziegellagen der Umfassungsmauer des Nektanebos ist gegen die Ecken zu (links im Bild) ausgeprägter als im Mittelteil der Mauer. Die Mauer besteht aus Millionen von luftgetrockneten Nilschlammziegeln, die Schicht für Schicht ohne Verwendung von Mörtel aufeinandergetürmt wurden. Nur die Wandoberflächen an den Außenseiten der Mauer wurden als Schutzschicht verputzt (sichtbar ganz links oben und am Wandfuß in der Bildmitte). Die wellige Struktur der Ziegelschichten erleichterte die Verlegung der Schlammziegel und verlieh der Mauer höhere Festigkeit. In regelmäßigen Abständen befinden sich alle zwölf bis fünfzehn Schichten Reihen von Löchern, in denen teilweise noch hölzerne Balkenreste stecken sie dienten wohl zur Festigung des Mauerverbundes. (Photo Alain Bellod)

Einzelformen

Links

Im Vordergrund Reste von Papyrusbündelsäulen in einem der kleinen Höfe beim Sechsten Pylon von Karnak. Diese Säulenform ahmt ein Bündel von Papyrusstengeln nach. Im Hintergrund sind die beiden ‹Wappenpfeiler› erkennbar, monolithe Granitpfeiler beiderseits des Eingangs zum Barkensanktuar des Amun. Der südliche (hintere) Pfeiler zeigt in kräftigem Relief das Lilien-, der nördliche das Papyrusmotiv. Die beiden Pflanzen symbolisieren die beiden Landeshälften Ober- und Unterägypten. (Photo Alain Bellod)

Rechts

Einfache Papyrussäulen im Taharka-Kiosk (25. Dynastie) vor dem Osttempel des ‹Amun-der-die-Bitten-erhört›. Hinter den Säulen die Tempeltür aus Sandstein und seitlich anschließend die Reste der Pylontürme aus Nilschlammziegeln, deren Lagen wellenförmig verlegt sind. (Photo Alain Bellod)

Sowohl die sprachlichen Bezeichnungen als auch die Formen fast aller Elemente der altägyptischen Architektur gehen auf pflanzliche Vorbilder zurück; dies gilt für die Grundformen der Architektur ebenso wie für die Dekorationselemente der Tempel. Die verschiedenen Säulenformen – Palmsäulen, Lotossäulen, Papyrussäulen, Papyrusbündelsäulen, seit der Spätzeit die Kompositsäulen – beziehen sich auf die geläufigsten Pflanzenformen, die im Altertum im Niltal beheimatet waren. So konnte man gemäß der geographischen Gliederung des Niltals und nach der kultischen Ordnung die verschiedenen Architekturmotive den zwei Hälften der ‹Beiden Länder› zuteilen. So ist auf den Wappenpfeilern vor dem Barkensanktuar in Karnak der Papyrus auf dem nördlichen, die Lilie auf dem südlichen Pfeiler abgebildet; beide Pflanzenmotive symbolisieren die räumliche Gliederung Ägyptens. Manche Säulen zeigen ihren Bezug zum pflanzlichen Vorbild lediglich im polygonalen Querschnitt des Säulenschafts, der die gerippte Oberflächenstruktur des Papyrusstengels andeutet. Zu Unrecht wird dieser Säulentyp bisweilen ‹protodorisch› genannt.

Bisweilen werden die Architrave von einfachen Pfeilern mit quadratischem Querschnitt getragen; vor diese Pfeiler können, mit ihnen fest verbunden, Statuen gestellt werden, die Osiris oder den König zeigen. Eine völlig außergewöhnliche Säulenform findet sich in der Festhalle Thutmosis' III., dem *Ach-menu*. Es sind Säulen, die das Gestänge eines Festzelts nachahmen; die Funktion des *Ach-menu* als Festhalle beim Herrschaftsjubiläum des Königs und des Gottes stellt die inhaltliche Verbindung zu dieser Stützenform her. In besonderen Kapellen konnten die Säulenkapitelle die Form einzelner Götter annehmen und damit einen sichtbaren Bezug zur Rolle dieser Götter im jeweiligen Tempel herstellen. Hathorkapitelle und Säulen oder Kapitelle mit dem Bild des Gottes Bes mögen als Beispiele stehen.

Die Wahl bestimmter Bauformen oder Dekorationselemente war niemals zufällig. Jede Einzelheit hat ihre richtige Stelle, die von religiösen Vorgaben bestimmt war, und die Gesamtheit einer architektonischen Gestaltung ist so konzipiert, daß sie in ihren Grundlinien die Gliederung des Landes und des Kosmos wiederspiegelt. So befinden sich alle Reliefbilder, die thematisch mit der

fruchtbaren Erde und dem Nil zu tun haben, in den unteren Wandzonen – die langen Reihen der Nilgötter und der weiblichen Personifikationen des Feldes oder die Gaugötter. Die Decken der Tempelräume waren meist mit Sternen auf blauem Grund bemalt. In der Mittelachse des Tempels zeigten die Decken das Motiv des Geiers mit weit ausgebreiteten Schwingen, zum Allerheiligsten hin ausgerichtet. Die Decken bestimmter Räume – im gut erhaltenen Tempel von Dendera noch sichtbar – trugen Sternbilder oder auch Tierkreiszeichen.

Zahlreiche Motive religiösen Ursprungs dienten in der Tempeldekoration zum magischen Schutz des Heiligtums, so die Uräenfriese, die oft als Wandbekrönung oder über Türdurchgängen angebracht sind, die löwenköpfigen Wasserspeier, die das Regenwasser vom Tempeldach ableiteten, oder auch die Flaggenmasten vor den Pylonen. Schließlich bildete das gesamte Bildprogramm, das neben den Texten die Außenwände der Tempel bedeckte, eine weithin sichtbare Projektion der Götterbilder im Inneren des Tempels, und auch die im Kult rezitierten Ritualsprüche nahmen in den Hieroglyphentexten in Stein, das Material der Ewigkeit, gemeißelt sichtbare Gestalt an.

All diese symbolbeladenen Formen hatten ihre genau definierte Funktion, aus der sich ihre Existenz, ihr spezifischer Platz, ihre Größe und ihre bildliche Gestaltung herleitete. Auf die Gesamtheit ihrer vielfältigen Bedeutungen kann hier nicht eingegangen werden; ihre Grundbedeutung läßt sich jedoch auch in diesem begrenzten Rahmen umreißen. Der Tempel war ein Modell der Welt, und so standen all seine Teile in einem engen Beziehungsgefüge. Daher auch läßt sich die inhaltliche Interpretation ägyptischer Architektur nicht von den technischen Grundfragen trennen.

Man sollte sich also sehr davor hüten, voreilig von ungewöhnlichen Formen zu sprechen, denn solche ‹Ausnahmen› erweisen sich oft als Teil eines Systems, das allerdings von unserer Logik sehr verschieden sein kann. Die Grundstrukturen der altägyptischen Sakralarchitektur sind alles andere als primitiv oder phantastisch, sie sind ganz im Gegenteil eine äußerst exakte und reflektierte Antwort auf Fragen, die das Altertum als Grundprobleme der Existenz ansah. Bis in die kleinsten Einzelheiten war folglich alles von Theologen vorbedacht; sie waren die eigentlichen Architekten der Tempel, sie kannten die nötigen Rituale, sie hüteten die heiligen Archive, in denen die unveränderlichen Regeln der hohen Kunst, das Haus Gottes zu bauen, verwahrt wurden.

3
Bauphasen
und Bauverfahren

Die seit 1894 in Karnak laufenden archäologischen Untersuchungen haben eine große Anzahl von Fragen zum altägyptischen Bauverfahren einer Lösung näher gebracht. Vor allem Georges Legrain war es, der zu Beginn des 20. Jahrhunderts durch die unter seiner Leitung durchgeführten Arbeiten das unvergleichliche Können der altägyptischen Bauingenieure bewußt machte und ihnen die staunende Anerkennung der modernen Welt verschaffte.

Die intensiven Grabungsarbeiten schritten von Westen nach Osten durch den ganzen Tempel fort; erstes Arbeitsziel war die Freilegung des antiken Begehungshorizonts. Die zahlreiche Arbeiterschaft bestand größtenteils aus Kindern; nur wenige Erwachsene waren unter den mehr als fünfhundert Arbeitskräften. Arbeitsweise und Arbeitsgerät unterschieden sich kaum von antiken Verhältnissen. ‹Moderne› Werkzeuge beschränkten sich auf hydraulische Winden, auf Rollen und Flaschenzüge. Die Arbeit ging während der ersten Jahre zügig voran, und schon bald kamen sehr bedeutende Teile des Tempels zum Vorschein, die oft seit Jahrhunderten völlig unter dem Schutt begraben gewesen waren. Die Allee der Widdersphingen, die Plattform am Westende der Allee, alle Gebäude am großen Hof, darunter die Stationstempel Sethos' II. und Ramses' III. kamen nahezu intakt zu Tage und wurden gefestigt. Anschließend ging es darum, ein viel schwierigeres Projekt in Angriff zu nehmen, die Freilegung des riesigen Säulensaals. Hier ergaben sich unerwartete Schwierigkeiten.

Bereits das Tor des II. Pylons mußte wegen unmittelbarer Einsturzgefahr schnellstens abgestützt werden, aber niemand war darauf vorbereitet, daß auch die hoch aufragenden Säulen des großen Hypostyls, die so überaus wuchtig und massiv wirken, unmittelbar vom Einsturz bedroht waren. Am 3. Oktober 1899 schreckte ohrenbetäubender Donner die Menschen im Tempel auf, gefolgt von unheimlicher Stille. Als die ersten Arbeiter, kaum von ihrem Schreck erholt, vor Ort liefen, bot sich ihren Augen ein trostloser Anblick: Ein unbeschreibliches Durcheinander von Hunderten großer Säulentrommeln, Fragmenten von Kapitellen, riesiger heruntergestürzter und teils zerborstener Architrave – das war übriggeblieben von einem der prachtvollsten Gebäude von Karnak.

Fast übermenschliche Anstrengungen waren nötig, um die eingestürzten Bauteile zu bergen, zu sichten, zu restaurieren und die noch erhaltenen Bauteile zu festigen. Die Größenordnung dieser Arbeiten entsprach durchaus den ursprünglichen Bauarbeiten unter Sethos I. und Ramses II. Die von Georges Legrain seit 1900 angewandten Arbeitsmethoden sind deshalb von unschätzbarem Interesse, weil sie unter originalen Bedingungen eine altägyptische Baustelle nachahmten.

Nachdem er die 70 Tonnen schweren Architrave von den Säulen genommen hatte, transportierte sie Legrain ohne große Schwierigkeiten über Erdrampen ab und bestätigte damit durch die Praxis, was sich aus dem Studium archäologischer Reste und antiker Quellen, auf die wir noch zurückkommen werden, erschließen läßt.

So erwachte für eine Weile die große Zeit wieder, als Karnak eine Baustelle voll Leben, voll

Schäden im Fundament führten im Jahr 1899 zu einer Katastrophe in Karnak. Der weltberühmte große Säulensaal stürzte in sich zusammen und war nur noch ein wirrer Haufen von Steinblöcken. Einer der jungen Arbeiter, der rechts der Bildmitte auf einer Säulentrommel steht, mag als Größenvergleich für das Ruinengebirge stehen. Auf der Säulentrommel links unten Aufrißlinien, die den Bauarbeitern den Mittelpunkt der Säulen anzeigten. (Photo Georges Legrain)

Um 1900 war der Säulensaal nahezu vollständig mit Sandrampen angefüllt, auf denen die Architrave wieder in ihre ursprüngliche Position gebracht wurden. Die Höhe der Rampen läßt sich an der Gestalt des Arbeiters im rechten Bildteil ermessen. Auch während der ursprünglichen Erbauung eines Tempels steckte das Bauwerk in vergleichbarer Weise nahezu völlig in den gewaltigen Erd- und Ziegelmassen der Rampen, über die die Blöcke bis in die Höhe der einzelnen Steinlagen transportiert wurden. (Photo Georges Legrain)

Lärm und Singsang war. Gaston Maspero, Direktor der Altertümerverwaltung in jenen Jahren, berichtet darüber recht lebendig: ‹Da ist zunächst ein langsamer Baß, der Gesang der Arbeiter, dann das leichte und lebendige Singen der Kinder, die ihnen helfen; ab und zu erhebt sich lautes Geschrei und übertönt all die anderen Geräusche – die Rufe der Schwerlastarbeiter, die einen riesigen Block kippen.› Angesichts dieses Schauspiels fiel es Maspero nicht schwer, sich Ramses II. vorzustellen, wie er höchst persönlich die Arbeiten beaufsichtigte: ‹Er hätte aber nicht allzu genau hinsehen oder gar lenkend eingreifen müssen. Seine Befehle in – wie ich zumindest gerne annehmen würde – ausgezeichnetem Altägyptisch wären unseren Vorarbeitern unverständlich geblieben, und Herr Legrain, der in seinem pilzförmigen Tropenhelm die Arbeiten leitet, hätte ihn wohl in keiner Weise an den Hohenpriester des Amun-Re, des Königs der Götter, erinnert, an Bekenchons, der unter seiner Regierung die Bauarbeiten in Theben leitete.›

Diese Arbeiten von Georges Legrain (bis 1917) wurden von Maurice Pillet (1920–1925) und Henri Chevrier (1926–1954) fortgesetzt; sie haben zusammen mit den neuesten Forschungen, die seit 1967 vom Centre franco-égyptien durchgeführt werden, oft auf empirisch-pragmatische Weise die großen technischen Probleme gelöst, die sich beim Transport riesiger Blöcke in schwer zugänglichen Räumen ergaben. Recht oft greift man auch heute noch zu denselben Techniken, die sich schon damals vor 3000 Jahren in Ägypten bewährt hatten, als Stein um Stein diese großartigen Bauten entstanden.

Die modernen wissenschaftlichen Untersuchungen lassen sich nicht vom Fortgang der Restaurierungsarbeiten trennen; sie lebt von diesen Arbeiten und gibt ihnen zugleich ihre Richtung. Angesichts der vielfältigen Probleme muß der Forscher heute immer auch Restaurator sein (und umgekehrt); seine erste Aufgabe ist es, sich über das antike Bauverfahren klar zu werden und den aktuellen Erhaltungszustand festzustellen. Er hat die Ursachen von Bauschäden zu analysieren, muß Materialproben entnehmen und ins Labor bringen, muß sich mit der Baustruktur befassen, muß abstützen, festigen und ordnen, muß Inschriften lesen, gefährdete Bauteile sichern – für jedes Problem muß eine befriedigende Lösung gefunden werden, die vor Ort möglichst schnell und mit geringem Kostenaufwand durchgeführt werden kann.

Diese Forscher vor Ort sind die neuen Baumeister von Karnak. Sie beobachten, sie entdecken und erschließen all das, was der so reiche Boden Ägyptens an neuen Informationen preisgibt, neue monumentale Inschriften ebenso wie neue Erkenntnisse über antike Techniken. Unsere Kenntnis von den Fähigkeiten der antiken Bauleute hat durch moderne Forschung eine erhebliche Vertiefung und ausweitung erfahren. Diese Forschungsergebnisse sind die Leitlinie der folgenden Ausführungen.

Die einzelnen Phasen traditioneller altägyptischer Bautätigkeit liefen in einer folgerichtigen Reihenfolge ab, angefangen vom Ausheben der Fundamente bis hin zur Fertigstellung der Wanddekoration. In ihrer Abfolge festgelegt, haben sich diese Arbeitsschritte jedoch im Lauf der Jahrhunderte technisch weiterentwickelt. Diese Veränderungen lassen sich oft mit einer ganz bestimmten Zeit verbinden und geben damit dem Forscher zusätzlich zu textlichen Kriterien neue Datierungsmittel an die Hand und geben eine neue Sicherheit beim ‹Lesen› archäologischer Zusammenhänge.

Nichts könnte den Eindruck einer antiken Tempel-Baustelle wirklichkeitsgetreuer darstellen als die Arbeiten, die Georges Legrain nach dem teilweisen Einsturz des großen Säulensaals von Karnak im Jahre 1899 durchführen ließ. Auf einer langen Erdrampe wird ein riesiger Architrav transportiert, geschmückt mit Palmwedeln, wie sie noch die heutigen Ägypter an Festtagen aufpflanzen. Die Verwendung von Rollen, von eisenbewehrten Rundhölzern, sowie von Flaschenzügen ist das einzige Zugeständnis an die moderne Technik. Die alten Ägypter verwendeten dagegen nur Holzschlitten, die auf mit feuchtem Nilschlamm belegter Bahn gezogen wurden. (Photo Archiv Karnak, Alain Bellod)

Pläne und Fundamente

Auswahl von Grundsteinbeigaben aus dem Westturm des Neunten Pylons von Karnak. 1. Fayence-Ziegel mit der Kartusche des Königs Haremhab; 2. Glättstein; 3. Haue einer Hacke; 4. Modell eines Maurerwinkels. Modelle von Opfern: 5. Opferrinder, 6. Gänse, 7. Lattich, 8. Blüten und Getreidekörner, 9. Rinderschenkel, 10. kleine Votivkartuschen. (Photo Alain Bellod)

Anläßlich der Gründung eines Tempels vollzog der König, wie schon beschrieben, persönlich das Gründungsritual mit seinen symbolischen Handlungen. Ein neues Wesen sollte geboren werden, und so wurde der Tempel ins Leben gerufen wie ein wirklich lebendes Wesen. Gerade im Karnak-Tempel drückt sich diese Symbolik besonders deutlich aus; die stufenweise Entwicklung des Heiligtums erinnert an das Wachsen eines großen Körpers, der sich in beständiger Veränderung befindet. Die kleinen Votive, die zu den Grundsteinbeigaben gehören – Miniaturnachbildungen von Lattich, Blütenknospen, Rinderschenkeln, Bauwerkzeug –, sind der konkrete Ausdruck der Geburt eines jeden Gebäudes. Zu ihnen gehören auch glasierte Ziegel mit Königsnamen, durch die sich die Tempelgründung exakt datieren läßt. So ist es für den Archäologen ein besonderer Glücksfall, wenn er bei Grabungen oder Restaurierungsarbeiten unter einer Gebäudeecke oder in den untersten Steinlagen einer Mauer ein Grundsteindepot findet. Durch das Gründungsdepot ist allerdings nur der Baubeginn zeitlich fixiert. Häufig kann ein König das von ihm begonnene Bauwerk nicht vollenden; so war es erst Haremhab, der den unter Amenophis III. gegründeten X. Pylon fertigstellte. Häufig auch wird ein Bauwerk durch spätere Umbauten so stark verändert, daß seine Baugeschichte erst nach gründlichem Studium der Architektur und unter Berücksichtigung des ganzen archäologischen Umfelds und des relevanten Textmaterials rekonstruiert werden kann.

Der gewachsene Boden des Niltals, in dünnen Schichten von Nilschlamm Jahr für Jahr während der Überschwemmung vom Fluß abgelagert, ist von erstaunlicher Kompaktheit und läßt sich nur schwer mit der Hacke bearbeiten. Er setzt dem Bauarbeiter, der einen Graben anlegen soll, erheblichen Widerstand entgegen, und so sind gewöhnliche Ziegelmauern von Häusern oder Gehöften, wie sie bei den wenigen Siedlungsgrabungen freigelegt worden sind, praktisch ohne Fundamentgräben nach einer oberflächlichen Säuberung des Bauplatzes direkt zu ebener Erde errichtet worden.

Die Errichtung monumentaler Steinarchitektur verlangte ganz andere Vorbereitungsarbeiten. Zunächst wurde ein tiefer Fundamentgraben ausgehoben, der so weit abgetieft werden mußte, bis der feuchte Boden hinreichende Festigkeit aufwies, um das Gewicht des künftigen Bauwerks zu tragen. So sind die Fundamente eines großen Pylons stets viel tiefer als die der einfachen Mauern des anschließenden Tempels. In der Regel grub man überall bis zum Grundwasserspiegel, bis zum unterirdischen *Nun*. Das einsickernde Wasser füllte den Boden des Fundamentgrabens und lieferte die exakte Horizontallinie, an der die erste Steinlage exakt ausgerichtet werden konnte. Zunächst wurde die Sohle des Grabens mit Sand gefüllt, der als Ausgleichsschicht diente. Seine kompakte und doch flexible Konsistenz verteilte die Drucklasten gleichmäßig auf die ganze Fläche und war damit eine wesentliche Voraussetzung für die Standfestigkeit des Bauwerks. Auf dieser Unterlage wurden bis an die Erdoberfläche die ersten Schichten großformatiger Blöcke versetzt. Neben neuem Steinmaterial, das im Rohzustand verbaut wurde, fanden bei diesen Arbeiten sehr oft auch ältere Bauteile Verwendung. In Karnak mußten in sehr vielen Fällen erst mehrere ältere Bauten beseitigt werden, bevor mit einem Neubau begonnen werden konnte. Die heute offenliegenden Fundamente des Month-Tempels in Karnak-Nord sind das wohl eindrucksvollste Beispiel für dieses Verfahren.

Der Fundamentgraben wurde mit Erde und Gesteinsschutt von der Baustelle gefüllt. Die Fundamente für Mauern, Säulen und Pfeiler bestimmten auch das Niveau für die Verlegung des Bodenpflasters, dessen Unterbau meist nur aus ein oder zwei Lagen großer Blöcke bestand. Die Form dieser Fundamentblöcke war stets sehr unregelmäßig und meist polygonal. Gerade im Vergleich mit dem darüber verlegten Pflaster fällt die Unregelmäßigkeit dieser Blöcke besonders auf; sie findet eine Entsprechung in der unregelmäßigen Steinsetzung der eigentlichen Tempelmauern, die erst durch die abschließende Verkleidung ihre auffallende Präzision erhielten.

Die Versetzung dieser Fundamentschichten unterscheidet sich nicht von der Bautechnik der eigentlichen Mauern. Auf einer Schicht frischen Gipsmörtels konnte man die Blöcke auf der darunter liegenden Steinschicht aneinander schieben, die dadurch zu einer homogenen Fundamentschicht verdichtet wurde. Die Lage der seitlich an den Blöcken eingemeißelten Füllrinnen, durch die man die Vertikalfugen zwischen den Sandsteinblöcken mit Mörtel auffüllen konnte, zeigt an, in welcher Reihenfolge diese Blöcke versetzt wurden. Besonders gut sind all diese Bearbeitungsspuren, die Ansatzpunkte der Hebel, die Aussparungen, Vorsprünge bei den Gebäuden der Ptolemäer- und Römerzeit zu beobachten. Das Pflaster und seine Fundamente waren – wie beim Taharka-Kiosk in Karnak – aus Granit oder auch aus Kalkstein, der jedoch in den meisten Fällen durch die Einwirkung des Grundwassers mit seinen Salzen und durch den

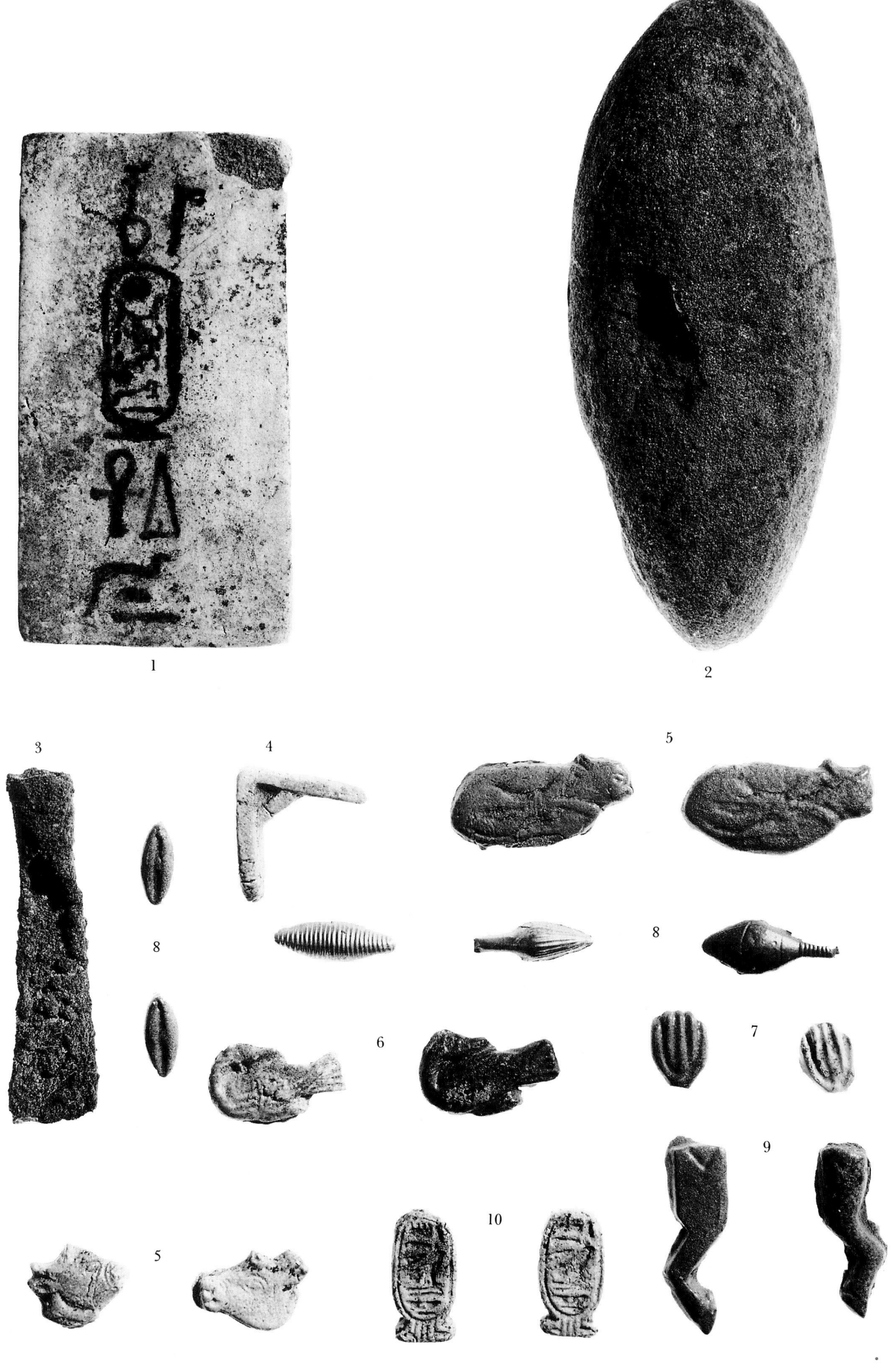

1

2

3

4

5

8

8

6

5

7

9

10

Fundament des Pflasters im Nordtor des Ersten Hofes von Karnak. Am unteren Bildrand und rechts sind Reste des Pflasters zu erkennen; es war über einer Schicht von wiederverwendeten Blöcken verlegt, größtenteils Säulentrommeln verschiedener Säulenarten. Zahlreiche ältere Gebäude sind auf diese Weise Block für Block in die Grundmauern späterer Bauten gelangt oder als Kernmauerwerk von Pylonen wiederverwendet worden. Viele Entwicklungsstufen der Baugeschichte von Karnak sind auf diese Weise verloren gegangen. Der systematischen Untersuchung verstreuter Blöcke und wiederverwendeter Bauteile kommt daher größte Bedeutung für die Wiedergewinnung früherer Bauphasen zu. (Photo Alain Bellod)

Raubbau späterer Generationen schwer gelitten hat. In Türdurchgängen wurden besonders große, regelmäßig behauene Fundamentblöcke versetzt. Auf ihnen lagen die Granitschwellen, in deren Enden die Drehpfannen für die Türangeln der großen Tore eingearbeitet waren.

Die Oberfläche der Fundamentblöcke blieb stets unbearbeitet. Erst oberhalb der letzten Fundamentschicht nahm der Tempel wirklich Gestalt an. Die sorgfältig geglättete Oberseite dieser Steinlage wurde nun zu einem großen Grundrißplan, auf dem man mit größter Genauigkeit mit dem Meißel in feinen Linien die Umrißlinien aller Mauern einritzte. Die Vorzeichnung auf Papyrus oder ein dreidimensionales Architekturmodell wurden auf diese Weise in Originalgröße auf die Baustelle übertragen. Diese Vorzeichnungen können noch heute am Mauerfuß aller gut erhaltenen Bauwerke beobachtet werden. Meist liegen sie ein wenig vor dem eigentlichen Maueransatz und sind dadurch gut sichtbar.

Für Säulen wurde außerdem der Mittelpunkt markiert. Die Vorzeichnungen legten auch die Lage von Türen fest und zeigten sogar den Rundstab an den Gebäudeecken. Nahezu vollständig sind all diese Vorzeichnungen nur in den teilweise zerstörten großen Tempeln der Ptolemäer- und Römerzeit erhalten, beispielsweise im römischen Mammisi von Dendera oder im Doppeltempel von Kom Ombo; das Verfahren der Vorzeichnungen wurde jedoch allgemein angewandt, und seine Spuren finden sich auf nahezu allen Bauwerken in Karnak.

Nun wuchs das Bauwerk Steinlage um Steinlage. Bauzeichnungen legten die Höhe der Säulen, der Tore und der Raumdecken fest. Die wenigen bis heute erhaltenen derartigen Unterlagen – Zeichnungen auf Ostraka und Papyri, skizzenhafte Graffiti, Architekturmodelle – zeigen, daß es exakte Entwürfe und Bauzeichnungen gab, aus denen sich alle Maße des Bauwerks ablesen ließen. Während die Zeichnungen auf Ostraka nur Planskizzen für Gebäude und Gräber und bisweilen auch die Angabe der Grundmaße enthalten, sind die Zeichnungen auf Papyrus von größter Detailgenauigkeit. Mehrere Ansichten desselben Bauteils – Vorder- und Seitansicht – sind im gleichen Maßstab nebeneinander gesetzt, und ein Quadratnetz gestattet nicht nur einen Vergleich der Größenverhältnisse verschiedener Details, sondern auch die Übertragung des Plans auf das Originalbauwerk.

Zu diesen Bauzeichnungen kommen die Informationen aus altägyptischen Texten, in denen die Maße eines Gebäudes oder verschiedener Bauelemente genannt werden, wie zum Beispiel die Säulenhöhe. Besondere Beachtung verdient in diesem Zusammenhang der Papyrus Anastasi I, der eine Untersuchung über die Abmessungen eines Obelisken und die Berechnung des Materialaufwands enthält, der für die Anlage einer Ziegelrampe zur Aufrichtung des Obelisken nötig ist.

Diese überaus wertvolle Quelle zeigt, daß hochspezialisierte Fachleute – hier der ›Schreiber‹ Amenemope und sein Mitarbeiter Hori – mit allen Problemen der Bauplanung und des Ingenieurwesens bestens vertraut waren und sie zu meistern verstanden. Aus ihren Reihen rekrutierte sich die Mannschaft der Ingenieure und Baumeister des Königs. Ihre Vertrautheit mit den Baustoffen, mit den Einsatzmöglichkeiten von Arbeitskräften und Bauverfahren, mit den mathematischen Grundlagen erlaubte ihnen die jeweils optimale Problemlösung. Die praktische Ausführung der Arbeiten war jedoch selten einmal wirklich perfekt, und so sucht man bei ägyptischen Bauten vergeblich nach mathematischer Präzision und völliger Regelmäßigkeit. Obwohl wahrscheinlich

Im Ersten Hof sind Teile des antiken Pflasters erhalten geblieben. Im Vordergrund zwischen den Säulenstümpfen Reste des Granitpflasters des großen Taharka-Kiosks; dahinter die Sandstein-Pflasterung des Tordurchgangs des Ersten Pylons und der Prozessionsstraße. Sämtliche Höfe und Räume des Tempels waren ursprünglich gepflastert; der größte Teil der Pflasterblöcke ist jedoch durch die Einwirkung des Grundwassers zerstört. Am linken Bildrand an der Rückseite des Südturmes des Ersten Pylons gut erhaltene Reste der antiken Baurampe aus Nilschlammziegeln. (Photo Beato)

Entwurfsskizze eines Tempelplans auf einem antiken Ostrakon (Kalksteinscherbe) des Neuen Reiches und moderne Umsetzung der Skizze (nach Alexander Badawi)

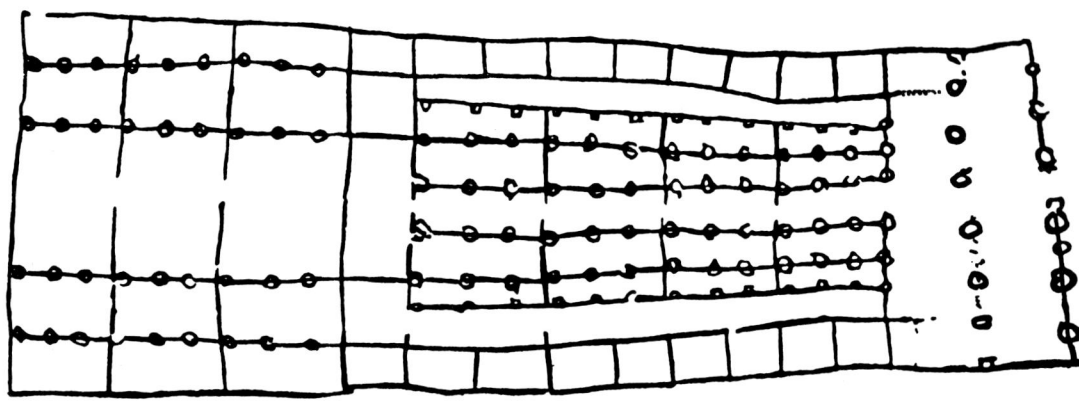

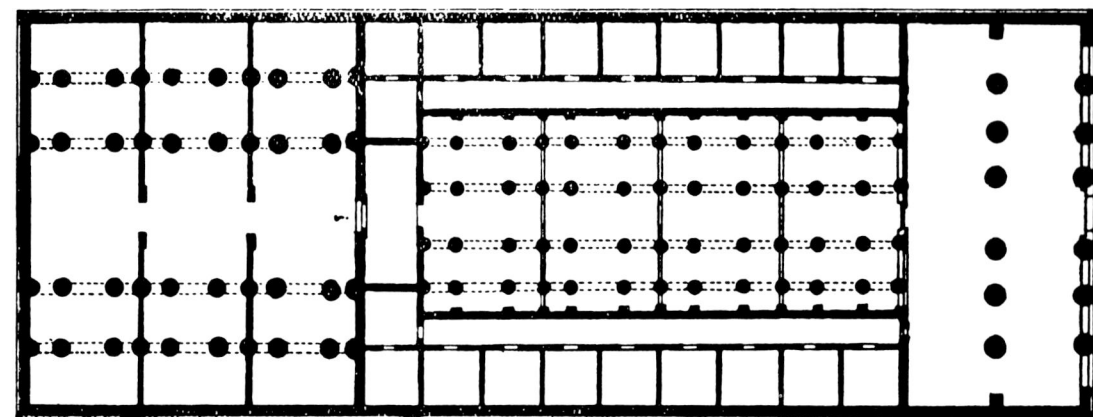

Unten

Die antike Konstruktionszeichnung auf Papyrus zeigt im selben Maßstab einen Naos von vorn und in Seitansicht und vermittelt eine Vorstellung von der Präzision der Arbeitsweise der altägyptischen Architekten. Das Quadratnetz erlaubte die Übertragung der Proportionen des Gebäudes in die natürliche Größe. Alle Einzelheiten des geplanten Bauwerks sind angegeben, der steinerne Naos in der Mitte ebenso wie der leichte Baldachin mit seinen Säulchen in Form von Zeltstangen und seinem leichten Dach. Erstaunlicherweise entsprechen hier die Proportionen der Zeichnung der Wirklichkeit, während entsprechende Zeichnungen in Reliefs und Malereien deproportioniert sind, also ganz offenbar besonderen Darstellungsprinzipien folgten, nach denen die Motive wie Schriftzeichen, also in festgelegten Konventionen ins Bild gesetzt wurden. Die Architektur-zeichnung auf dem Papyrusblatt beweist, daß ägyptische Künstler durchaus in der Lage waren, wo nötig präzise Abbildungen zu liefern, daß also die Art der Darstellung vom jeweiligen Zweck des Bildes abhängig ist. Während es sich im einen Fall um die Darstellung einer Idee handelte, war es im anderen die Notwendigkeit, Motive mit größtmöglicher Präzision in die Realität umzusetzen. (Nach Alexander Badawi)

die Proportionen altägyptischer Bauwerke bestimmten Grundregeln entsprachen, so darf man auch die praktische Seite der Bauausführung nicht außer Acht lassen, beispielsweise die Anwendung einfacher geometrischer Grundmuster, ebensowenig auch die religiösen Hintergründe dieser Grundregeln. So hatte die Zahlensymbolik im alten Ägypten einen hohen religiösen Aussagewert. All diese Fragen bedürfen noch umfangreicher und behutsamer weiterer Forschung, gestützt auf die neuesten Untersuchungen zur ägyptischen Mathematik und Religion und auf exakte Bauaufnahmen, die in den allermeisten Fällen erst noch zu erstellen sind. Zunächst ist noch unendlich viel Feldarbeit zu leisten, bevor an eine systematische Interpretation der Befunde gedacht werden kann. Esoterische, unsinnige Interpretationen sind nur mit soliden wissenschaftlichen Ergebnissen zu widerlegen.

Die im letzten Jahrzehnt durchgeführte sehr genaue Bauaufnahme von Karnak und der vollständige und exakte topographische Plan zeigen jedenfalls zahlreiche Unregelmäßigkeiten in der Bauausführung. Die Präzision der Architekturelemente – Säulen, Architrave, Deckplatten –

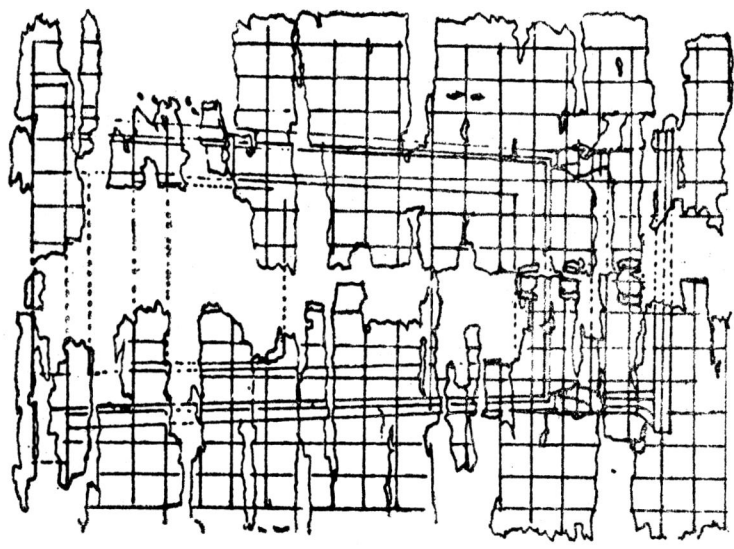

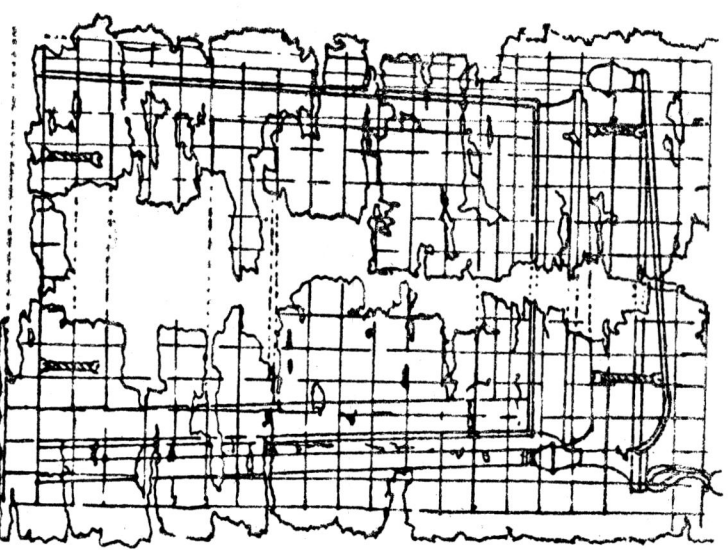

ist eher scheinbar als wirklich; das gilt allerdings nicht nur für die ägyptische Architektur. Ist aber nicht sogar noch erstaunlicher, daß selbst die bedeutendsten Bauwerke bisweilen auf unsicherem Fundament errichtet wurden?

Am eindrucksvollsten zeigt sich dieses Problem am Einsturz der Nordhälfte des großen Säulensaals von Karnak am Ende des vergangenen Jahrhunderts. Die Entfernung des Schutts, der sich im Lauf der Jahrhunderte angesammelt hatte und die hohen Säulenschäfte schlecht und recht stützte, genügte zusammen mit einer zu plötzlichen Änderung des Bewässerungssystems, um die riesigen Säulen wie gigantische Kegel einstürzen zu lassen. Die Untersuchungen, die Georges Legrain seit 1900 durchgeführt hat, haben zwar einerseits gezeigt, daß die Sandsteinblöcke des Fundaments völlig zersetzt waren, haben aber auch zu der erstaunlichen Feststellung geführt, daß diese so solide wirkenden Säulen nur auf kleinformatigen Blöcken, sogenannten *talatat*, errichtet waren, die am Ende der 18. Dynastie beim Abbruch der Tempel Amenophis' IV.-Echnaton wiederverwendet worden waren. Noch überraschender war die Entdeckung, daß die riesigen Säulen beiderseits der Mittelachse des Säulensaals nur auf Mauern aus Nilschlammziegeln standen. Auf ähnlich unzulängliche Fundamente ist auch der schlechte Bauzustand des IX. Pylons zurückzuführen, der schon seit der Antike immer wieder größere Ausbesserungen erfuhr.

Die Fundamente des Bubastidentors und der Gebäude des Taharka, aus unregelmäßigen Blöcken und zahlreichen wiederverwendeten Bauteilen gefügt, sind von viel schlechterer Qualität als die Grundmauern des I. Pylons von Karnak oder der großen ptolemäischen und römerzeitlichen Bauwerke, die aus Blocklagen bestehen, die mit derselben Sorgfalt versetzt sind wie die Tempelmauern. Diese Bautechnik ist zweifellos der Grund, weshalb die Bauwerke dieser Zeit, wie die Tempel von Dendera und Edfu, so ausgezeichnet erhalten sind.

Die immer wieder neuen Umbauarbeiten im Tempel von Karnak und die unaufhörliche Wiederverwendung alter Bausubstanz machen die Untersuchung der Fundamente dieses Tempels zu einem besonders langwierigen und mühsamen Unterfangen. Die umfangreichen Grabungen am II., III. und X. Pylon haben das deutlich gezeigt. Zehntausende von reliefgeschmückten Blöcken sind in diesen Fundamenten gefunden worden; sie gestatten es heute, ganze Perioden der Geschichte von Karnak wiedererstehen zu lassen. Der Reichtum und die Bedeutung ihres seit Jahrtausenden verborgenen Inhalts rechtfertigen voll und ganz die Zeit und die Geduld, die nötig waren, diese Blöcke zu heben. Ein zweiter Effekt ist nicht zu unterschätzen: Diese Bauten, deren Festigkeit durch das unregelmäßig verlegte Füllmauerwerk gefährdet war, finden nun wieder ihre einstige Stabilität.

Ein Photo der Restaurierungsarbeiten im Jahr 1900 zeigt zwei Säulenbasen des großen Säulensaals von Karnak, die aufgrund der Zersetzung der Sandsteinblöcke des Fundaments seitlich abgesackt sind. Das Fundament besteht aus kleinformatigen Blöcken von Bauten Amenophis' IV., sogenannten *talatat*. Durch die Einwirkung des Grundwassers hat sich der Sandstein völlig zersetzt und ist unter dem Gewicht der riesigen Säulen teilweise völlig zerborsten. (Photo Geirges Legrain)

Im Steinbruch

Der Materialbedarf der Baustellen des alten Ägypten war so riesig, daß es kaum irgendwo in Ägypten eine Felswand gibt, die nicht als Steinbruch verwendet worden wäre. Nachdem Kalkstein außer Mode gekommen war, wurden Sandstein und Granit die meistverwendeten Baumaterialien in Karnak. Daneben wurde gelegentlich auch Kalzit (›ägyptischer Alabaster‹), Quarzit, Diorit und Grauwacke (*bechen*) verwendet. Die altägyptischen Herkunftsorte dieser Gesteine sind fast alle bekannt; ihre abgearbeiteten Felswände bieten die beste Möglichkeit, die Techniken der antiken Steinbrucharbeiter zu studieren, die genau wußten, welches Bearbeitungsverfahren für die verschiedenen Gesteine das effektivste war.

Sandsteinbrüche

Seit der 18. Dynastie wurde der allergrößte Teil des Sandsteins, der zur Errichtung der Tempelbauten von Karnak verwendet wurde, in den riesigen Sandsteinbrüchen von Gebel el-Silsila gewonnen, die etwa 1660 Kilometer südlich von Theben auf beiden Seiten des Nils liegen. In diesen Brüchen lassen sich die verschiedenen Arbeitsmethoden genauestens beobachten. Zunächst wurde an der Oberfläche des ausgewählten Felsabschnitts eine ebene Fläche geschaffen; in sie wurde rings um das zu gewinnende Werkstück ein etwa zwanzig Zentimeter breiter Graben in den Fels gehauen, so daß allmählich die Blockflächen freigelegt wurden. Die Unterseite wurde schließlich durch Keile abgesprengt, die in regelmäßig angelegte Vertiefungen an der entsprechenden Stelle getrieben wurden. Die Form der Vertiefungen und die Seltenheit von Holz in Ägypten machen es wahrscheinlich, daß zumindest in der hier interessierenden Epoche diese Keile aus Metall, nicht aus Holz waren, das, um durch die Ausdehnung der Keile eine Sprengwirkung zu erzielen, mit Wasser befeuchtet werden mußte. Reihe für Reihe, Schicht für Schicht wurden so die Blöcke gewonnen.

Das Abbaugebiet sank so allmählich ab, und seine Begrenzung war schließlich eine hoch aufragende Felswand, auf der jeder der abgebauten Blöcke seine Spur hinterlassen hatte. An vielen Stellen kann man auf diesen Steinbruchwänden Ritzzeichnungen erkennen, Steinbruchmarken, die sich ähnlich auch auf den Steinblöcken bestimmter Gebäude finden. Manchmal sind unmittelbar nebeneinander alle gebräuchlichen Steinbruchmarken aufgeführt – eine Art Gesamtkatalog. Jedes dieser Zeichen gehörte zu einer ganz bestimmten Gruppe von Arbeitern, die für die Gewinnung der Steine zuständig war.

Großformatige Werkstücke wurden bereits weitgehend im Steinbruch bearbeitet. So liegen grob zubehauene Sphingen halbfertig in den Steinbrüchen von Silsila auf der Ostseite des Nils. Auch mehrere Felskapellen sowie Inschriften der Zeit nach dem Neuen Reich und aus der Ptolemäerzeit finden sich in diesem Areal. Eine von ihnen, eine Felsstele, verdient besonderes Interesse, da in ihr eines der gigantischsten Bauvorhaben von Karnak erwähnt wird. Der Text berichtet, daß König Scheschonk I. im 21. Jahr seiner Regierung (22. Dynastie, um 923 v. Chr.) den Oberbaumeister Horemsaf beauftragte, ein bestimmtes Gebiet im Steinbruch von Gebel el-Silsila abzubauen, um Baumaterial für zwei große Projekte im Amun-Tempel von Karnak zu gewinnen, für einen Pylon und ein weiteres Gebäude. Der Pylon sollte monumentale Türen erhalten, um das andere Bauwerk sollte eine Reihe von Statuen und eine Kolonnade errichtet werden. Nach Aussage der Inschrift wurden die Arbeiten im Steinbruch nach Plan begonnen. Der Königssohn Juput war als Hoherpriester des Amun unmittelbar mit diesem Projekt befaßt und wird im Text entsprechend erwähnt; es wird allerdings nicht ausdrücklich gesagt, daß er persönlich nach Silsila kam, um im Namen des Königs die Zeremonie der Eröffnung des Steinbruchs zu vollziehen. Nachdem auch in Karnak die Bauarbeiten wie geplant aufgenommen worden waren, reiste Horemsaf an den Königshof nach Pi-ese (wohl im Nordostdelta in der Nähe von Tanis), um dem König zu berichten, daß all seine Wünsche erfüllt worden seien. Als Dank für seine Verdienste wurde Horemsaf vom König mit Gold und Silber überreich belohnt.

Lange Zeit sind die in diesem Text erwähnten Bauten mit dem I. Pylon des Amun-Tempels und mit dem Ersten Hof identifiziert worden. Daß Scheschonk zumindest das südöstliche Tor dieses Hofes erbauen ließ, ergibt sich aus den dort erhaltenen Namen des Königs. Eine Bauinschrift spricht überdies davon, daß er den Auftrag gab, den Tempel stärker zu erweitern als das seine Vorgänger getan hatten. Es ist jedoch höchst zweifelhaft, ob der Bau des I. Pylons wirklich unter seiner Regierung begonnen wurde; allenfalls datieren die Fundamente aus dieser Zeit, während die beiden Pylontürme zweifellos erst unter Nektanebos I. entstanden sind.

Die im Steinbruch gewonnenen Blöcke wurden zu Lieferungen zusammengestellt und auf Schlitten zum Fluß transportiert. Als Transportweg dienten Rampen, die zwischen beiderseits hoch aufragenden Felswänden vom Abbaugebiet zum Nil hinunterführten. Immer wieder finden

Kalkstein und Sandstein, beides relativ weiche Gesteinsarten, wurden nach demselben Verfahren abgebaut. Die Bearbeitungsspuren auf den Felswänden des Steinbruchgebiets von Gebel es-Silsila lassen die Arbeitstechnik erkennen, mit der die Rohblöcke gewonnen wurden. An den beiden obersten Gesteinstufen sind die Einschnitte sichtbar, die die noch nicht aus dem Fels gelösten Blöcke markieren. Stufe für Stufe arbeitete man sich in den Fels, so daß sich die Felsoberfläche kontinuierlich veränderte und die Spuren des jeweiligen Stands der Arbeiten deutlich erkennen ließ. (Photo Jean-Claude Golvin)

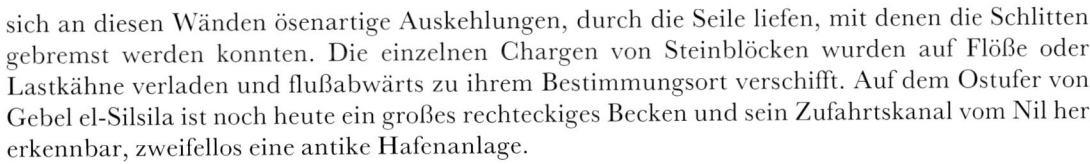

sich an diesen Wänden ösenartige Auskehlungen, durch die Seile liefen, mit denen die Schlitten gebremst werden konnten. Die einzelnen Chargen von Steinblöcken wurden auf Flöße oder Lastkähne verladen und flußabwärts zu ihrem Bestimmungsort verschifft. Auf dem Ostufer von Gebel el-Silsila ist noch heute ein großes rechteckiges Becken und sein Zufahrtskanal vom Nil her erkennbar, zweifellos eine antike Hafenanlage.

Kalksteinbrüche

Die Abbauverfahren für Kalkstein, wie sie in den Steinbrüchen in Tura und Maasara südlich von Kairo und in Gurna auf der Westseite von Theben beobachtet werden können, unterscheiden sich kaum vom Sandsteinabbau. Meistens konzentrierte man sich auf die Steinlagen guter Qualität; um sich den mühsamen Abbau der darüber lagernden unbrauchbaren Gesteinsmassen zu ersparen, legte man die Kalksteinbrüche fast immer als unterirdische Hallen und Galerien an, die vom Felsabhang ausgehend waagerecht in den Berg führten. Kalkstein steht zwar im ganzen Niltal von Kairo bis Esna an, seine Qualität ist jedoch von Ort zu Ort äußerst unterschiedlich. Unmittelbar östlich und südlich von Kairo steht Kalkstein feinster Qualität an, der auch in Karnak für die schönsten Gebäude des Mittleren und frühen Neuen Reiches verwendet wurde. Gewöhnlicher Kalkstein wurde in Kalköfen zu Gips verarbeitet, wie man ihn für die Mörtelherstellung benötigte.

Granitbrüche

Die Steinbrüche von Assuan lieferten den Rosengranit für Obelisken, Türschwellen, riesige Architrave und Kolossalstauen. Meist wurde dieses Gestein in riesigen Blöcken verarbeitet; die Türen im VII. und IX. Pylon und die Barkenkapelle des Philippos Arrhidaios in Karnak mögen hierfür als Beispiele stehen. Die größten Werkstücke wurden durch die Abschlagtechnik gewonnen, auf die im Zusammenhang mit der Herstellung der Obelisken noch einzugehen sein wird; kleinere Blöcke konnten auch durch das Keilspaltverfahren hergestellt werden. Dabei wurde zunächst eine Reihe von keilförmigen Vertiefungen in den Fels gemeißelt; in sie wurden Keile geschlagen, die den Fels spalteten. In Assuan und anderen Hartgesteinsbrüchen wie am Mons Claudianus wurde dieses Verfahren von der Spätzeit bis in die Römerzeit angewandt.

Schwarzer Granit aus den Brüchen von Assuan fand nur selten Verwendung und wurde – wie bei der Roten Kapelle der Hatschepsut – für Türen und Wandsockel eingesetzt; auch Statuen wurden aus ihm hergestellt. Wenn auch die aus schwarzem Granit gefertigten Werkstücke meist kleineren Formats als die Objekte aus Rosengranit waren, so zeigen doch die Kolossalfiguren im Luksor-Tempel, daß auch dieses Material durchaus in monumentalen Dimensionen bearbeitet werden konnte.

Links
Verschiedene Marken von Steinbruchmannschaften auf den Wänden von Gebel es-Silsila (Photo Jean-Claude Golvin)

Rechts
Marken von Steinbrucharbeitern auf den noch nicht geglätteten Blöcken der unfertigen ptolemäischen Mauern im Tempel des ‹Amun-der-die-Bitten-erhört› in Karnak-Ost. Die Steinbruchzeichen haben hier die Form der Hieroglyphe für ‹Leben›, *anch*. Deutlich sichtbar die Reste von flüssigem Mörtel, der beim Versetzen der Blöcke aus den Fugen lief. (Photo Jean-Claude Golvin)

97

Noch heute werden in den Kalksteinbrüchen von Gurna Arbeitsmetoden angewandt, die bis ins Detail an die Steinbruchtechnik des Altertums erinnern. In keilförmige Vertiefungen im gewachsenen Fels werden Keile getrieben, sodaß Seitenflächen und Unterseite vom Fels abgespalten werden. (Photo Jean-Claude Golvin)

Verschiedene Gesteine

Mehrere Bauten in Karnak bestehen aus großen Kalzitblöcken, die in den Steinbrüchen von Hatnub östlich Tell el-Amarna gebrochen wurden. Ein repräsentatives Beispiel ist die Kapelle Amenophis' I., die Henri Chevrier im Freilichtmuseum von Karnak rekonstruiert hat. Auch unter Amenophis II. sind aus diesem Gestein zahlreiche Bauten errichtet worden, von denen teils riesenhafte Blöcke im III. Pylon wiederverbaut gefunden wurden. Auch die königlichen Kolossalfiguren vor dem VIII. Pylon bestehen aus diesem gebänderten, in der Qualität stark wechselnden, nahezu transparenten Material, dessen heutiges Erscheinungsbild, durch Verwitterung zersetzt, kaum mehr ahnen läßt, wie prachtvoll dieses Gestein ursprünglich in poliertem Zustand ausgesehen haben muß. Die Handwerker verstanden es, dieses Gestein mit verblüffender Kunstfertigkeit zu bearbeiten; die außergewöhnliche Schönheit der Kalzitreliefs besticht vor allem durch die Feinheit der bildhauerischen Arbeit.

Kalzit galt als besonders edles Material und wurde deshalb für die kostbarsten Kapellen im Innersten des Tempels und für die Sockel des Allerheiligsten verwendet. Der ähnlich wertvolle Quarzit findet sich bei Barkenkapellen und bei kolossalen Königsstatuen. Bedeutende Quarzitbrüche befinden sich am Gebel Ahmar, dem ‹roten Berg›, nordöstlich von Kairo, und auf der Westseite von Assuan. In ihrer meisterhaften Steinmetztechnik schufen die ägyptischen Künstler aus diesem extrem harten Gestein so außerordentlich feine Reliefs wie die der Roten Kapelle der Königin Hatschepsut in Karnak.

Andere Gesteine werden nur sehr selten verwendet. Aus dem *bechen*-Stein, der schieferähnlichen Grauwacke, einem sehr feinkörnigen, in poliertem Zustand überaus schönen Gestein besteht beispielsweise eine der Statuen nördlich des VIII. Pylons. Das Gestein kommt aus dem Wadi Hammamat, dem Trockental, das von Koptos zum Roten Meer führt und dessen Felswände mit Graffiti und Inschriften aus pharaonischer Zeit bedeckt sind.

Transportprobleme

Alle Schwerlasten und in der Regel alle im Steinbruch gewonnenen Werkstücke wurden per Schiff auf dem Nil transportiert. Als Transportmittel dienten Lastschiffe, wie sie auf mehreren Reliefs im Detail abgebildet sind, oder auch im Schlepptau gezogene Kähne. Auf sie nimmt ein Papyrus aus der Zeit Ramses' III. Bezug, der Dienstanweisungen für einen Expeditionsleiter enthält: «Ich übertrage dir die Oberaufsicht über Menschen und Soldaten; paß aber auf, daß nicht die einen sich ausruhen, während die anderen arbeiten, und daß nicht die Vorarbeiter sich auf Kosten der anderen bereichern. Sie sollen sich für jeden Auftrag bereithalten. Wenn du den Kahn zum Abtransport der Steine schickst, dann weise den Leitern der Arbeitermannschaften ihren Platz an Bord zu und habe acht, daß nicht einem kranken Arbeiter befohlen wird, Steine zu bewegen. Tue ebenso mit den Mannschaften. Achte darauf, daß sie nicht unterwegs von Bord gehen, damit nicht der Kahn einer wird, der nicht mehr vorankommt, und wenn das Schiff zu dir gekommen ist, dann kümmere dich vom Tag des Anlegens an darum, daß keiner untätig bleibt, wenn er den Befehl zum Ausladen erhalten hat. Denn wisse, daß die Kraft der Leute, die dort sind, sich vervielfacht, wenn sie richtig eingesetzt werden.»

Der in diesem Text für die Arbeiter verwendete Ausdruck (*aschat en remetju*) bezeichnet die Gesamtheit der einfachen Arbeiter, die in Mannschaften eingeteilt unter der Aufsicht von Vorarbeitern stehen. Der Papyrustext führt dazu aus:

«Wisse, daß die Gesamtheit der Leute, die du mit dir hast, in drei Mannschaften eingeteilt werden soll, deren jede ihren eigenen Vorarbeiter hat. Es sind insgesamt sechshundert Mann, so daß jeder Vorarbeiter zweihundert Leute unter sich hat. Laß sie die drei großen Steinblöcke transportieren, die am Tor des Mut-Tempels liegen, und sieh darauf, daß man keinen Arbeiter bei der Zuteilung von Weizen und von Öl vergißt.»

Der Bedarf an Arbeitskräften auf den Baustellen war enorm, und entsprechend viele Vorarbeiter waren im Einsatz, deren Rolle – wie schon Legrain zu Beginn des Jahrhunderts festgestellt hat – der des *reis*, des ‹Meisters› entsprach, der noch heute die Autoritätsperson in einer Mannschaft von Arbeitern ist. In der Menge der Arbeiter ohne besondere Qualifikation gab es sicher auch einen hohen Anteil von Kindern – auch dies eine Parallele zu modernen Verhältnissen.

Nach Aussage alter Quellen war es bei der Anlage der Königsgräber in Theben der Wesir, der die Vorarbeiter beauftragte, Kinder (*mesu, cheredu*) und Jugendliche (*mahu*) einzustellen. Vierzig bis sechzig Mann stark war im Durchschnitt eine Arbeitermannschaft, zu der neben Hilfsarbeitern (*remetju iset* oder *semedet*) auch Kunsthandwerker, Steinmetzen sowie Gipser, Zeichner und Maler gehörten, die für die Feinarbeit und die Dekoration der Wände zuständig waren. Dazu kamen der Vorarbeiter, ein Schreiber (eine erbliche Stellung), Polizeisoldaten, Wachmannschaften und das Personal für die Versorgung. Diese Mannschaften wurden auch für den Tempelbau eingesetzt. Im Verhältnis zur Masse der einfachen Arbeiter war die Zahl der Facharbeiter und Künstler stets gering.

Unter normalen Verhältnissen findet kaum eine vom König ausgesprochene Dienstverpflichtung statt. Nur unter besonderen Umständen greift man zur zwangsweisen Aushebung von Arbeitskräften, so zum Beispiel bei Streiks wie im 2. Regierungsjahr Ramses' IV. Auf manchen Baustellen wurden im Neuen Reich auch zahlreiche ausländische Kriegsgefangene beschäftigt, Afrikaner und Asiaten, auch sie in Mannschaften eingeteilt und einem ägyptischen Vorarbeiter

Für Schwerlasttransporte wurde das Schiff benutzt. Säulen und Obelisken wurden für den Transport mit Holzbalken armiert und auf einem langen Schlitten vertäut, auf dem sie bis zu ihrem Verwendungsort geschleift werden konnten. (Nach Georges Goyon, Bulletin IFAO)

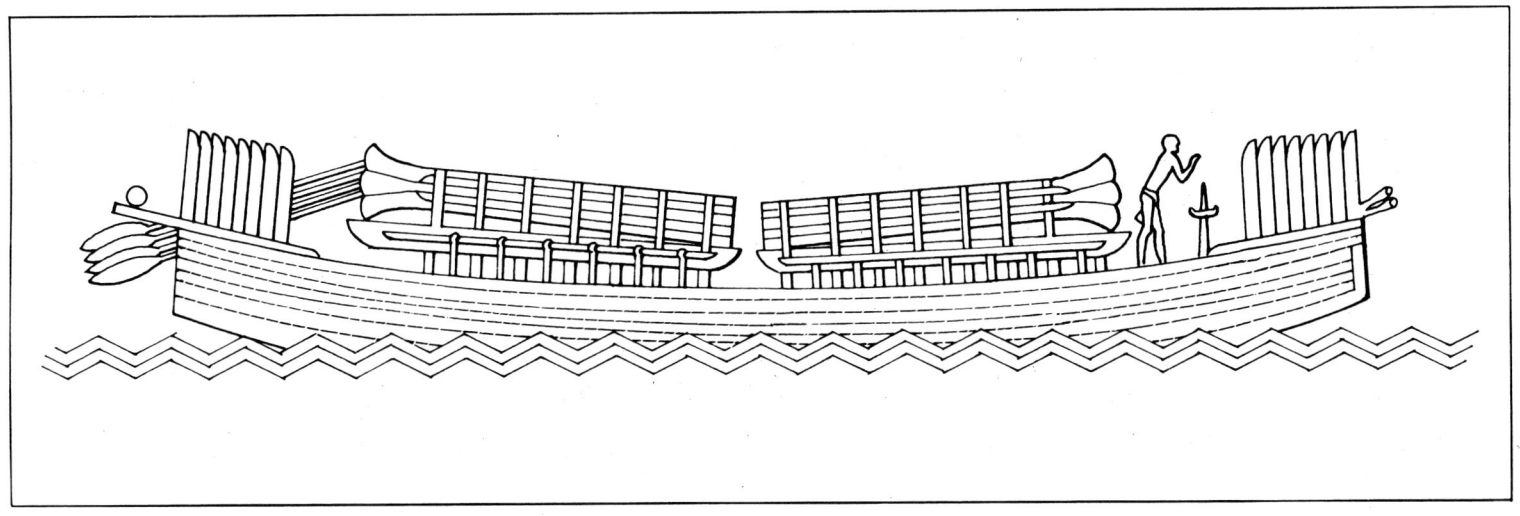

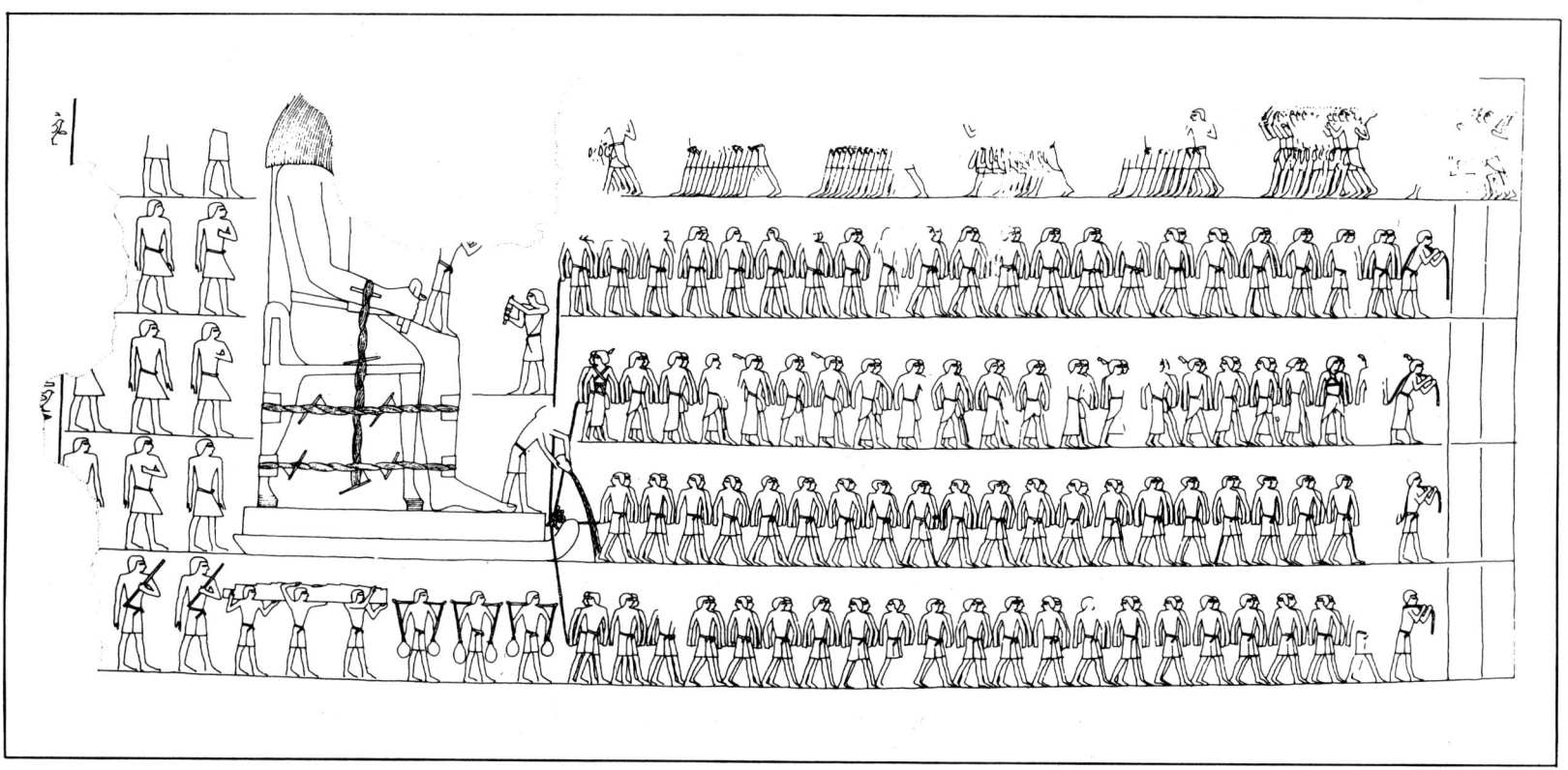

Wandbild aus dem Grab des Djehuti-hetep in el-Berscheh: Transport einer Kolossalfigur. Sie steht auf einem Schlitten und ist mit Seilen gesichert, die durch Knebel gespannt werden. Der Vorarbeiter steht auf den Knien der Figur. Ein Arbeiter gießt Wasser vor die Schlittenkufen, um die Transportbahn gleitfähig zu machen. Wassernachschub wird von drei (d. h. vielen) Arbeitern unter – also vor – dem Schlitten herbeigebracht, über deren Schultern ein Tragbalken mit zwei Gefäßen gelegt ist. Die Zugmannschaften sind in vier Doppelreihen angeordnet, insgesamt über 170 Mann. (Nach Newberry, El-Bersheh, Egypt Exploration Fund)

unterstellt, der seinerseits dem obersten Bauleiter unterstanden. Als ägyptische Gefangene arbeiteten die Hebräer in der Ziegelfabrikation für die Baustellen der Ramsesstadt. Durch ihre Arbeit konnten sich Gefangene freikaufen. Kriegszeiten sind aufgrund der Rekrutierung von Kriegsgefangenen oft auch Zeiten gesteigerter Bautätigkeit.

So berichtet noch Diodor von ‹Osymandias›, von Ramses II.: «Für seine Bauprojekte setzte er nicht einen einzigen ägyptischen Arbeiter ein. Er ließ alle Bauten von Kriegsgefangenen ausführen, und deshalb auch ließ er folgende Inschrift anbringen: Kein Einheimischer hat sich daran die Finger schmutzig gemacht.» Wenn auch übertrieben, so drückt sich hierin doch die geringe Anzahl ägyptischer Bauleute aus, durch die wohl auch das Festhalten an einfachen Arbeitsverfahren erklärt ist, da nur so die regelmäßige Zulieferung an die Facharbeiter durch eine große Anzahl von Hilfsarbeitern gewährleistet war.

Eine Grundregel ägyptischer Bautechnik war, schwere Steinblöcke niemals hochzuheben, sondern sie auf dem Boden zu ziehen, sei es auf dem Weg vom Steinbruch zum Nil, sei es bei der Überwindung des Höhenunterschieds hinauf zu ihrem Verwendungsort. Wandreliefs zeigen diese Transportmethode im Detail. Auf den Wänden eines Grabes des Mittleren Reiches in el-Bersche ist der Transport einer Kolossalstatue dargestellt, deren riesige Ausmaße durchaus mit den monumentalen Königsstatuen vor dem VIII. und X. Pylon von Karnak vergleichbar sind. Der Koloß ist mit dicken Seilen auf einem Schlitten festgezurrt. Die Seile sind zusammengedreht und dadurch straff gespannt; quer gesteckte Hölzer verhindern das Zurückschnellen der Seile. Mehr als 170 Arbeiter in vier Doppelreihen greifen in die Zugseile, deren vordere Enden von je einem Vorarbeiter gehalten werden, der an der Spitze einer Reihe steht. Das Gewicht einer solchen Kolossalstatue dürfte nach den Berechnungen von Henri Chevrier bei 170 Tonnen gelegen haben. Hinter der vordersten (im Bild der untersten) Reihe sind Wasserträger zu sehen; das Wasser diente zur Befeuchtung der Gleitbahn, auf der die Schlittenkufen lagen. Vor den Füßen der Statue steht ein Mann, der gerade Wasser auf die Gleitbahn vor dem Schlitten gießt. Auf den Knien der Kolossalfigur steht der Vorarbeiter, der den Transport leitet.

Ähnliche Beispiele des Statuentransports unter Verwendung einer befeuchteten Gleitbahn finden sich immer wieder seit dem Alten Reich, so zum Beispiel im Grab des Ti in Sakkara. Interessanter noch ist vielleicht ein praktischer Versuch mit dieser Transportmethode, den Henri Chevrier im Jahr 1934 während seiner Tätigkeit als Projektleiter der Arbeiten im Karnak-Tempel vor Ort unternommen hat. Er ließ nach dem Vorbild eines in Gisa gefundenen altägyptischen Originals einen Holzschlitten bauen und setzte auf ihn einen Block mit etwa zwei Kubikmetern Volumen, einem Gewicht von etwa fünf Tonnen. Er berichtet:

«Vor den Schlitten wurde die Oberfläche der Gleitbahn mit Wasser begossen, und etwa fünfzig Mann wurden an zwei Zugseile gestellt. Ebenso wie ich voll von Zweifeln, ob es gelingen würde, die Last zu bewegen, stemmten sie sich auf einen Startpfiff hin in die Seile. Der Effekt war unmittelbar: Sie fielen vornüber, denn der Schlitten mit seiner Last hatte sich ganz leicht in Bewegung setzen lassen; nun brach er seitwärts aus und kam am Rand der befeuchteten Gleitbahn zum Stillstand, ohne tiefe Spuren hinterlassen zu haben. Nur die dünne befeuchtete Oberflächenschicht war abgerieben. Das Ergebnis des Versuches war eindeutig: Es war ratsam und durchaus ausreichend, die Oberfläche der Gleitbahn nur in der Breite des Schlittens zu befeuchten; schon eine geringe Zahl von Arbeitern genügte. Die Arbeiter setzten den Versuch fort und reduzierten nach und nach die Zahlenstärke der Zugmannschaft, bis schließlich nur noch sechs Leute im Einsatz waren, je drei pro Zugseil, ohne daß diese sich hätten übermäßig anstrengen müssen. Als erstes Ergebnis konnte festgehalten werden: Pro Tonne Gewicht ein Mann – ein identisches Verhältnis wie beim Transport schwerer Lasten mit einer gut geschmierten Feldbahn-Lore. Zweites Ergebnis: Der Reibungskoeffizient festgestampften, befeuchteten Nilschlamms tendiert gegen Null.»

Hiermit ist die Funktionstüchtigkeit der altägyptischen Transportmethode eindrucksvoll bewiesen. Selbst schwerste Gewichte konnten unter einfacher Verwendung von Nilschlamm und Nilwasser ohne große Mühe bewegt werden. Auf diese Weise wurden die Steinblöcke von den Steinbrüchen zum Nil und nach ihrer langen Reise per Schiff von der Anlegestelle zum Bauplatz gebracht. Nach Versetzung der ersten Steinlage mußte jedoch die Gleitbahn erhöht werden, um die Blöcke auf das Niveau der zweiten Steinlage zu transportieren. Mit dem Baufortschritt mußten die Transportrampen Steinlage für Steinlage erhöht und gleichzeitig mit einem massiven Unterbau abgestützt werden, der mit der Höhe der Rampe an Volumen zunahm. Mit ihrer stufenweisen Erhöhung wuchs die Rampe aber auch in ihrer Länge, und nach Maßgabe der beabsichtigten Höhe des Bauwerks mußte entsprechend viel Platz in dessen Vorfeld für die Rampe frei gelassen werden. Während seiner Errichtung war also das Bauwerk von gewaltigen Erdmassen umgeben, die erst wieder abgetragen werden konnten, wenn der letzte Block versetzt war. Es genügte freilich nicht, einfach Schutt anzuhäufen; zu viel Platz wäre dafür nötig gewesen, und die für die Errichtung großer Pylone nötige Höhe von dreißig Metern wäre nicht zu erreichen gewesen. So

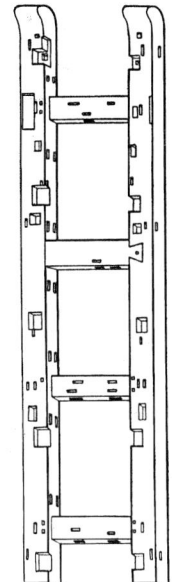

Holzschlitten aus Dahschur, heute im Ägyptischen Museum Kairo. Etwa 3 m lang weist der Schlitten Einschnitte und Löcher auf, in denen ein Gestänge zur Fixierung der Ladung befestigt werden konnte. (Zeichnung nach Clarke-Engelbach, Ancient Egyptian Masonry)

Relief im Grab des Ti in Sakkâra: Transport von Kolossalstatuen. Noch deutlicher als auf dem Bild in el-Berscheh ist die Befeuchtung der Schleifspur unter den Schlittenkufen zu erkennen. (Nach Epron-Wild, Tombeau de Ti, Memoires IFAO)

Unten
Zum Transport von Schwerlasten wurden auch Zugtiere vor die Schlitten gespannt. Die Zugseile wurden stets möglichst tief an der Schlittenkufe befestigt, um einen günstigen Winkel für den Ansatz der Zugkräfte zu gewinnen. (Felsbild in den Steinbrüchen von Tura im Süden von Kairo, nach R. Lepsius)

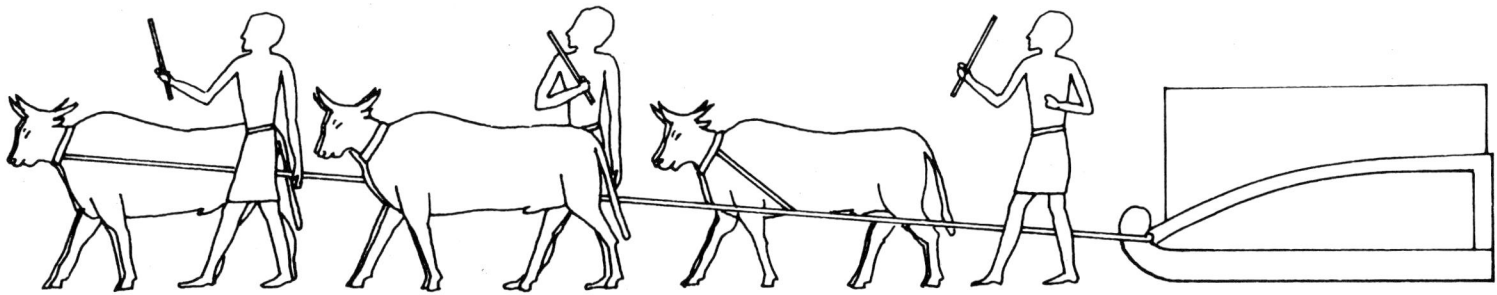

mußten Rampen von mehr als zwei oder zweieinhalb Metern Höhe über einer Stützkonstruktion aus Lehmziegeln errichtet werden.

Glücklicherweise ist auf der Rückseite des südlichen Turms des I. Pylons des Amun-Tempels von Karnak noch eine altägyptische Baurampe erhalten – das einzige heute noch sichtbare Beispiel. An ihm lassen sich die wichtigsten technischen Grundprinzipien dieser Konstruktionen untersuchen, die für alle Epochen der ägyptischen Geschichte Gültigkeit haben. Ein noch älterer Beleg für die Rampenkonstruktion findet sich in einem Wandbild im Grab des Wesirs Rechmire in Theben-West. Dargestellt ist die Errichtung eines Bauwerks mit drei Mauern oder drei großen Pfeilern, die ganz rechts im Bild dargestellt sind. Jede Mauer besteht in einer Art verkürzter Darstellungsweise aus nur vier hohen Steinlagen. Links ist vor einer gebückten Gestalt die Rampe dargestellt, auf der die Steinblöcke in den oberen Bereich der Baustelle transportiert werden. Der Neigungswinkel der Rampe ist hier übertrieben steil gezeichnet und folgt damit einem Prinzip der ägyptischen Kunst, charakteristische Einzelheiten eines Gegenstands oder eines Motivs stets in übersteigerter Weise wiederzugeben.

In diesem Wandbild sind das massive Gerüst, das in dem im Bau befindlichen Raum steht, und die Rampe, auf der die Blöcke bis in Höhe der obersten Steinlage gezogen wurden, aus einem Material errichtet, das kleinerformatig strukturiert und von dunklerer Farbe ist als die steinernen Mauern. Das Größenverhältnis der verschiedenen Bauelemente in diesem Wandbild zeigt ganz

Der Einsatz von Korbträgern für die Aufschüttung einer Rampe im großen Säulensaal von Karnak illustriert aktuell das schon in den Grabbildern des Rechmire abgebildete Verfahren. Die Rampe hat bereits die Höhe der Säulenkapitelle erreicht. Ein künstlicher Schuttberg ist so entstanden, von dem aus die teilweise abgestürzten riesigen Architrave wieder in ihre ursprüngliche Lage gebracht werden können. (Photo Georges Legrain)

Wandbild im thebanischen Grab des Rechmire: Drei Mauern oder Säulen eines im Bau befindlichen Gebäudes. Die Höhe der vier Steinlagen hebt sich deutlich von den niedrigen Ziegellagen ab, die den ganzen Raum füllen. Von links führt eine Rampe nach oben; über ihre viel zu steil gezeichnete Schräge sollen die Blöcke für die nächste Steinlage nach oben transportiert werden. (Zeichnung nach Newberry, The tomb of Rekhmire)

eindeutig, daß hier Konstruktionen aus Lehmziegeln abgebildet sind, die den Rampen am I. Pylon in Karnak entsprechen.

Für diese Rampen mußten also ebenso wie für die Umfassungsmauern hunderttausende von Lehmziegeln in unmittelbarer Umgebung der Baustelle hergestellt werden. In Karnak bestehen die Ziegel der Baurampe zu einem großen Teil aus Keramikbruch – ein Hinweis darauf, daß das Rohmaterial für die Ziegel im unmittelbaren Umfeld des Tempels gewonnen wurde. Auf einem anderen Wandbild im Grab des Rechmire ist die Herstellung solcher Ziegel dargestellt; die dabei angewandte Technik findet noch heute in Ägypten allenthalben Verwendung. Hilfsarbeiter sind abgebildet, die Wasser herbeitragen, den Nilschlamm aufhacken und mit ihren Füßen stampfen und in Behältern auf ihren Schultern zu den Arbeitern tragen, die daraus Ziegel herstellen sollen. Alle hierbei abgebildeten Gerätschaften sind in Originalen erhalten, und mehrere Beispiele all dieser Werkzeuge befinden sich im Ägyptischen Museum in Kairo und in Museen in aller Welt.

Altägyptische Ziegelformen sind nichts anderes als Kistchen ohne Boden, in die Nilschlamm gefüllt wird, einfache Holzrahmen also, deren eine Seite sich zu einem Handgriff verlängert. Die Form wurde unmittelbar nach dem Einfüllen des Ziegelmaterials abgenommen, so daß die frisch geformten Ziegel in der Sonne trocknen konnten. Große Mengen von Ziegeln ließen sich auf diese Weise schnell hintereinander herstellen, und nebeneinander auf dem Werkplatz liegend bildeten sie die langen Reihen, die im Wandbild des Rechmire-Grabes abgebildet sind.

Die Technik der Ziegelherstellung aus Nilschlamm ist heute noch dieselbe wie auf den Wandbildern des Rechmire. Links schöpfen Arbeiter Wasser aus einem Teich, rechts bearbeiten Maurer mit ihren Hacken den Nilschlamm, kneten ihn und mischen ihn mit Stroh. Das vorbereitete Material wird einem Träger auf die Schulter geladen. Zur Formung der Ziegel wird eine Holzform verwendet, wie sie sich noch heute in Ägypten findet. (Photos Jacques Livet)

Nach der Trocknung konnten die Ziegel unmittelbar verwendet werden, so daß der Werkplatz für den nächsten Arbeitsgang wieder verfügbar war. In kurzer Zeit konnten somit große Ziegelmengen hergestellt werden, und der Bau der Rampen und Gerüste ließ sich ohne Arbeitsunterbrechung kontinuierlich fortführen. Alles, was man dazu an Ort und Stelle brauchte, war ausreichend viel Nilschlamm und Wasser; dazu kam noch Stroh, das dem Ziegelgemisch als Bindemittel hinzugefügt wurde. Diese Art von Lehmziegeln war leicht zu handhaben und von geringem Gewicht, so daß die ununterbrochene Bereitstellung durch Ketten von Trägern gewährleistet werden konnte. Ganz rechts auf dem Wandbild des Rechmire-Grabes ist ein solcher Träger zu sehen.

Dieses Bauverfahren machte also Erdbewegungen in größtem Umfang nötig, und das Volumen der Rampen übertraf sogar das des eigentlichen Bauwerks. Unter den spezifischen Bedingungen des Niltals war aber diese Bautechnik so effektiv, daß sie durch die ganze altägyptische Geschichte beibehalten wurde und sogar noch in der römischen Kaiserzeit Verwendung fand, obwohl außerhalb Ägyptens bereits überall modernere Hebegeräte wie Kräne, Flaschenzüge und Winden benutzt wurden.

So ist aus der Zeit nach der Einverleibung Ägyptens ins römische Reich nicht ein einziger Steinblock aus den großen Tempelanlagen von Dendera, Kom Ombo oder Philae bekannt, der die typischen Löcher und seitlichen Ausarbeitungen aufweist, die sich als Transporthilfen bei allen anderen Bauteilen der griechisch-römischen Welt finden. Ägypten hat hier ohne Unterbrechung eine Tradition beibehalten, die auf das Alte Reich zurückgeht, und hat keinen Grund gesehen, auf diese einfachen Bautechniken zu verzichten, die sich seit Jahrtausenden bewährt hatten. Das für die ägyptischen Baumeister typische Verfahren des Lasttransports auf Schlitten, das den Bau der riesigen Baurampen voraussetzt, ist ein Grundzug der ägyptischen Architektur. Der Arbeitsaufwand war zwar enorm, andererseits aber bot diese Bautechnik auch beträchtliche Vorteile. Sie war nicht nur einfach, sondern sie stellte überhaupt die einzig mögliche Technik zum Transport solch gewaltiger Gewichte wie der monumentalen Türstürze von Karnak, der riesigen Deckplatten der Tempelsäle oder der Architrave des ramessidischen Hypostyls dar.

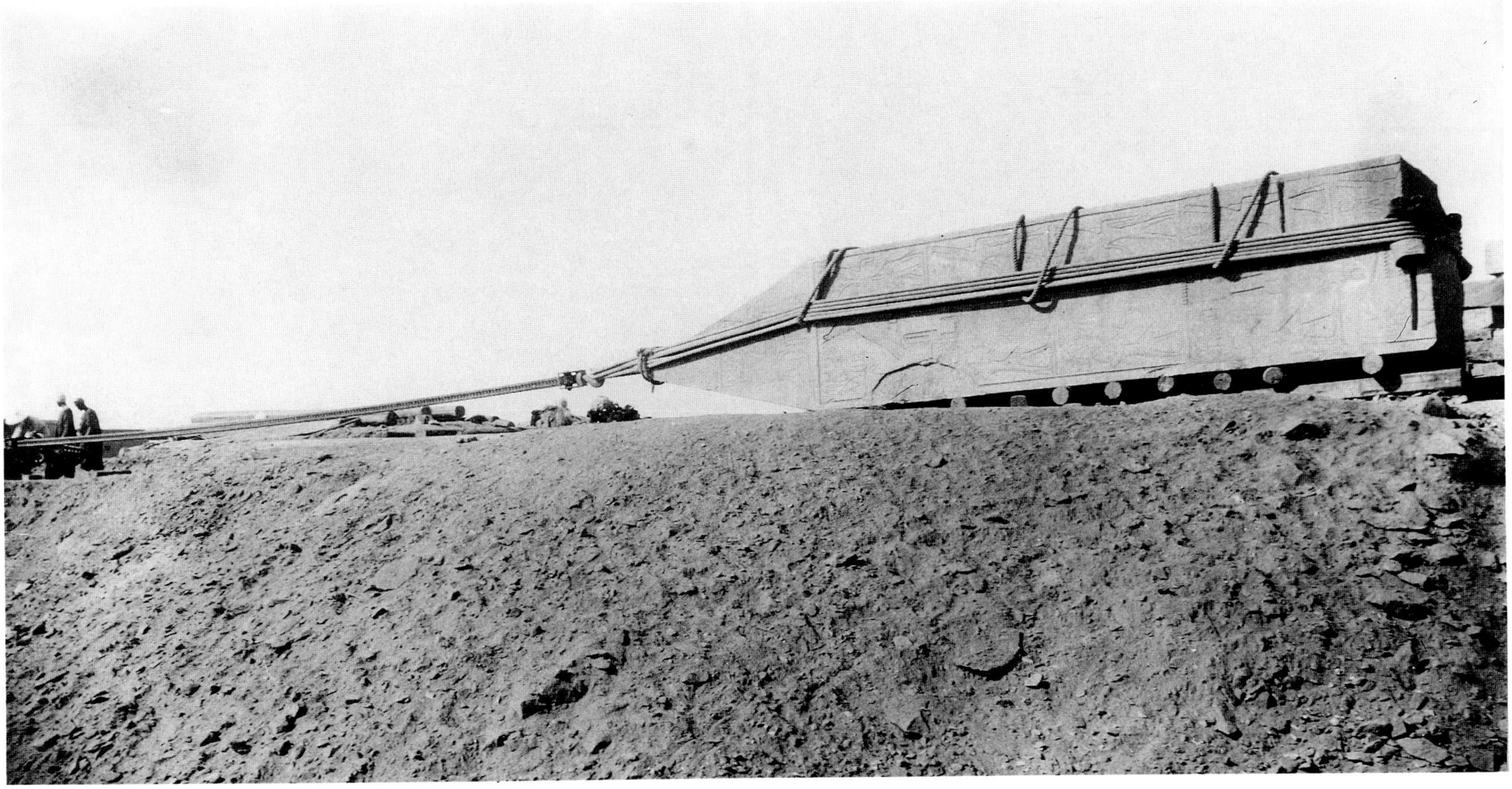

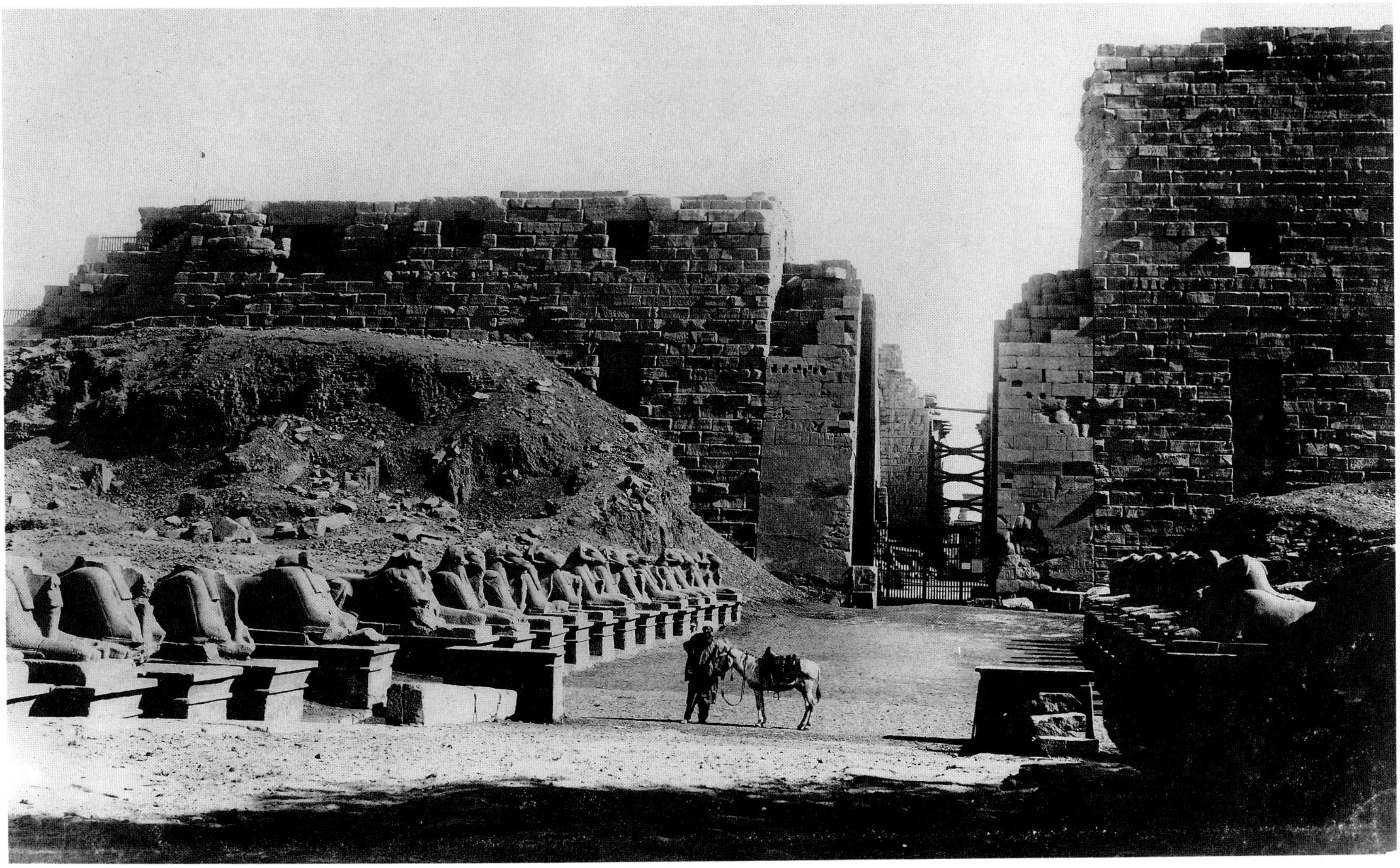

Von Norden gesehen erscheint der Erste Pylon noch völlig von den gewaltigen Ziegelmassiven der antiken Baurampen eingeschlossen, über die die Sandsteinblöcke in ihre endgültige Lage gebracht wurden. Diese Baurampen sind die einzigen heute noch erhaltenen derartigen Konstruktionen. Daß sie ausnahmsweise erhalten geblieben sind, ist allein der Tatsache zu verdanken, daß die Arbeiten am Ersten Pylon vor Fertigstellung des Bauwerks eingestellt wurden. (Photo Alain Bellod)

Noch im Jahre 1900 sah Georges Legrain keine andere technische Möglichkeit, als es darum ging, die gewaltigen 70-Tonnen-Blöcke über den vom Einsturz bedrohten Säulen des Hypostyls neu zu versetzen. Er ließ riesige Erdrampen aufschütten, um die nötige Höhe zu erreichen. Anstelle der mit Nilschlamm belegten Gleitbahn bediente er sich allerdings eines Systems von Rollen aus eisenbewehrten Holzbalken.

Heute kann man sich das Ausmaß der konstruktionsbedingten Arbeiten und den riesigen Umfang der nur vorübergehend notwendigen Hilfskonstruktionen wohl gar nicht mehr vorstellen. Der eilige Besucher des Karnak-Tempels wird nicht einmal mehr die Reste der Gerüste und Rampen hinter dem I. Pylon bemerken, die ihm doch so eindeutige Informationen zum angeblichen geheimen Wissen der altägyptischen Baumeister liefern könnten.

Bedauerlicherweise ist von diesen Hilfskonstruktionen am I. Pylon nicht mehr viel übriggeblieben. Zu Anfang des Jahrhunderts war noch erheblich mehr erhalten, vor allem eine Rampe an der Westseite des Pylons, die vorschnell abgerissen wurde, um die Fassade des nördlichen Pylonturms freizulegen. Von den Rampen der Ostseite ist im großen Hof nur noch ein kleiner Rest erhalten. Auf der Nordseite desselben Pylons steht jedoch noch ein großer Teil der Rampenkonstruktion. Hier läßt sich das ursprüngliche Aussehen dieser Gerüste noch gut erkennen. Sie bestehen aus einzelnen Segmenten von Lehmziegeln, deren geböschte Wände mit dem Ansteigen der Rampe immer weiter vorspringen. Die Rampe verjüngte sich auf diese Weise zwar nach oben, behielt jedoch auf ihrer begehbaren Oberseite stets die ursprüngliche Breite, die der Breite des Steinbaus entsprach, zu dem sie hinaufführte. Während seiner Erbauung verschwand somit ein Pylon völlig in der Masse der Lehmziegel, die ihn rings umgaben. Noch heute läßt sich dieses Bild beobachten, wenn man den I. Pylon von Karnak von Norden her betrachtet. Die Rampen im Vordergrund verdecken den Pylon fast vollständig.

Besonders aufschlußreich sind diese Baureste, weil sich an ihnen der Neigungswinkel der antiken Baurampen ablesen läßt, der bei etwa fünf Grad liegt, und aufgrund dieses Winkels die ursprüngliche Länge der Rampen errechnet werden kann. Die Rampen am I. Pylon, der minde-

stens 34 m hoch gewesen sein muß, waren demnach etwa 450 m lang. Da bekannt ist, daß die Rampe im rechten Winkel nach Westen abknickte, lag ihr Anfangspunkt in unmittelbarer Nähe des Nilufers – nicht weit entfernt von der Anlegestelle, wo die schweren Steinblöcke entladen wurden. Die Rampenkonstruktionen für die Schwerlasttransporte unterschieden sich völlig von den leichten Gerüsten, die anschließend bei der Glättung und Dekoration der Wände benutzt wurden. Erst nach vollständigem Abschluß der Rohbauarbeiten wurden die Rampen abgetragen und ihre Ziegel alsbald wiederverwendet. Wenn sie am I. Pylon noch in ihrer ursprünglichen Position erhalten geblieben sind, dann ist das ein untrüglicher Hinweis darauf, daß dieses Bauwerk niemals vollendet worden ist.

Das Grundprinzip des seitlichen Verschiebens der Blöcke hatte zwangsläufig entscheidenden Einfluß auf die Art und Weise, in der die Blöcke am Bau versetzt wurden. Im Folgenden soll davon etwas genauer die Rede sein.

Steinmetz
und Maurer

Nach der Entladung wurde das ganze Steinmaterial zur Baustelle geschafft. Die Blöcke waren quaderförmig grob zubehauen. Manche Blöcke trugen Steinbruchmarken, die man da und dort auf den nicht weiter bearbeiteten Innenseiten von Blöcken in Mauerverbund oder auf in Bosse stehengebliebenen Blöcken beobachten kann. Diese eingeritzten Zeichen, von Hieroglyphen für Gegenstände oder Gebäude abgeleitet, erlaubten eine Unterscheidung der von den verschiedenen Steinbruchmannschaften gelieferten Chargen. Die Bauleiter führten genauestens über die täglichen Materiallieferungen Buch, bevor sie sie an die einzelnen Baustellen weiterleiteten. Eine andere Art von Markierungen, mit roter Farbe aufgemalt, gestattete ihre Verbuchung beim Eintreffen auf der Baustelle. Allein in Karnak ließen sich mehr als hundert solcher Lieferungsmarken auf den zwölftausend Reliefblöcken Amenophis' IV. (Echnaton) feststellen, die im IX. Pylon gefunden wurden.

Steinbearbeitung

Bevor die Blöcke ihren Platz im Bauwerk fanden, durchliefen sie eine umfangreiche Bearbeitung. Die Blockseiten, die an andere Blöcke anstoßen sollten, mußten geglättet werden. Wie sich aus der Untersuchung unfertiger Gebäude ergibt, wurden zunächst nur die Unterseite und die beiden Seitenflächen des Blocks bearbeitet. Alle anderen Blockoberflächen blieben im Rohzustand. Als Werkzeug diente ein schwerer Holzschlegel, mit dem der Meißel oder das Spitzeisen aus Kupfer oder Bronze geschlagen wurde; entsprechende Darstellungen finden sich in den Wandmalereien thebanischer Gräber. Originalwerkzeuge finden sich in vielen Museen. Die Oberflächenbearbeitung erfolgte mit flach geführtem Meißel; schwache Streifen, die die Blockoberfläche regelmäßig in parallelen Linien überziehen, sind die noch sichtbaren Spuren dieser Technik. Um die plane Abarbeitung der Blockseiten zu überprüfen, bediente man sich dreier kleiner gleich großer Holzpflöcke; zwei von ihnen wurden in einigem Abstand voneinander von Arbeitern auf der Blockfläche festgehalten und an ihrer Oberkante mit einer Schnur verbunden. Die Höhe der noch abzuarbeitenden Steinschicht ließ sich an dem dritten Holzpflock ablesen, der zwischen die anderen gesetzt ein Stück über die gespannte Schnur hinausragte. Wenn man diese Meßmethode in verschiedenen Richtungen immer wieder über die ganze Blockfläche anwandte, konnte man eine völlig plane Oberfläche erhalten.

Ausschnitt aus einem Wandbild im Grab des Rechmire: Steinmetze bei der Bearbeitung von Steinblöcken. Links oben bearbeitet ein Steinmetz mit dem Meißel die Blockoberfläche; darunter spannen zwei Arbeiter den Meßstrick und messen mit kleinen Lehren die Stärke der Steinschicht, die der Arbeiter in der Mitte noch abzutragen hat. Rechts oben bearbeitet ein Steinmetz die Oberfläche eines Blocks, darunter kontrolliert ein anderer mit dem Maßband die Regelmäßigkeit der Blockseite, während sein Nachbar die plane Bearbeitung der Oberfläche kontrolliert. (Nach Newberry)

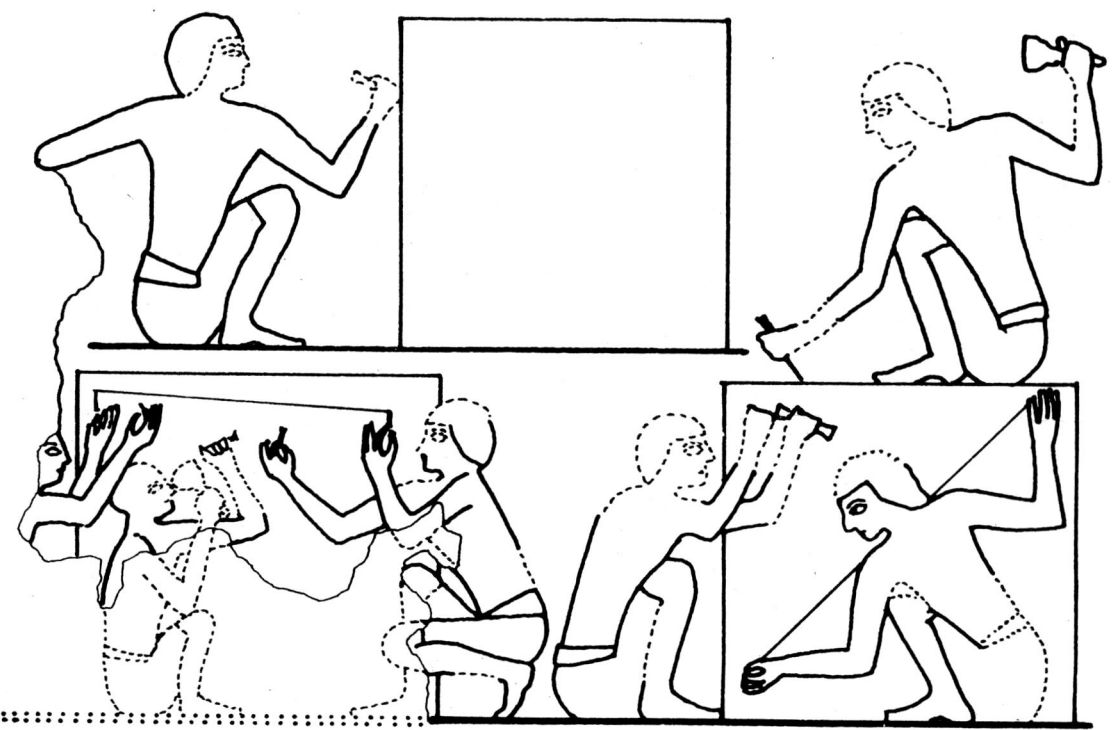

Nach der Bearbeitung der Unterseite des Blocks ging man an die Glättung der Blockseiten. Eigenartigerweise stehen die Blockseiten und damit die Fugen, in denen die Blöcke aneinanderstoßen, in ägyptischen Bauwerken fast niemals im rechten Winkel zur Blockunterseite. Meist sind sie schräg geführt, ohne daß jedoch für diese Schräge irgendeine Regel erkennbar wäre; auf derselben Mauer können unterschiedliche Neigungswinkel der Blockfugen vorkommen. Für die ägyptischen Bauleute war es lediglich von Belang, die Neigungswinkel der Seitenflächen aneinanderstoßender Blöcke ganz genau gleich auszuführen, so daß sie perfekt aneinanderpaßten. Zu allen Zeiten wurde die Endbearbeitung und die Versetzung der Blöcke immer nur in kleinen Chargen ausgeführt.

Erst kurz vor ihrer endgültigen Verwendung also wurden die Blöcke zugerichtet und überprüft. Offenbar erschien den Ägyptern diese Verfahrensweise stets die effektivste zu sein, ohne daß unmittelbar erkennbar wird, worin ihre Vorteile lagen. Man könnte annehmen, daß die Vorliebe für schräge Blockfugen und für völlig unterschiedliche Blocklängen darauf zurückzuführen sei, Steinmaterial zu sparen, indem vom vorgegebenen Rohblock möglichst wenig abgearbeitet wurde. Diese Theorie verträgt sich schlecht mit dem weiten Vorspringen der in Bosse versetzten Blöcke an unfertigen Bauten; dieses später abzuarbeitende Volumen ist so groß, daß hier eine gewaltige Materialverschwendung vorzuliegen scheint. Sicher ist jedenfalls, daß die alten Ägypter noch in der griechisch-römischen Zeit niemals die Mauertechnik mit gleichen Blockgrößen anwandten. So darf der Mauerverbund mit schrägen Blockfugen und das Arbeiten mit kleinen Chargen von frisch zugerichtetem Baumaterial als dauerhaftes Charakteristikum der ägyptischen Architektur gelten.

Rings um die Vorderseite eines Blocks wurde ein schmaler Rahmen abgearbeitet, dessen Niveau der endgültigen Wandoberfläche entsprach. Diese Rahmen wiesen bereits die Böschung der Außenwand auf; ihre Kanten dienten als Fluchtlinien bei der Versetzung der Blöcke. Allerdings wurden auch hier wieder nur die untere Querkante und die beiden Seitenkanten ausgearbeitet, die die einzigen vor der Verbauung geglätteten Blockflächen begrenzten. So war das Erscheinungsbild eines solchen zur Verbauung vorbereiteten Blocks recht eigenartig: Oberseite und Rückseite waren nur grob zubehauen, und die Oberfläche der in Bosse stehenden Vorderseite lag bisweilen mehr als zehn Zentimeter vor der endgültigen noch zu glättenden Fläche.

Diese Bearbeitungsstufen waren in ihren Grundzügen bei allen geläufigen Gesteinen dieselben, bei Kalkstein, Granit und Sandstein. Die endgültige Zurichtung der Blöcke fand in unmittelbarer Nähe zur Baustelle statt, so daß die laufende Kontrolle der verschiedenen Werte unschwer möglich war: Messung der Neigungswinkel von Seitenflächen bereits versetzter Blöcke mit Hilfe von Senkblei und Meßlatte, Ausgleich verschiedener besonderer Vorsprünge, die sich oft in den Steinlagen fanden.

Nur bei unmittelbarer Nähe des Werkplatzes zur Baustelle konnten die Blöcke jeweils in kleiner Stückzahl vorbereitet und zur Baustelle gebracht werden; die Nähe der Werkstatt läßt sich übrigens auch aus den großen Mengen von Gesteinssplittern ableiten, mit denen die Füllung der Baurampe des I. Pylons durchsetzt ist.

Die Steinmetzen arbeiteten auf der Stelle der Rampe, die unmittelbar vor dem in Arbeit befindlichen Mauerstück lag. Mit dem Baufortschritt wurden Rampen und Gerüste erhöht, um den Antransport des Rohmaterials auf der Baurampe mit ihrem angefeuchteten Nilschlammbelag bis an den Platz zu ermöglichen, wo die Blöcke endgültig zugerichtet und schließlich versetzt wurden. Die Steinmetzen hoch oben auf den Rampen erhielten das Steinmaterial von den Hilfsarbeitern angeliefert. Eigentliche Hebearbeit fand nicht statt; von Zeit zu Zeit mußte ein Block gekippt werden, ohne daß er dabei hätte vollständig angehoben werden müssen.

Mauertechnik

Nach der Verlegung einer Blocklage war die Oberfläche dieser Blöcke rauh und unregelmäßig. Unfertige Mauern sind an diesem Detail unschwer als solche zu erkennen. Bevor die nächste Steinlage aufgebracht wurde, mußte also die Oberseite der vorangehenden Schicht geglättet werden. Dies geschah erst unmittelbar vor der Verlegung der Blöcke und nur auf der für die begrenzte Anzahl von jeweils etwa zehn Blöcken benötigten Fläche. Auf die geglätteten Oberflächen aller entsprechenden Mauerteile konnten nun mit Meßstrick und Meißel die Aufrißlinien gezeichnet werden, die sich an den bearbeiteten Kanten der bereits verlegten Blöcke orientierten. Lage für Lage wuchs auf diese Weise die Mauer bis zu ihrer Krone.

Bei der eigentlichen Versetzung der Steinblöcke ging es darum, die Unterkante des neuen Blocks exakt mit der Oberkante des bereits versetzten unteren Blocks zur Deckung zu bringen. Der neue Block wurde mit Hebelstangen so weit verschoben, bis er genau die richtige Lage erreicht hatte. Da das ganze Bauwerk in diesem Stadium von den Bauranpen aus Lehmziegeln eingehüllt war, waren die präzisen Aufrißlinien, wie sie durch die Blockkanten vorgegeben waren,

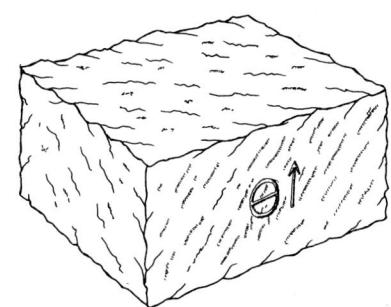

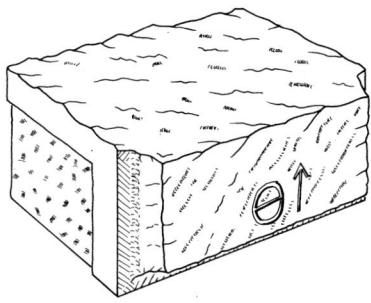

Ein Rohblock, wie er aus dem Steinbruch angeliefert wird, gekennzeichnet mit der Steinbruchmarke einer bestimmten Mannschaft. Darunter derselbe Block unmittelbar vor seiner Versetzung in den Mauerverbund. Nur die Flächen sind bearbeitet, die direkt an andere Blöcke anschließen sollen. Die Oberseite ist im Rohzustand belassen, die Vorderseite steht noch in Bosse. (Zeichnung Jean-Claude Golvin)

Unvollendeter Teil der Umfassungsmauer des Hathor-Tempels in Dendera. Die unterste Steinlage zeigt im Vordergrund in ihrem Rohzustand eine rauhe, sehr unregelmäßige Oberfläche. Von der zweiten Steinlage ist nur eine kleine Fläche der Oberseite geglättet, um drei oder vier Blöcke aufzunehmen. Die Oberseite der dritten Schicht schließlich ist ebenfalls roh belassen. (Photo Jean-Claude Golvin)

Oben auf einer im Bau befindlichen Mauer, die beiderseits von Ziegelrampen begleitet wird, bereiten drei Arbeiter die Steinoberfläche für die Aufnahme einer neuen Blocklage vor. Links wird die Oberfläche geglättet; in der Mitte werden die Löcher für die Hebelstangen geschlagen und die Versatzlinien für die Blockkanten aufgerissen; rechts werden die äußeren Blockkanten begradigt, an denen die nächste Blocklage ausgerichtet werden soll. Im Hintergrund tragen Arbeiter Ziegel für die Erhöhung der Rampen. (Zeichnung Jean-Claude Golvin)

Nachdem zwei Arbeiter ein Mörtelbett angelegt haben, werden neue Blöcke aufgelegt. Mit Hebelstangen, die in die bereits vorbereiteten Vertiefungen eingreifen, werden die Blöcke in ihre endgültige Lage gebracht. Auch seitlich wird der Block mit einer Hebelstange ausgerichtet. Die Aufrißlinien dienen als Anhalt für die genaue Plazierung der Blöcke. (Zeichnung Jean-Claude Golvin)

die einzigen Anhaltspunkte für die Bauleute. Nachdem der Block von seinem Transportschlitten genommen worden war, wurde er auf einer dünnen Mörtelschicht, die als Gleitmittel diente, bis an seinen endgültigen Platz geschoben.

Nach und nach wurden jeweils etwa zehn Blöcke über einen Mauerabschnitt von nur wenigen Metern Länge – in Dendera maximal drei Meter – versetzt; so entstanden in kleinsten Arbeitsschritten die Bauwerke, deren monumentale Ruinen wir noch heute bestaunen. Die Niveausprünge der horizontalen Blocklagen und die extreme Unregelmäßigkeit der Zusammenfügung der Blöcke zu einer Schicht war für den ägyptischen Baumeister kein technisches Problem.

Als in späteren Zeiten die Blocklagen eine einheitliche Höhe erhielten, blieb die Innenstruktur der Mauern überaus unregelmäßig. Erst die Glättung der Wände nach Abschluß der Bauarbeiten verlieh dem Bauwerk ein perfektes, regelmäßiges Aussehen. Manche sehr hohe Mauern in Tempeln des Neuen Reiches zeigen eine besonders auffällige Unregelmäßigkeit: Gegen alle Erwartung sind in den untersten Steinschichten die kleinsten und zerbrechlichsten Blöcke vermauert und tragen die erheblich größeren Blöcke der oberen Wandteile.

Trotz dieser schwer erklärbaren ‹Kunstfehler› hat sich die altägyptische Steinbautechnik beständig weiterentwickelt. Die einzelnen Stufen dieses Entwicklungsprozesses lassen sich insbesondere bei Bauten aus Sandstein klar nachzeichnen und können als Datierungskriterien verwendet werden.

Zu Beginn des Neuen Reiches und unter Tuthmosis III. (18. Dynastie) bestanden die großen Mauern aus zwei parallel laufenden Schalen großformatiger Blöcke, deren unregelmäßige Form es unmöglich machte, sie im Mauerinneren unmittelbar aneinander anzuschließen. Die Höhe der Steinlagen einer dieser Schalen entsprach niemals der Höhe der entsprechenden Steinlage auf der anderen Seite der Mauer, so daß eine unmittelbare Verzahnung der Schichten in der Mitte der Mauer unmöglich war. Einzig die unterste Schicht lief in einheitlicher Höhe durch die ganze Mauer hindurch, und ebenso die obersten Steinschichten, da ja durch die Böschung der Mauern die Mauerstärke nach oben so weit reduziert war, daß ein einziger Block genügte, die ganze Mauerstärke zu überdecken. Über die ganze eigentliche Mauerhöhe aber waren die beiden äußeren Schalen einer Mauer nicht direkt miteinander verbunden. Die Füllung des Hohlraums im Mauerinneren aus unregelmäßigen, grob zubehauenen Steinen ist letztlich der Grund für die mangelnde Stabilität und den Verfall mancher Bauwerke; der unter Haremhab errichtete IX. Pylon in Karnak ist ein deutliches Beispiel dieser Problematik. Bis in die 21. Dynastie blieb diese Bautechnik allgemein in Gebrauch. Sie findet sich im Luksor-Tempel und im Ramesseum in Theben-West ebenso wie bei allen Sandsteinbauten dieses langen Zeitabschnitts in Karnak.

Erste Fortschritte zeigen sich in der Bubastidenzeit (22. und 23. Dynastie) in der Vereinheitlichung der Höhe der Blocklagen. Niveausprünge in den Horizontalfugen treten nur noch selten auf und haben nur noch geringe Höhe. Die beiden aus großen Blöcken gefügten Schalen einer Mauer bleiben aber weiterhin ohne direkte Verbindung, und noch bis in die 25. Dynastie um 700 v. Chr. besteht der Mauerkern aus einer einfachen Füllung groben Steinmaterials. Erst dann beginnt man, regelmäßige Steinlagen aus kleinformatigen, miteinander verbundenen Blöcken über die ganze Mauerstärke zu verlegen. Die Mauerstruktur wird nun in voller Höhe des Bauwerks homogen. Die Bauten Taharkas in Karnak und in Medinet Habu belegen diese neue Bautechnik, die bis in die 29./30. Dynastie verwendet wird, um noch einmal von der Bauweise mit großformatigen Blöcken abgelöst zu werden. In griechisch-römischer Zeit schließlich werden in die Oberseite jeder der regelmäßig verlegten Blockschichten flache kanalartige Vertiefungen eingearbeitet, in denen sich der Gipsmörtel verteilen soll, der als Gleitmittel und Fugenfüllung dient.

Diese schrittweisen Verbesserungen der Bautechnik bilden gute Kriterien für die Datierung eines Bauwerks, ohne daß man sich auf die oft erst viel später angebrachten Inschriften und Reliefs beziehen müßte.

Unmittelbar hinter der feinen Aufrißlinie, an der die Blöcke auf der jeweils vorangehenden Blocklage ausgerichtet werden, befinden sich Löcher, in denen die Hebelstangen angesetzt wurden, mit denen die Blöcke in ihre endgültige Lage gerückt wurden. Dieses abschließende Ausrichten der Blöcke mit der Hebelstange sollte eigentlich vom König selbst ausgeführt werden und war deshalb eine wichtige Kulthandlung im Verlauf des Gründungsrituals eines Tempels. Am Beispiel eines Reliefs im Pronaos des Horus-Tempels von Edfu ist bereits gezeigt worden, wie lange sich dieser Ritus gehalten hat. Ob im Neuen Reich oder in der Ptolemäerzeit – diese

Links
Mörtelbänder am Ersten Pylon von Karnak sollen ein Verrutschen der Blöcke der Pylonverkleidung unmittelbar nach ihrer Verlegung vermeiden. (Photo Jean-Claude Golvin)

Rechts
Reste der langen Mörtelbänder, die in den flachen Vertiefungen der Blockoberseiten ausgegossen wurden, um das Gleiten der Blöcke während deren Verlegung zu erleichtern.
Umfassungsmauer des Hathor-Tempels in Dendera. (Photo Jean-Claude Golvin)

Hölzerner Schwalbenschwanz in seiner originalen Position zwischen zwei Blöcken. (Photo Jean-Claude Golvin)

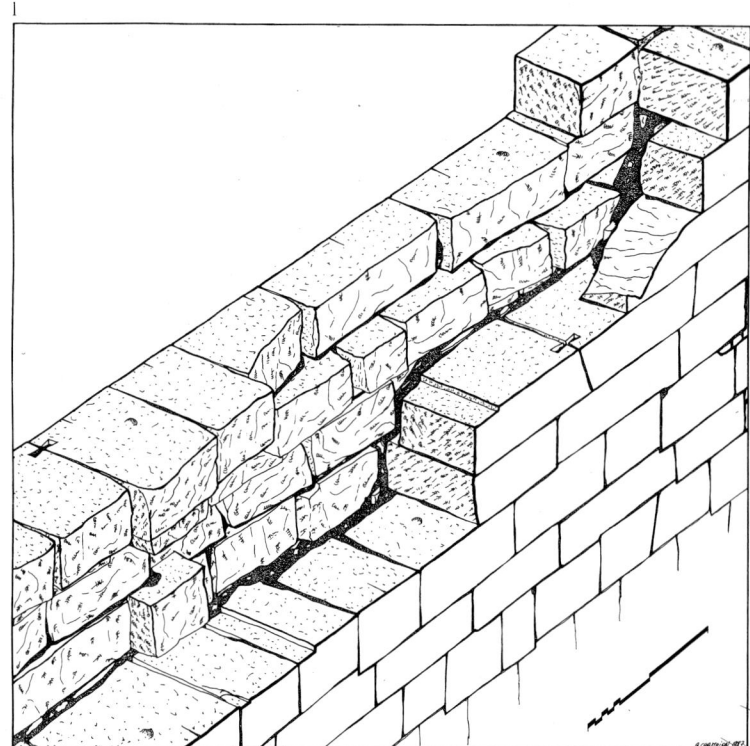

Entwicklung der Mauertechnik mit Sandsteinblöcken

1. Im Neuen Reich (18. bis 21. Dynastie) bestehen die Mauern aus großen Blöcken unregelmäßiger Höhe und Tiefe, so daß kein fester Mauerverbund zustandekommt. Die Mauer besteht aus zwei parallel verlaufenden Schalen, die mit Gipsmörtel und Gesteinsschutt hinterfüllt werden.

2. Erstmals am Bubastidentor in Karnak (22. Dynastie) begegnet uns eine Vereinheitlichung der Blockhöhen. Lücken zwischen den Blockanschlüssen werden selten und treten gegenüber der inneren Verzahnung der Mauer durch große Blöcke zurück, die mit Schwalbenschwänzen verbunden werden.

3. Im Tempel des Osiris *heka-djet* (23. und 25. Dynastie) und in allen Bauwerken des Taharka (25. Dynastie) bestehen die Mauern aus relativ kleinen Blöcken, deren Fugen Lage für Lage gegeneinander versetzt sind, so daß die Mauer eine hohe Festigkeit gewinnt. Die Hohlräume im Inneren der Mauer sind mit Gipsmörtel verfüllt.

4. Unter Naktanebos I. (30. Dynastie) wird wieder mit großen Blockformaten einheitlicher Höhe gebaut, die auch im Inneren der Mauer auf Fuge verlegt sind. Die Mauer wird dadurch zu einem homogenen Steinkörper aus regelmäßigen Blocklagen. Die Auflagerflächen der Blocklagen sind eben und leicht angerauht, um dem Mörtel bessere Haftung zu verleihen.

5. Seit dem Beginn der Ptolemäerzeit werden alle bislang gewonnenen Erfahrungen kombiniert. Zusätzlich erhält jede Blocklage flache rinnenartige Vertiefungen für Mörtel, auf dem die nächste Blocklage verlegt wird. (Zeichnungen Guillaume Champion)

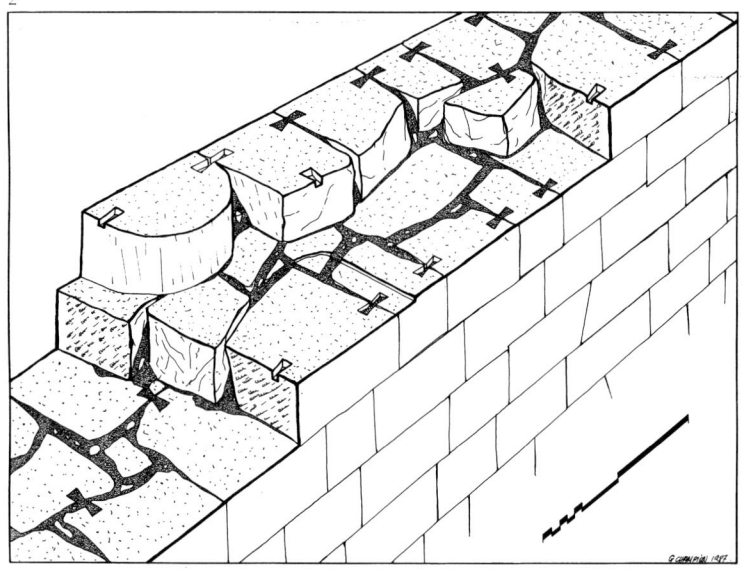

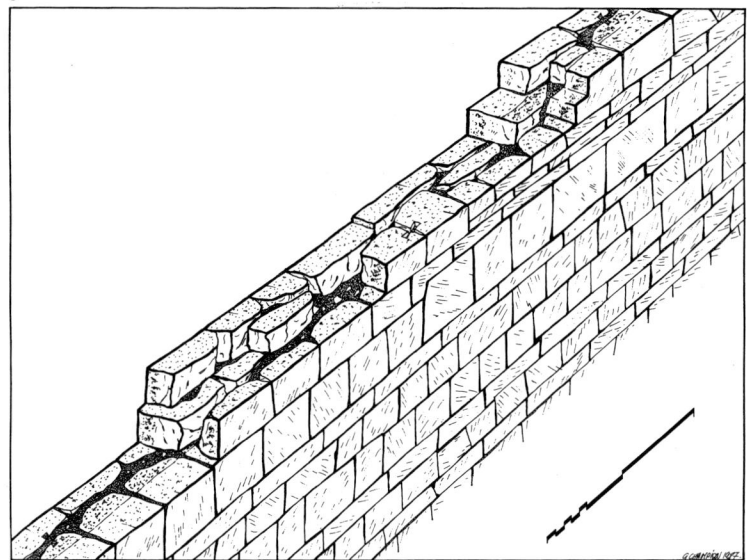

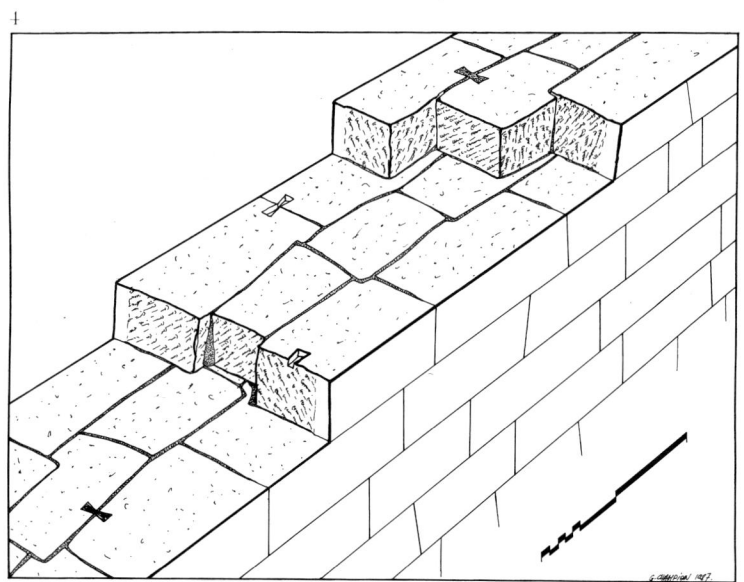

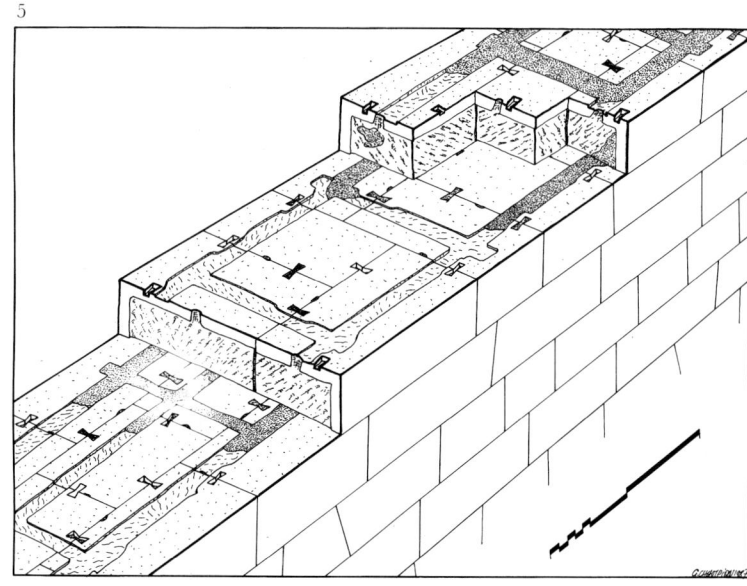

Untersicht eines Doppelarchitravs in einem der Seitenschiffe des Großen Säulensaals von Karnak. Papyrussäulen mit geschlossenen Kapitellen dienen als Stützen. Fast alle Architrave tragen auf ihrer Unterseite noch ihre Reliefs und ihre ursprüngliche Bemalung in lebhaften Farben. Die Kartuschen im Säulensaal wurden für Sethos I. beschriftet, aber sekundär für Ramses II. abgeändert. (Photo Jean-Claude Golvin)

Handlung des Königs fehlt niemals in der Darstellung der Gründungsriten. Daraus läßt sich ableiten, daß das Verrücken der Steinblöcke mit der Hebelstange eines der Charakteristika der altägyptischen Steinbautechnik ist.

Der Gipsmörtel wurde nicht in erster Linie als Bindemittel verwendet, sondern diente als Gleitmittel zur leichteren Bewegung der Steinblöcke auf den Blocklagen und zur Abdichtung der Fugen. Unter jedem einzelnen Steinblock bildete er eine Art Ausgleichsschicht zur Verteilung der Lasten und zur Vermeidung von Sprüngen und Rissen. Anschließend wurden alle Blockfugen mit dünnem Mörtel ausgegossen, wozu an allen Blöcken seitlich Eingußkanäle vorbereitet waren. Die langen weißen Streifen, die sich manchmal von einer horizontalen Stoßfuge aus über die bearbeitete Vorderseite der Blöcke ziehen, weisen darauf hin, daß zum Zeitpunkt der Versetzung der Blöcke der Mörtel eine sehr dünnflüssige Konsistenz hatte. Möglicherweise wurde ein Kalkmörtel verwendet, der so stark gebrannt war, daß er nicht mehr schnell abband und damit das Verschieben der Blöcke behindert hätte.

Neben den fein eingeritzten Versatzlinien brachte man auf der Oberseite der roh behauenen Blöcke bisweilen auch Löcher für Hebelstangen an, mit deren Hilfe die exakte Position der Blöcke durch seitliches Verschieben korrigiert werden konnte. Dank des als Gleitmittel dienenden Mörtels ließen sich die Blöcke, die im Durchschnitt ein bis zwei Tonnen wogen, mit geringstem Kraftaufwand bewegen. Zur Bewegung der riesigen Architrave und monumentalen Türstürze mit ihren Gewichten von mehreren Dutzend Tonnen benötigte man gewaltige Hebelbalken, die in tiefen Löchern an den Seiten der Blöcke angesetzt wurden. Aber auch hier dienten Gipsmörtel und Ziegelrampe als Arbeitshilfen.

Die Technik der Versetzung von Blöcken auf Gipsmörtel bleibt durch alle Perioden der ägyptischen Geschichte und für alle Baumaterialien in Gebrauch. In ihr findet sich noch einmal das Grundprinzip der Horizontalverschiebung von Lasten angewandt, das schon beim Schwerlasttransport beschrieben worden war. Diese Technik umging nicht nur das Problem des Anhebens von Lasten, sondern bot auch noch den entscheidenden Vorteil der exakten Kontrolle der Bewegung selbst schwerster Werkstücke, die stets in Kontakt mit ihrer Tragfläche blieben.

Da Kalkstein in Ägypten in großer Menge anstand, bot die Produktion großer Mengen von Gips keinerlei Probleme; so wurde Gips bisweilen sogar dazu benützt, größere Hohlräume im Mauerwerk auszufüllen, die sich aus der Wiederverwendung großer Mengen unregelmäßig geformter Bauelemente ergaben, wie dies fast überall im Chons-Tempel in Karnak zu beobachten ist. Die dünnflüssige Konsistenz des Mörtels machte es nötig, die Blöcke zunächst in ihrer endgültigen Lage zu fixieren, um zu vermeiden, daß sie bei der Versetzung der nächsten Blöcke aus ihrer Lage verrutschten.

Hieraus erklärt sich eine Reihe von Vorrichtungen zur vorübergehenden Fixierung der Blöcke. Das bekannteste Verfahren ist die Verwendung von hölzernen Klammern in Form von Schwalbenschwänzen, die in entsprechende Ausarbeitungen auf der Oberseite zweier aneinander stoßen-

Zwei tiefe Löcher für Hebelstangen.
Hinter ihnen die Aufrißlinie als
Markierung für den zu versetzenden
Block. (Photo Jean-Claude Golvin)

der Blöcke eingesetzt wurden. Diese Schwalbenschwanz-Klammern wurden nur bei Blöcken verwendet, die an der Außenseite einer Mauer saßen, denn nur bei ihnen bestand die Gefahr der seitlichen Verschiebung. Wenn die nächsten Blöcke fest versetzt waren, wurden die Schwalbenschwänze nicht länger benötigt. Da Holz in Ägypten selten war, wurden die Schwalbenschwänze wieder aus den Vertiefungen genommen, sobald der Mörtel abgebunden hatte, und im weiteren Verlauf der Bauarbeiten immer wieder neu verwendet. So findet man beim Abbau altägyptischer Mauern nur ganz selten solche Klammern aus Akazien- oder Sykomorenholz. Die vielen Exemplare, die sich in Museen befinden, kommen wohl größtenteils aus den Materiallagern antiker Baustellen und sind daher in den meisten Fällen unbenutzt.

Diese so eigenartige Verklammerungstechnik erklärt sich allein aus der besonderen Art der Versetzung der Steinblöcke. Trotz offenkundiger formaler Ähnlichkeit dieser schwalbenschwanzförmigen Ausarbeitungen auf den Oberseiten der Blöcke mit Metallklammern, die überall in Bauten der griechisch-römischen Zeit verwendet wurden, war die Funktion dieser Schwalbenschwänze aus Metall eine völlig andere. Auch der römische Mörtel, der aus Kalk und Sand, bisweilen auch einer Beimengung von Ziegelbruch besteht und eine Härte besitzt, die größer als die der eigentlichen Mauer ist, hat nichts mit dem ägyptischen Mörtel gemeinsam; dieser, als Gleitmittel benutzt, ist im Vergleich zum römischen Mörtel weich wie ein Stück Kreide.

Am I. Pylon von Karnak fand eine andere Art der Fixierung der Verkleidungsblöcke unmittelbar nach ihrer Verlegung Anwendung: Auf die Fuge zwischen zwei benachbarten Blöcken setzte man einen Propfen aus schnell abbindendem Gips, der etwa dreißig Zentimeter lang war und die nebeneinander liegenden Blöcke buchstäblich zusammenklebte. An vielen Stellen dieses Pylons läßt sich diese Art der Fixierung noch beobachten.

Die Überprüfung der exakten Versetzung der einzelnen Steinlagen war bei einer riesigen ägyptischen Mauer oder bei einem Pylon nicht einfach, wenn man in Betracht zieht, daß ja das im Bau befindliche Gebäude völlig von den Baurampen und Gerüsten eingehüllt war. Am I. Pylon von Karnak hatte man verschiedene Techniken bereitgestellt, um die Neigung der Wände, die Böschung der Pylontürme zu kontrollieren und die Grundmaße des Gebäudes einzuhalten. Wie auch andernorts, ließ man zwischen der Wand des Pylons und der Rampe einen Abstand von etwa fünfzig Zentimetern, der mit Erde und Gesteinssplittern aufgefüllt wurde, an einigen Stellen aber in einer Art von ‹Kaminen› offen gehalten wurde, um über einige Blocklagen hinweg die Neigung der Mauer überprüfen zu können. Der Winkel wurde mit Senkblei und Meßlatte festgestellt.

An den Gebäudeecken war die Kontrolle des Neigungswinkels noch schwieriger, da hier zwei Schrägen aneinander stießen. Man zog flache glatte Vertiefungen, in die eine Aufrißlinie geritzt wurde. An ihr ließ sich mit zunehmender Höhe des Pylons die gerade Linienführung der Schräge prüfen.

Meßintrumente zur Feststellung der Horizontalen und Vertikalen sind in mehreren Museen zu besichtigen. Das am häufigsten verwendete Lot hat die Form eines großen A und besaß ein Senkblei, das an seiner Spitze befestigt war. Wenn sich die Lotschnur genau mit der Markierung in der Mitte des Querbalkens des A deckte, war die Fläche, auf der das Lot stand, genau waagerecht. Ein anderes Meßinstrument besteht aus einem Balken, der gegen eine Wand gehalten wird und zwei waagerecht abstehende Ausleger von genau gleicher Länge besitzt. Am oberen Ausleger war mit einer Schnur ein Senkblei befestigt. Die zu prüfende Wand war senkrecht, wenn die Lotschnur das Ende des unteren Auslegers gerade berührte. Aussehen und Gebrauch der geläufigen Instrumente der ägyptischen Baumeister sind aufgrund erhaltener Originale und anhand von Reliefbildern, Wandmalereien und Modellwerkzeugen aus Grabfunden und Grundsteinbeigaben genauestens bekannt.

In ihrer Einfachheit war die altägyptische Bautechnik doch so leistungsfähig, daß die Versetzung selbst größter und schwerster Bauteile keine größeren Schwierigkeiten bot als die Verarbeitung kleiner Blöcke. Sie erlaubte die Verarbeitung so gigantischer Monolithe wie der Granitarchitrave des Tores im I. Pylon, die kaum weniger als 450 Tonnen gewogen haben dürften und deren Versetzung selbst heute in einer Zeit modernster Techniken kaum möglich erscheint.

Die eigentliche Bautätigkeit bestand nur darin, die einzelnen Bauteile nacheinander in ihre richtige Position zu schieben. Die Glättung der Wände, die Ausarbeitung der Bauornamentik, der Rundstäbe an den Ecken und der Hohlkehlengesimse wurde erst nachträglich vorgenommen. Deshalb zeigt ein altägyptischer Rohbau wie der I. Pylon oder der Opet-Tempel in Karnak die bossierten Wände, die ihm ein unregelmäßiges, rauhes Aussehen verleihen. Hohlkehlen und Säulen waren vor ihrer Fertigstellung in ihrem roh bearbeiteten Zustand manchmal kaum als solche zu erkennen, da noch dicke Gesteinsschichten unbearbeitet stehen gelassen wurden. Bei der Glättung der Oberflächen fiel demnach sehr viel Gesteinsschutt an. Zum Ruhme Gottes und als Stein gewordene Selbstdarstellung eines Königs erbaut, konnten sich die gewaltigen Bauten der Pharaonen den Luxus der Materialverschwendung leisten.

Die Mauern ägyptischer Tempel, stets massiv gebaut, zeigen meist auf beiden Seiten eine

An den Ecken des Ersten Pylons von Karnak läßt sich gut erkennen, wie die Aufrißlinien angelegt wurden, die die Grundlage für die Kontrolle einer präzisen Bauausführung waren. Auf der Innenseite der in Bosse stehengelassenen Kante, aus der später der Rundstab der Pylonecke gemeißelt werden sollte, ist ein Wandstreifen geglättet und mit einer Ritzlinie versehen, nach der die Bauarbeiter die exakte Lage der Eckblöcke festlegen konnten. Diese Gebäudeecken dienten somit als eine Art Meßlatte für einen Baukörper, der nahezu völlig von Ziegelrampen umgeben war. (Photo Jean-Claude Golvin)

ausgeprägte Neigung der Wände. Diese charakteristische Bautechnik leitet sich von der Lehmziegelbauweise her, wo sie der Wand höhere Stabilität verleiht. Noch heute wird bei hohen Lehmziegelbauten gewissermaßen automatisch eine solche Böschung angewandt, um die Festigkeit der Mauer zu steigern. Generell lassen sich die meisten Grundformen der ägyptischen Steinarchitektur auf das Bauen mit leichten Materialien, mit Nilschlamm und Pflanzenmaterial, zurückführen, wie sie in ältester Zeit verwendet wurden und für die Profanarchitektur stets in Gebrauch blieben. So leitet sich die Hohlkehle aus nebeneinander in die Mauerkrone eines Lehmziegelbauwerks gesteckten Palmblättern her – ein heute noch allenthalben in Ägypten vertrautes Bild bei einfachen Hütten. Noch deutlicher ist der pflanzliche Ursprung bei den Säulen, die alle von natürlichen Vorbildern abgeleitet sind.

Trotz der außerordentlichen Bedeutung der Tradition ließen sich die Baumeister Altägyptens nicht davon abhalten, ihre Techniken beständig zu modernisieren und zu verbessern, um sie den verwendeten Materialien optimal anzupassen. Zu Beginn des Neuen Reiches bis in die Zeit Thutmosis' II. wurde in Karnak nach dem Vorbild früherer Epochen in Kalkstein gebaut. Der hier verwendete Stein war von außergewöhnlich guter Qualität und kam aus dem Norden, aus den Brüchen von Tura und Maasara unmittelbar südlich von Kairo. Insbesondere die Zusammenfügung der Blöcke war in diesem Material von äußerster Präzision. Durch eine leichte Auskehlung in der Mitte der seitlichen Stoßflächen wurden so feine Fugen erzielt, daß der Eindruck einer kompakten Wand entsteht. Aber so schön dieses Gestein war, so anfällig war es, und so ersetzte man den sich schnell zersetzenden Kalkstein nach und nach durch Sandstein.

So trat insbesondere im thebanischen Bereich angesichts der im Vergleich zu Tura nahe gelegenen Steinbrüche von Gebel es-Silsila und aufgrund der höheren Widerstandsfähigkeit gegen Feuchtigkeit und hochsickerndes Grundwasser schließlich um 1500 v. Chr. der Sandstein ganz an die Stelle des Kalksteins, der nur noch für Statuen verwendet wurde. Für eineinhalb Jahrtausende, bis in die römische Kaiserzeit, wurden nun alle Großbauten in Sandstein ausgeführt.

Decken und Dächer

Nachdem die Mauern und nach demselben Bauprinzip auch die nötigen Stützen, Säulen und Pfeiler, errichtet waren, stand die Verlegung der Architrave an. Auch hierfür wurden Ziegelrampen und Sandfüllungen verwendet, die die Tempelräume bis zur Mauerkrone ausfüllten und über Außenrampen den Antransport der riesigen Deckplatten gestatteten. An den Enden dieser dicken, extrem schweren monolithischen Platten von mehreren Metern Länge waren Löcher angebracht, in denen große Hebelbalken angesetzt werden konnten, mit deren Hilfe die Blöcke in ihre endgültige Lage gerückt wurden. Wie die Mauern, so war auch das Tempeldach ganz aus Sandstein. Die Dachfläche wurde geglättet und bildete bisweilen große Terrassen.

Auf diesen Dachflächen wurden oft kleine Kapellen errichtet, die über Treppen in den Tempelwänden zugänglich waren. In Dendera beispielsweise gewährte die Dachterrasse Zugang zu einer Reihe kleiner Osiris-Kapellen und zur Neujahrskapelle, einem kleinen Kiosk mit Dachsegel, in dem die Statue der Göttin der Sonne des Neujahrstages ausgesetzt wurde und aus ihrer Vereini-

Links
Auf dem Dach des Tempels Ramses' III. in Karnak sind noch viele der Deckleisten über den Stoßfugen der Dachblöcke erhalten. Diese schmalen Steinleisten wurden in Nuten verlegt und mit Gipsmörtel abgedichtet. Diese aufwendige Konstruktion sollte das Eindringen von Regenwasser verhindern. (Photo Jean-Claude Golvin)

Rechts
Die Deckblöcke auf dem Dach des Tempels Sethos' I. in Gurna entsprechen mit ihren stark eingetieften Ablaufrinnen den Blöcken, die auf der Terrasse des Chons-Tempels in Karnak wiederverwendet wurden. Das Wasser wurde zu einer Dachrinne am Rand des Daches abgeleitet und lief durch Wasserspeier ab. Zwischen den Blöcken waren ebenfalls Deckleisten angebracht. (Photo Jean-Claude Golvin)

116

gung mit der Sonne die Kraft für einen neuen Jahreszyklus bezog. Von den Anlagen auf den Dachterrassen des Amun-Tempels in Karnak ist so gut wie nichts erhalten geblieben, da nur noch ein ganz kleiner Teil des Daches existiert. So müssen im heutigen Bauzustand manche Einzelfragen offen bleiben.

Als besonders eigenartig muß es gelten, daß trotz äußerst seltener Regenfälle in Oberägypten an den dortigen Tempeln sehr aufwendige Vorkehrungen zur Ableitung des Regenwassers getroffen wurden. In manchen Tempeln wiesen alle Dachblöcke Ablaufrinnen auf, die zu Dachrinnen führten; auf anaderen Dächern waren die Blockfugen mit eigenen Steinleisten abgedeckt. In der Ptolemäer- und Römerzeit wurde über die eigentlichen Deckblöcke noch eine zusätzliche Plattenlage als oberste Schutzschicht gelegt. Da die klimatischen Verhältnisse des Altertums sich nicht sehr von der heutigen Witterung unterscheiden, kann man in den Dachneigungen, den Rinnen und Röhren keine wirklichen funktionalen Notwendigkeiten erkennen. Den Schlüssel zur Erklärung dieses eigenartigen Phänomens liefern Inschriften, die auf den löwenköpfigen Wasserspeiern hoch oben an den Wänden ptolemäischer Tempel stehen. Der Löwe ist im religiösen Denken der Ägypter, das ja auch als Leitlinie hinter den Formen der Architektur steht, ein übelabwehrendes Wesen. Meist beginnen die Texte auf diesen Wassersspeiern mit der Formel: «Worte vom Löwen zu sprechen». Es folgt die Benennung seiner Qualitäten und Funktionen: «Ich bin es, der die Wut der Feinde zurückschlägt, der die Füße dessen strauchlen läßt, der das Gesetz übertritt. Ich bringe die Flut des Tages, ich verschlinge den Sturm, ich halte die Überschwemmung zurück in der Nacht des Gewitters...» Alle Vorkehrungen gegen die Wasser des Himmels, die als gefährlicher Ausfluß des Gottes Seth gelten, tragen in Wirklichkeit zum Schutz des Tempels bei; nur hierin finden diese Vorrichtungen ihre Legitimation.

Aus denselben Gründen erscheint der Löwe als Schützer und Wächter des Horizonts, der Grenzen, der Wüstenstraßen auch an den Riegeln der schweren Pylontore.

Nur in Ausnahmefällen waren die Tempeldächer nicht flach. In Karnak gibt es kein Beispiel für diese seltenen ‹falschen› Gewölbe, deren eines sich aber in Deir el-Bahari findet. Im Tempel Sethos' I. in Abydos sind diese Gewölbe jedoch nichts anderes als konkave Aushöhlungen der Unterseite gewaltiger Deckplatten. Die einzigen aus Stein gebauten echten Gewölbe finden sich in den Kapellen der Gottesgemahlinnen in Medinet Habu. Diese Gewölbe stammen aus dem 7. und 6. Jahrhundert; sie haben in der Folgezeit kaum Nachahmung gefunden, während das Flachdach aus riesigen Steinplatten bis ans Ende der Römerherrschaft in Ägypten allgemein in Gebrauch blieb.

Nach ihrer Versetzung zeigten diese Deckplatten eine unebene äußere Oberfläche, die überall dort noch erhalten ist, wo das Dach nicht weiter bearbeitet wurde. Dieser Zustand findet sich in Karnak auf dem Dach des *Ach-menu* und des Opet-Tempels. Mit der Versetzung der Deckplatten und der Hohlkehlen-Blöcke als oberem Wandabschluß war die Rohbauarbeit abgeschlossen. Nun mußte alles überstehende Gestein abgearbeitet werden, um das Wandniveau zu erreichen, das durch die bereits vorbereiteten Blockkanten vorgegeben war. Nur bis zu diesem Niveau durfte man beim folgenden Arbeitsgang, bei der Glättung der Wände, gehen.

Als höchste Verfeinerung und letzte Steigerung der Schutzmaßnahmen gegen Regenwasser erhielten die ptolemäischen Tempel (hier Dendera) über der Schicht der großen eigentlichen Deckenblöcke noch eine zusätzliche durchlaufende Blocklage, die das Dach der Götterwohnung völlig abdichten sollte. Gleichzeitig ging man – wie bei den Mauern – zu flach ausgemeißelten Rinnen für die Aufnahme von Mörtelbändern über, auf denen die Steinplatten leichter verlegt werden konnten. Sie sind ebenso wie die Löcher für Hebelstangen auf dem Photo gut zu erkennen. (Photo Jean-Claude Golvin)

Löwenköpfiger Wasserspeier am Hathor-Tempel in Dendera. In Karnak tritt dieser Typus erstmals an der Weißen Kapelle Sesostris' I. im Mittleren Reich auf. Weitere Wasserspeier sind am Chons-Tempel und am Akoris-Tempel erhalten geblieben. Das Wasser lief zwischen den Tatzen des übelabwehrenden Löwen aus; die Inschriften unter dem Löwen unterstreichen mit aller Deutlichkeit seine apotropäische Rolle. Weit aus der Wand vorspringend, sollte der Wasserspeier verhindern, daß das einmal abgeleitete Wasser nochmals mit dem heiligen Gebäude in Berührung kam. (Photo Jean-Claude Golvin)

Bauornamentik

Die Arbeit an der Bauornamentik, an Gesimsen und Rundstab, folgte auf den Abschluß der Rohbauarbeiten und machte sich den allmählichen Abbau der Baurampen und Gerüste zunutze. Die allmählich abnehmende Höhe dieser Hilfskonstruktionen hätte die Gelegenheit geboten, von oben nach unten fortschreitend über die ganze Länge des Bauwerks an der Gestaltung der Außenwände zu arbeiten. Alle an Originalbauwerken beobachteten und untersuchten Details führen indessen zu dem Schluß, daß diese Verfahrensweise von den Ägyptern niemals angewandt wurde. Nachdem die Rampen und Ziegelgerüste abgetragen waren, errichtete man für die folgenden Arbeitsschritte leichte Holzgerüste, wie sie in den Wandbildern des Grabes des Rechmire abgebildet sind. Aus der Untersuchung unfertiger Bauten ergibt sich in diesem Zusammenhang die besonders interessante Beobachtung, daß diese Arbeiten offenbar völlig ohne System durchgeführt wurden. Aus allen Epochen sind Beispiele für Wände bekannt, die überhaupt nicht geglättet wurden wie die Außenmauer der Kolonnade Amenophis' III. in Luksor; noch zahlreicher sind Bauten, die nur zu einem kleinen Teil dekoriert worden sind.

Der Grund für dieses unsystematische Vorgehen liegt in der – bisweilen gleichzeitigen – Beschäftigung mehrerer Gruppen von Handwerkern, die jeweils nur eine kleine Wandfläche zu bearbeiten hatten. Auf ähnliche Weise wurden auch die Kapitelle und die Gesimse bearbeitet. Durch das Abarbeiten kleinster Flächen näherte man sich allmählich der endgültigen Rundung. So durchlief beispielsweise auch der Rundstab an den Pylonecken verschiedene Stadien von der Rohform mit quadratischem Querschnitt über eine polygonale Form bis zur endgültigen vollen Rundung. Alle Zwischenstufen sind an Originaldenkmälern zu belegen.

Bei der Glättung der Wände mußte die beträchtlich starke Schicht in Bosse stehenden Steinmaterials abgearbeitet werden. Diese Abarbeitung hatte Block für Block das Niveau zu erreichen, das

Arbeiter glätten mit gestielten Werkzeugen, einer Art Querbeilen, eine Steinmauer. Die Bearbeitungsspuren, dicht nebeneinander liegende flache Streifen, sind oft zu beobachten. Ein fahrbares Gerüst konnte mit Hilfe von Hebelstangen auf Rädern bewegt werden; die Gerüststangen dienten gleichzeitig als Leitern. (Nach Clarke-Engelbach)

Auch zur Arbeit an Kolossalstatuen wurden, wie Wandbilder im Grab des Rechmire in Theben zeigen, Gerüste verwendet. Holzstützen und Bretter waren durch Seile miteinander verbunden – eine noch heute in Ägypten geläufige Technik. Solche Gerüste, schnell gebaut und leicht zu demontieren, wurden auch für die Glättung und die Dekoration von Mauern verwendet. Während rechts an der Oberflächenpolitur der Königsstatue gearbeitet wird, bringt links ein Maler mit Pinsel und Palette auf dem Rückenpfeiler des Kolosses die Vorzeichnung der Inschriften an. (Photo Jacques Livet)

Linke Seite
Das unmittelbare Nebeneinander einer fertigen Säule der Bubastiden-Kolonnade von Karnak und einer späteren Ergänzung aus der Zeit des Nektanebos demonstriert eindrucksvoll den Arbeitsaufwand für Zurichtung und Glättung der Oberflächen, der nach Abschluß der Rohbauarbeiten zu erbringen war. Die Form des Säulenschaftes, die Plazierung des Kapitells und das Profil der bekrönenden Hohlkehle sind noch kaum zu erkennen. Die Amun-Widder mit den Königsfiguren zwischen ihren Löwentatzen bildeten ursprünglich die Zugangsallee zum Zweiten Pylon und wurden in der 21. Dynastie beiderseits des großen Vorhofes magaziniert. (Photo Jean-Claude Golvin)

Links
Vorprofilierung des Eckprofils des Ersten Pylons von Karnak. Aus dieser zunächst eckig angelegten Form sollte der Rundstab gemeißelt werden, wie er an allen Pylonen als Eckprofil verwendet wird. An beiden Außenseiten des Quadrats, jeweils in der Verlängerung der Mauerlinie, ein kleiner Vorsprung. Auf ihm und an seiner Außenseite befanden sich während des allmählichen Wachsens des Gebäudes die Aufrißlinien zur Kontrolle des Neigungswinkels der Außenwände. (Photo Jean-Claude Golvin)

Rechts
Am Vierten Pylon von Karnak ist der Rundstab unfertig geblieben und zeigt noch eine polygonale Oberfläche, die bei der endgültigen Glättung der Oberfläche abgearbeitet worden wäre. Der hier erhaltene Zustand bildet eine Zwischenstufe zwischen der im Schnitt quadratischen Anlage des Rundstabs und der gerundeten Endform. (Photo Jean-Claude Golvin)

An der Südseite des ptolemäischen Pylons vor dem Kleinen Tempel von Medinet Habu sind die beiden Bearabeitungsphasen des Rundstabs unmittelbar übereinander zu beobachten. Während der obere Teil völlig fertiggestellt ist, ist die untere Hälfte noch im Rohzustand. Auch die Wände sind hier noch nicht geglättet. Um jeden Block zieht sich eine schmale Rinne, die die maximale Tiefe der Abarbeitung der Wand anzeigt. (Photo Jean-Claude Golvin)

durch die vier bereits bearbeiteten Blockkanten vorgegeben war. Man begann mit schwererem Werkzeug, um große Splitter abzuschlagen; diese schweren Meißel wurden mit hölzernen Schlegeln geschlagen. Anschließend arbeitete man sich vorsichtig an die spätere Oberfläche der Wand heran, indem man feinere Meißel benutzte, die ein Heft und eine scharfe Schneide besaßen; die bearbeitete Oberfläche zeigt in diesem Stadium als Charakteristikum zahllose parallel verlaufende feine Streifen von geringer Tiefe. Die steinmetzmäßig bearbeitete Wand wurde abschließend mit Reibsteinen geglättet.

Durch die Meißelschläge bei der Glättung der Wände konnte es passieren, daß Blockkanten absprangen. Um häßliche Fehlstellen zu kaschieren, wurden die Blockkanten systematisch ausgebessert und alle Fehlstellen mit Gips ausgespachtelt. So kann man an allen Horizontal- und Vertikalfugen unfertiger Wände lange weißliche Spuren entdecken, die jeden Block umziehen. Das Mammisi von Dendera ist der aufschlußreichste Beleg für diese allgemein geübte Praxis. Erst auf die vollkommen glatt abgearbeitete Wand konnte nun die Vorzeichnung für die Wanddekoration aufgetragen werden.

Bei der Wahl der Bildthemen der Tempelwände hatten die Künstler keinerlei freie Wahlmöglichkeit, da die Funktion der Wandbilder nicht dekorativ, sondern in erster Linie religiös determiniert war. Jedes Bildelement entsprach einer kultischen Notwendigkeit und sein präziser Ort im Tempel wurde von den Priestern bestimmt, die die nötigen Unterlagen auf Papyrus in ihrem Besitz hatten oder neu konzipierten. Die Künstler hatten also lediglich die Aufgabe, vorgegebene Vorlagen genau wiederzugeben und genau an die Stelle zu setzen, die die Theologen vorherbestimmt hatten. Nur hieraus erklärt es sich, daß die Künstler in sich stimmige Bildprogramme schaffen konnten, obwohl sie jeweils nur kleinste Bildausschnitte bearbeiteten und bei ihrer Arbeit offenbar schlecht koordiniert waren. So ist es nicht erstaunlich, daß manche Teile der Wandreliefs später Tempel bis in die kleinsten Einzelheiten perfekt ausgeführt sind, während unmittelbar daneben die Reliefs noch nicht begonnen, ja sogar die Steinblöcke noch nicht einmal geglättet sind. So brechen zum Beispiel im Opet-Tempel in Karnak die Texte teilweise mitten in einem Wort ab und die Reliefbilder mancher Figuren sind nur teilweise ausgeführt, da die Arbeit plötzlich eingestellt wurde. Ähnliches läßt sich auf dem Osttor Nektanebos' I. und auf vielen anderen Bauteilen beobachten. Der Zeitaufwand für die Reliefdekoration einer großen Tempelwand und die beträchtlichen Mittel für ihre Fertigstellung, vor allem für die Beschäftigung fähiger und der jeweiligen speziellen Aufgabe gewachsener Künstler, führten offenbar immer wieder dazu, manche Bauwerke halbfertig stehen zu lassen und stattdessen neue Bauvorhaben in Angriff zu nehmen, ohne daß man zu einem späteren Zeitpunkt auf die Fertigstellung der älteren Bauten zurückgekommen wäre.

Die Vorzeichnung der Wanddekoration wurde meist anhand von Quadratnetzen angelegt, die ein entsprechendes Quadratnetz der Papyrusvorlage in braunrotem Ocker in Originalgröße auf die Wand übertrugen. So konnte die Originalvorlage maßstabsgetreu übertragen werden. Oft begnügte man sich auch mit einem einfacheren Hilfsliniensystem, das die wichtigsten Punkte der Dekoration festlegte. Meist sind die Vorzeichnungen heute nicht mehr sichtbar; im römischen Mammisi in Dendera jedoch und vor allem in vielen thebanischen Königsgräbern sind sie noch sehr gut erhalten. Eine erste Vorzeichnung in rot wurde in schwarz nachgezeichnet, und oft kann man beobachten, wie fähige Künstler die Vorzeichnungen von Lehrlingen oder wenig qualifizierten Malern korrigiert oder ergänzt haben.

Die Übertragung der Vorzeichnungen in Relief wurde ebenfalls häufig in einer schwer verständlichen Reihenfolge ausgeführt. Geometrische Muster und Friese wurden in kleinsten Abschnitten bearbeitet, figürliche Szenen in eng begrenzten Bildfeldern. Die gerade angefangene Umrißlinie bricht oft so plötzlich ab, daß nur eine halbe Kartusche oder nur ein Teil eines Gesichts oder eines Körperteils ausgeführt ist. Der Bildhauer ging also ganz systematisch vor, ohne sich um die Bedeutung oder die Zusammengehörigkeit eines Motivs zu kümmern.

Die besondere Eigenart altägyptischer Reliefkunst bedarf einiger Erläuterungen. Am auffälligsten ist die Art der Darstellung des menschlichen Körpers, bei der der Oberkörper von vorn, der Kopf, die Beine und Füße aber von der Seite gesehen sind; dieses System gilt auch für Figurenreihen, deren Bewegung sich parallel zur Bildfläche erstreckt. Diese Grundregeln haben seit Beginn der ägyptischen Kunst Gültigkeit. Die Reliefs geben nicht eine momentane Wirklichkeit wieder, die unmittelbar in perspektivische, räumlich gestaffelte Bilder umgesetzt wird, sondern sie stellen eine gedanklich verarbeitete Realität dar, die sich in festen künstlerischen Regeln ausdrückt, einem Schriftsystem vergleichbar. Jedes Einzelmotiv ist nach festen Grundregeln aufgebaut. Die verschiedenen Ebenen des wirklichen Raumes sind auf der zweidimensionalen Ebene der Wand oder des Papyrusblattes ineinander geschoben, so daß verschiedene charakteristische Ansichtsebenen eines Motivs zu einem neuen, selbständigen Bild zusammengesetzt werden. So kann ein Tisch durch die Verbindung der von oben gesehenen Tischplatte und der Seitansicht der Füße

Recht unsystematisch wirkt die Abfolge
von beschrifteten, nur geglätteten und
roh belassenen Partien an der Nordseite
des Opet-Tempels in Karnak. Am
Wandfuß sind zwei Steinlagen geglättet
und teilweise reliefiert. Die höher
liegenden Steinschichten stehen noch in
Bosse. Deutlich erkennbar das
Hohlkehlen-Gesims, das die Oberkante
des Tempelsockels (Stylobats) markiert,
wie er in der Wandmalerei des
Neferhotep-Grabes abgebildet ist. Ganz
rechts unten auf dem ersten Block eine
dreieckförmige Steinbruchmarke. (Photo
Jean-Claude Golvin)

dargestellt werden; die Tür eines Gebäudes erscheint in dieser Darstellungsweise als Grundriß, in
den die Tür in Vorderansicht, in die Fläche geklappt, eingesetzt ist. In den Grundriß der einzelnen
Räume eines Tempelmagazins sind Weinkrüge in Vorderansicht gestellt. Wichtige Personen, der
König oder der Hohepriester, sind in viel größerem Maßstab dargestellt als die anderen Figuren;
ihre Bedeutung bedingt den Maßstab der Darstellung. Architekturdarstellungen sind meist stark
überhöht wiedergegeben. Für Ägypten selbst steht das stark vereinfachte Bildzeichen des Horizonts, der von zwei Bergen begrenzt wird, zwischen denen die Sonnenscheibe steht.

Diese ‹Schrift-Bilder› waren bis ins kleinste Detail kanonisiert. Ausnahmen von diesen strengen
Regeln, so zum Beispiel en-face dargestellte Gesichter oder Schrägansichten des menschlichen
Körpers, zeigen, obwohl sie nur äußerst selten belegt sind, daß der ägyptische Künstler durchaus
in der Lage war, Dreidimensionalität auch auf andere Weise als in den festgelegten Regeln des
Reliefs darzustellen. Das Relief beschränkt sich also bewußt auf die charakteristischen Ansichten
eines Motivs und auf eine ganz bestimmte Sicht der Realität. Im Rahmen dieses Formenkanons
kennt die ägyptische Reliefkunst jedoch je nach Epoche oder Qualifikation des Künstlers gewisse
Freiheiten. Lebendigkeit und Bewegung sind ein Grundzug dieser Reliefbilder, die zunächst
aufgrund ihres strengen Regelwerks sehr starr wirken. Besonders deutlich zeigt sich der Aspekt
der Bewegung auf Reliefwänden der Zeit Amenophis' IV., die jedoch letztlich gegenüber den
Grundregeln des Reliefs, wie sie seit ältester Zeit gelten, nichts generell Neues darstellen. Letztlich
sind wohl die Regeln der ägyptischen Kunst nicht einfach willkürlich festgelegt worden, sondern
verdanken ihre Entstehung und ihre jahrtausendelange Gültigkeit der ausgeprägten Besonderheit
des altägyptischen Lebensraumes.

Das völlig ebene Niltal gab eine allgemein gültige Bezugsebene vor, und die Schmalheit des
Tales reduzierte den Raum gewissermaßen auf zwei Dimensionen. Diese Gegebenheiten mögen
hinter der für Ägypten so typischen zweidimensionalen Sehweise und der horizontalen Reihung
der Motive stehen.

Im Niltal, insbesondere auf dem Nil selbst vollziehen sich vor den Augen eines Betrachters die meisten Bewegungen in der Fläche, nicht in der räumlichen Tiefe, wobei der Fluß die Bewegungsrichtung vorgibt. Der Zeitfaktor stellt sich als die Abfolge von Einzelszenen dar, die durch die Registergliederung zu Handlungsabläufen zusammengefaßt sind. So findet jedes Handlungsdetail seinen definierten Platz in einem globalen Regelsystem und funktioniert nach einem festgelegten Schema, dessen innere Logik freilich nicht unseren Vorstellungen entspricht.

Dazu kommt noch, daß – wie es Serge Sauneron für den Tempel von Esna nachgewiesen hat – eine feste Beziehung auch zwischen Bildszenen auf verschiedenen Wänden oder auf einander benachbarten Säulen und Wandabschnitten innerhalb eines Tempelraumes besteht. Noch erstaunlicher erscheint die enge Beziehung zwischen den Reliefs auf der Innenseite und denen auf der genau entsprechenden Stelle der Außenseite einer Mauer, ein Phänomen, das man in der Ägyptologie die ‹Transparenz› einer Tempelmauer nennt.

Um die Bedeutung dieser vielfältigen Beziehungen zu erfassen, muß man gleichzeitig Texte und die Bildelemente der Reliefs sowie deren genaue Plazierung analysieren. Derartige Untersuchungen können Aufschluß darüber geben, wie sich der Einfluß der Grundregeln von Zeichnung und Schrift einerseits und des autonomen Bildinhalts der jeweiligen Szene andererseits zueinander verhalten. Beschränkte man sich früher auf die Übersetzung der Texte, so ist heute ein über dem Original erstelltes Faksimile der Reliefbilder und ihrer Beischriften die Grundlage einer wissenschaftlichen Analyse. Nur auf diese Weise lassen sich auch alle Varianten der hieroglyphischen Schriftzeichen und der epochentypische Stil der Reliefs wiedergeben. Nach diesem Verfahren sind allein in Karnak zahlreiche Szenen kopiert und hunderte von Reliefblöcken gezeichnet worden. Viele zusammengehörige Reliefteile konnten auf diese Weise vereinigt werden, und manchmal sind sogar ganze Gebäude aus verstreuten Einzelteilen wiedererstanden, die im Tempelareal gefunden oder bei Grabungen freigelegt wurden.

Es sei noch einmal daran erinnert, daß ägyptische Reliefs weniger dekorativen, sondern

Auf der Südwand des Barkensanktuars des Philippos Arrhidaios in Karnak ist zwischen den bereits fertig ausgeführten Relieffiguren noch das Quadratnetz erhalten geblieben, das mit einer Farbschnur auf den Granit aufgebracht wurde und zur maßstabgerechten Übertragung einer auf Papyrus gezeichneten Vorlage diente. (Photo Jean-Claude Golvin)

Die Ausführung der Reliefs steht auf der Westwand des römischen Geburtshauses in Dendera noch ganz am Anfang. Die Bildhauer arbeiteten sich nur über kleine Flächen schrittweise voran. In der Mitte der Hohlkehle der Säulenschranke ist die geflügelte Sonnenscheibe mit Uräen als rechteckiger Block angelegt. Aus der glatt belassenen Wandzone über der Hohlkehle sollte, wie fertiggestellte Teile desselben Bauwerks zeigen, ein Uräenfries herausgearbeitet werden. Die Blockfugen sind mit Gips verfugt, um alle Schadstellen, die bei der Glättung der Wand aufgetreten waren, auszufüllen; dadurch treten die Fugen als weiße Streifen deutlich hervor. Wenn die dünne Gipsmilch, die als Grundierung für die abschließende Bemalung der Wände diente, aufgebracht wurde, verschwanden diese Streifen ebenso wie die Blockfugen selbst. (Photo Jean-Claude Golvin)

zuallererst religiös-funktionalen Charakter hatten, der von der kultischen Rolle des jeweiligen Gebäudes geprägt war. Eine auf dieser Erkenntnis basierende Untersuchung eröffnet die Möglichkeit, Kriterien zu erarbeiten, mit denen der ursprüngliche Zusammenhang von Reliefblöcken und ihr Platz im Kontext eines Tempels wiedergewonnen werden kann. So können Schritt für Schritt zerstörte Tempelwände und ganze Gebäude wiedererstehen. Einzelne Entwicklungsstufen des Tempels, die späteren Erweiterungen weichen mußten, treten nach Jahrtausenden wieder ans Licht. Die in den letzten Jahren als Architekturmodelle erarbeiteten Rekonstruktionen des Amun-Tempels sind ebenso Ergebnisse dieser Methode wie die umfangreichen Blocksammlungen, die Jahr für Jahr im Freilichtmuseum von Karnak zusammengestellt werden. Ein vergessenes Karnak ersteht so unter den Händen der Ägyptologen aus den riesigen Blocklagern und aus den Füllungen der Pylone, an deren Restaurierung derzeit gearbeitet wird.

Verputz und Malerei

Nachdem die Arbeit an den Wandreliefs und ihren Randornamenten im Sockelbereich und am oberen Wandabschluß abgeschlossen war, wurden als Vorbereitung für den letzten Arbeitsschritt an einem altägyptischen Bauwerk die Wände mit einer dünnen Gipsschicht verputzt. Unter dieser glatten weißen Wandfläche verschwanden die Blockfugen und ausgeflickten Stellen, so daß ein homogener weißer Malgrund entstand. Durch die nun aufgetragene Malerei erhielten die Reliefs mit wenigen Pinselstrichen eine Fülle plastisch nicht ausgearbeiteter zusätzlicher Details, vor allem Fältelung und Ornamente von Gewändern, Fiederung von Kronenaufbauten und verschiedensten Schmuck.

Oft haben die Wände ihre lebhaften Farben bewahrt, und immer wieder ist man vom guten Erhaltungszustand dieser farbigen Reliefs erstaunt, sei es in Karnak bei den Architrav-Unterseiten des Säulensaals und im Festsaal des *Ach-menu* oder in Medinet Habu und Abydos. Alle Farbpigmente waren mineralischen Ursprungs, woraus sich ihre hohe Haltbarkeit erklärt. Rot und gelb (Ocker) waren Eisenoxyde, die einfach zerrieben wurden, blau und grün wurden auf der Basis von Kupferoxyden künstlich hergestellt. Als Bindemittel wurden, wie neuere Untersuchungen des Centre franco-égyptien festgestellt haben, gummiartige Pflanzensäfte der ägyptischen Akazie verwendet, und die Farben wurden auf vorher angefeuchteten Malgrund aufgebracht. Dieses Verfahren entspricht der Tempera-Malerei, wie die Analyse kleinster bemalter Verputzstücke, die von den Wänden abgenommen wurden, gezeigt hat. In ihrem ursprünglichen Zustand zeigten sich also ägyptische Tempelwände viel greller und bunter als heute.

Nicht nur die Glättung der Wände, sondern auch ihre Reliefierung und Bemalung blieben oft über große Flächen unvollendet. Offenbar war seit der Errichtung des Rohbaus schon so viel Zeit vergangen, daß die Dekoration der Wände nicht mehr fertiggestellt werden konnte. Das riesige Ausmaß der zu bearbeitenden Wandflächen und der große Detailreichtum der Bilder erklären die Verzögerungen beim Abschluß dieser Arbeiten. Bei aufmerksamer Beobachtung der Wände kann man stilistische Unterschiede der einzelnen Bearbeitungsphasen, ja sogar verschiedene Künstlerhände unterscheiden. Wenn auch die Errichtung eines Tempels viel Zeit in Anspruch nahm und seine vollständige Ausgestaltung noch viel länger dauerte als der Rohbau, so genügte doch schon seine Bauform, seine im Plan und in der Raumgliederung fixierte theologische Bedeutung, um ihm Leben einzuhauchen.

Die Maler arbeiteten mit Binsen, deren Stengelenden geschält und gespalten wurden, so daß die Pflanzenfasern wie Pinselhaare wirkten. Für gröbere Arbeiten benutzte man einfach zusammengerollte und an einem Ende aufgefaserte Stoffetzen, deren anderes zusammengefaltetes Ende als Griff diente. Mehrere derartige Originalwerkzeuge sind in Museen zu besichtigen. Große Mengen von Pigmentresten und Mörser, in denen sie zerstoßen mit kleinen steinernen Stößeln zerstampft wurden, sind in jüngster Zeit bei Grabungen in Karnak gefunden worden.

Metallbeschläge

Manche Bauteile des Tempels, die unteren Partien von Türen, die Hohlkehlen und auch manche Reliefs, waren mit einem dünnen Edelmetallblech aus Gold oder Elektrum beschlagen. Das getriebene Blech war auf Dübeln festgenagelt, die in entsprechenden Lochreihen steckten. In der Mittelachse des Amun-Tempels von Karnak lassen sich Spuren solcher Dübellöcher erkennen. Dieser reiche Metallbeschlag fand seine Entsprechung in den prachtvollen vergoldeten Bronzeplatten, mit denen die großen Holztüren der Tempel, die Spitzen der Obelisken oder die Schwellen bestimmter Türen verkleidet waren. Die Hauptachse des Karnak-Tempels muß man sich in überladenem, glitzerndem Schmuck vorstellen, der sich vielleicht mit dem Raumeindruck barocker Kirchen vergleichen ließe. Auch das Innere der Tempel darf man sich nicht als eine Abfolge leerer Räume vorstellen, deren einziger Schmuck die Wandreliefs gewesen wären. Außer dem zum Kult benötigten Mobiliar standen dort an manchen Stellen haufenweise Votivgaben sowie Statuen hoher Beamter und vornehmer Leute, die das Vorrecht erhalten hatten, ihr Bildnis im Tempel aufzustellen, um an den Opfern teilzuhaben, die zunächst Amun vorgelegt worden waren. Tausende solcher Statuen sind zwischen 1903 und 1906 von Georges Legrain in einer Grube nördlich des VII. Pylons vergraben aufgefunden worden. Seit dieser Zeit ‹Cachette-Hof› (Hof des Verstecks) genannt, ist dieses Areal, in dem die Statuen gefunden wurden, der einzige Abschnitt des Tempels von Karnak, der völlig ausgegraben ist. Man kann nur vermuten, welch bedeutende Schätze noch unter dem Boden des Tempels ruhen. Vermutlich sind diese zahlreichen Statuen und Kultgeräte hier zu Beginn der Ptolemäerzeit vergraben worden, als man die Tempelräume zur Vorbereitung umfangreicher Restaurierungsarbeiten von allem dort angesammelten Mobiliar befreien wollte.

Obelisken

Aus unserer heutigen Sicht ist eine der erstaunlichsten Leistungen altägyptischer Technik die Herstellung und Errichtung der Obelisken. Das ganze Ausmaß dieser technischen Großtat zeigt sich besonders beeindruckend an den Obelisken, die in Ägypten noch aufrecht stehen, in Heliopolis, Karnak und Luksor, aber auch angesichts der Obelisken, die im Lauf der Jahrhunderte in die Hauptstädte der Welt gewandert sind. Schon unter Augustus wurden die ersten Obelisken nach Europa gebracht, und Konstantin der Große setzte diese Praxis fort, als er im Jahr 330 n. Chr. aus Karnak die beiden größten Obelisken abtransportieren ließ, um mit ihnen die neue Hauptstadt des römischen Reiches, Konstantinopel, zu schmücken. Erst Jahre später wurde dieses Unternehmen abgeschlossen, als einer der Obelisken seinen Bestimmungsort erreichte. Der andere gelangte erst unter Konstantius nach Rom und wurde dort inmitten des Circus Maximus aufgestellt. Im 17.

Regelmäßige Lochreihen auf den Türpfosten vor dem Eingang zum Barkensanktuar des Philippos Arrhidaios enthielten Holzdübel, an denen Bleche aus Edelmetall befestigt waren. Diese dünnen, biegsamen Bleche wurden in Treibarbeit dem darunter liegenden Wandrelief angepaßt, das sie in allen Details aufnahmen. An vielen Stellen des Tempels sind solche Dübellöcher zu beaobachten, insbesondere an den Durchgängen der großen Tempeltore. (Photo Jean-Claude Golvin)

Jahrhundert wurde er vor der Kirche San Giovanni in Laterano wiedererrichtet. Die Ewige Stadt besitzt heute mit fünfzehn Obelisken die größte Zahl dieser Monumente an einem Ort, seit dem Altertum aus Ägypten abtransportiert und heute an den schönsten Plätzen der Stadt aufgestellt – auf dem Petersplatz, der Piazza Navona, dem Monte Citorio, der Piazza del Popolo, um nur die wichtigsten zu nennen.

Die Obelisken von London und New York, Zeugnisse der altägyptischen Kultur im Herzen der modernen Millionenstädte, präsentieren sich zweifellos weniger spektakulär als der berühmte Monolith inmitten der Place de la Concorde in Paris, 1831 aus dem Luksor-Tempel abtranspor-tiert und 1836 von dem Ingenieur Lebas in Paris wieder aufgestellt. Seine Wiedererrichtung erforderte größten technischen Aufwand; massive Gerüste aus riesigen Holzbalken mußten gebaut werden, zum Transport des Obelisken war eine ganze Batterie schwersten Verladegeräts, wie es zu jener Zeit von der Marine benutzt wurde, im Einsatz, Rollen, Flaschenzüge und Winden.

Derartiges Gerät stand freilich erst seit der Römerzeit zur Verfügung; da die alten Ägypter nicht über solche Hilfsmittel verfügten, ist die technische Leistung der Baumeister der pharaonischen

Der unvollendete Obelisk im Granitsteinbruch von Assuan. Links im Bild eine bearbeitete Steinbruchwand, von der die Granitblöcke mit Keilen abgespalten wurden. (Photo R. Engelbach)

127

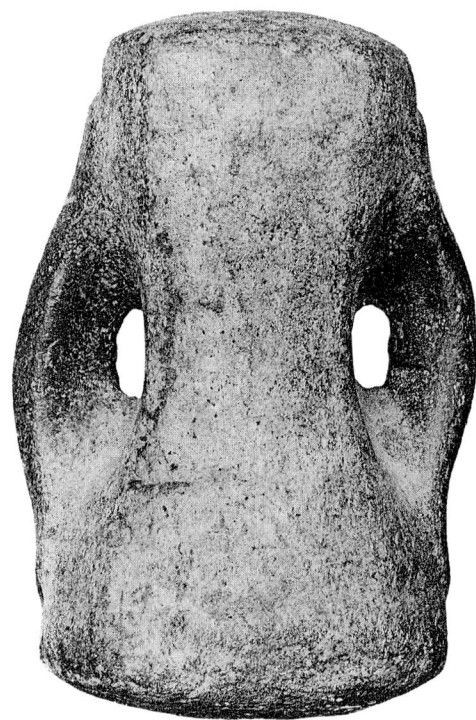

Hammer aus Hartgestein, in Gisa gefunden. Er wurde beidhändig benutzt und diente zur Bearbeitung der Granitoberfläche durch allmähliches Zermürben. (Nach Clarke-Engelbach)

Seitenfläche des unvollendeten Obelisken mit deutlichen Spuren der typischen Oberflächenbearbeitung von Granit. Die Gesteinsoberfläche wurde durch Hämmer zermürbt, so daß allmählich rings um den Obelisken ein Graben entstand, in dem sich verschiedene Arbeitertrupps allmählich nach unten arbeiteten, bis schließlich der ganze Obelisk frei lag. (Photo Jean-Claude Golvin)

Zeit viel höher zu bewerten als die ihrer römischen oder modernen Nachfahren. Sie meisterten ohne moderne technische Mittel den Transport und die Aufstellung extrem schwerer Monolithe, die darüber hinaus ihrer schlanken Form wegen sehr zerbrechlich waren.

Der Lateranobelisk beispielsweise, der ursprünglich an hervorgehobener Stelle im Ostteil von Karnak in der Mittelachse des Tempels gestanden hat, mißt nicht weniger als 33 Meter in der Höhe und wiegt mehr als 510 Tonnen. Der nördliche der beiden großen Obelisken der Hatschepsut (18. Dynastie, um 1480–1460 v. Chr.) gibt dem heutigen Besucher des Amun-Tempels ein besonders schwieriges Problem auf: Mit seinen 28,5 Metern Höhe und seinem Gewicht von 374 Tonnen ist er mitten im Tempel aufgestellt worden.

Es erscheint zunächst unerklärbar, auf welche Weise die alten Ägypter so riesige Werkstücke aus dem gewachsenen Fels lösten, abtransportierten und aufrichteten. Neueste Forschungen in Karnak liefern zusammen mit den zu Beginn des Jahrhunderts gewonnenen Erkenntnissen eine präzise Antwort auf diese Fragen, und aus der Zusammenschau von Untersuchungen an Originalen, von Beobachtungen in den Steinbrüchen und von Interpretationen altägyptischer Texte lassen sich die Grundzüge der Obeliskenherstellung gewinnen.

Der Zeitpunkt der erstmaligen Errichtung eines Obelisken bleibt unbekannt, ist aber wahrscheinlich schon in der 5. Dynastie anzusetzen.

Der älteste erhaltene Obelisk stammt aus der Zeit des Königs Teti in der 6. Dynastie und wurde in Heliopolis gefunden, dicht beim ältesten noch aufrecht stehenden Obelisken, der unter Sesostris I. um 1900 v. Chr. aufgestellt wurde. Mit 20,4 Metern Höhe und 136 Tonnen Gewicht belegt er bereits für den Beginn des 2. Jahrtausends v. Chr. die außerordentlichen technischen Fähigkeiten der alten Ägypter.

Herstellung der Obelisken

Bereits zu Beginn des Jahrhunderts ist die Technik der Herstellung der Obelisken von Reginald Engelbach im Detail beschrieben worden, nachdem er den riesigen unvollendeten Obelisken untersucht hatte, der heute noch in den Rosengranitbrüchen von Assuan liegt. Dieser größte aller ägyptischen Obelisken wurde an seinem ursprünglichen Werkplatz im Steinbruch bereits zu mehr als der Hälfte aus dem Stein gelöst aufgegeben, nachdem sich unerwartet Sprünge im Gestein gezeigt hatten. Nachdem man auf die Fertigstellung des ursprünglich geplanten Obelisken von 41,75 Metern Höhe und 1168 Tonnen Gewicht verzichtet hatte, versuchte man, aus einem Teil des großen wenigstens noch einen kleineren Obelisken zu gewinnen, Aber auch dieser Versuch scheiterte an der Steinqualität, so daß der Werkplatz ganz aufgegeben wurde. Das Scheitern dieses Vorhabens zeigt, daß die Testschächte, die vor Arbeitsbeginn angelegt worden waren, nicht immer ausreichten, um in einem unbedingt nötigen Vorab-Test die Qualität des Gesteins am geplanten Abbauort zu überprüfen.

Sobald der genaue Werkplatz festgelegt war, wurden zunächst die obersten Gesteinsschichten, deren Granit nur unzureichende Qualität besaß, abgetragen. Zahlreiche Brandspuren, die Anfang des Jahrhunderts festgestellt werden konnten, deuten darauf hin, daß man auf der Gesteinsoberfläche getrocknetes Gestrüpp verbrannte und auf die noch glühend heiße Fläche Wasser goß, so daß das Gestein kleinteilig zersprang. Anschließend wurde die Oberfläche so weit abgearbeitet und geglättet, daß auf ihr die Umrisse des künftigen Monolithen eingeritzt werden konnten. Durch die Anlage mehrerer Testschächte wurde sichergestellt, daß das Gestein nicht in tieferen Schichten Fehlstellen aufwies. Schließlich konnte die Aushebung seitlicher Gräben begonnen werden, die den Umriß des Obelisken allseitig umzogen. Das dabei angewandte Verfahren muß heute überaus seltsam wirken, ist aber durch sorgfältige Untersuchungen gesichert.

Die Bearbeitungsspuren, die sich noch heute auf den Felswänden finden, zeigen eindeutig, daß weder Schneidewerkzeuge noch Keile eingesetzt wurden, sondern das Gestein einfach zertrümmert wurde. Hierzu wurden Steinkugeln aus Dolerit verwendet, wie sie von Natur vorgeformt in der Ostwüste häufig vorkommen und im Steinbruchgebiet von Assuan zahlreich gefunden werden. Mit Dolerit, einem extrem harten Vulkangestein, konnte man die Granitkristalle durch regelmäßiges Behämmern zermürben und das Gestein in dünnen Schichten ablösen. Mit Steinhämmern aus großen Doleritkugeln an langen Schäften ausgerüstet, erzielten die Arbeitergruppen einen schnellen Arbeitsfortschritt. Offenbar wurden auch schwere Steinhämmer aus schwarzem Granit eingesetzt, die mit beiden Händen gehalten werden mußten. Ein gut erhaltenes Exemplar dieses Hammertyps wurde in Giza gefunden. Unter den Hammerschlägen bildeten sich allmählich muldenartige Vertiefungen, in denen sich nach und nach die Gesteinsabschläge sammelten. Wenn dieser feine Gesteinsschutt die Hammerschläge zu sehr dämpfte, wechselte man die zu bearbeitende Stelle und fuhr unmittelbar neben der bereits ausgehauenen Mulde fort, aus der währenddessen der Gesteinsschutt entfernt werden konnte.

Wechselweise wurde auf beiden Seiten des Grabenbodens in dieser Schlagtechnik gearbeitet; im

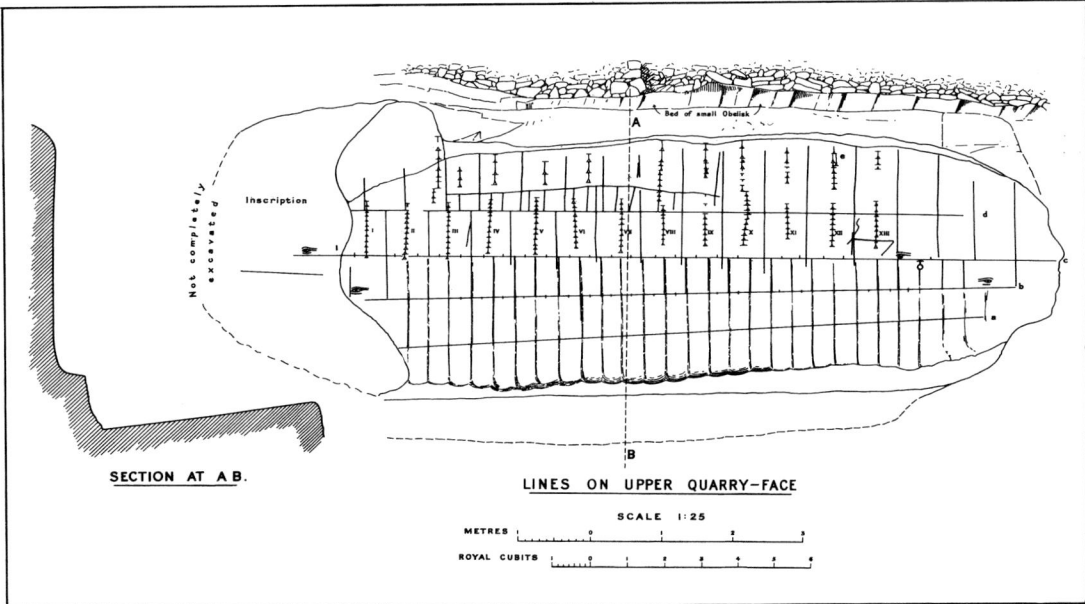

SECTION AT A B.

LINES ON UPPER QUARRY-FACE

SCALE 1:25

METRES

ROYAL CUBITS

Unmittelbar oberhalb des unvollendeten Obelisken ist im Steinbruch von Assuan die Wand einer Grube stehen geblieben, aus der ein kleiner Obelisk herausgearbeitet worden war. Zahlreiche Hilfslinien und Markierungen sind erhalten geblieben. Die Zeichnung von R. Engelbach gibt die Linien wieder, die die Lage des Obelisken markieren, seine Ober- und Unterkante (a und c) sowie seine Achse (b). Je zwei Wellenlinien dürften dem Arbeitsbereich einer Mannschaft entsprochen haben, wie sich aus den Markierungszeichen oberhalb der bearbeiteten Wand ergibt. Die senkrechten Reihen keilförmiger Zeichen markierten den Arbeitsfortschritt und dienten zur Kontrolle der Arbeiter. Am unteren Ende biegen die Wellenlinien nach vorne um, ein Zeichen dafür, daß auch die Unterseite des Obelisken durch Behämmern des Felsens herausgearbeitet wurde, also in derselben Technik wie die Seitenwände. Aus den Markierungen und der Zahl der Wellenlinien läßt sich auf etwa fünfzehn Arbeitsgruppen schließen. (Photo Jean-Claude Golvin, Zeichnung R. Engelbach)

Assuan-Steinbruch sind entsprechende Arbeitsspuren noch gut zu erkennen. Mehrere Mannschaften arbeiteten gleichzeitig rings um den ganzen Obelisken, wie man an der kontinuierlichen Abfolge der wellenförmigen Oberflächenstrukturen auf den Wänden des Grabens rings um den Obelisken erkennen kann. Jede dieser vertikalen Einkehlungen entspricht dem Arbeitsabschnitt einer Mannschaft. Auf einer senkrechten Granitwand unmittelbar beim unvollendeten Obelisken ist ein System von Meßlinien eingeritzt, an denen man den Fortschritt der Arbeit der einzelnen Mannschaften ablesen konnte. Nach den Untersuchungen von Reginald Engelbach zu Beginn des Jahrhunderts schaffte man mit dieser Technik einen Gesteinsabhub von fünf Millimetern pro Stunde, kam also mit der Arbeit erstaunlich zügig voran.

Unmittelbar über dem unvollendeten Obelisken lassen sich noch deutlich die Bearbeitungsspuren eines anderen Monolithen beobachten, der hier aus dem Fels gelöst worden war. Aus diesen Spuren ergibt sich, daß mit der soeben beschriebenen Technik auch die Unterseite des Obelisken vom gewachsenen Fels abgelöst wurde. Wenn ein Obelisk auf all seinen Seiten aus dem Fels herausgearbeitet war, legte man unter seiner Unterseite nebeneinander eine Reihe von tunnelartigen Röhren an. Sie wurden mit Steinen gefüllt, um den Obelisken zu stützen, so daß die Arbeiter nun daran gehen konnten, ihn noch völlig vom gewachsenen Fels zu lösen. Allein diese Schlagtechnik bot die Gewähr, solch riesige und letztlich empfindliche Werkstücke aus Granit ohne

Daß es durchaus möglich ist, Obelisken mit langen Hebelbalken zu bewegen, hat Georges Legrain durch seine Arbeiten in Karnak bewiesen. Die nötige Anzahl von Balken wird nebeneinander eingesetzt, Zugseile an den äußersten Enden der Balken erhöhen die Hebelwirkung. Mit einem vergleichbaren System dürften die Obelisken im Steinbruch von Assuan aus ihren ‹Wannen› gehebelt worden und auf Schlitten geschoben worden sein, auf denen sie abtransportiert wurden. (Photo Georges Legrain)

Risiko zu gewinnen. Durch das allmähliche Ablösen des Gesteins wurden punktuelle Gewaltanwendung und Verwindungen vermieden, die zum Bruch des Monolithen hätten führen können.

Nach Abschluß der Arbeit lag der Obelisk auf dem Boden einer Art langer Wanne im Fels, aus der er nun herausgehoben werden mußte. An einer Seite mit Hebelbalken leicht angehoben, konnte er hier unterlegt werden; anschließend auf der anderen Seite in gleicher Weise behandelt, schaukelte er sich allmählich hoch, bis er schließlich über dem Rand der wannenartigen Vertiefung lag. Wenn die Abbaustelle an einem Felshang ausreichend hoch und frei lag, konnte man die Vorderwand der Wanne einfach durch Keilspaltung absprengen, wie sie auch sonst zur Gewinnung von kleineren Werkstücken in allen großen Granitbrüchen Ägyptens regelmäßig angewandt wurde.

Dazu wurde zunächst mit einem Bronzemeißel und einem Holzschlegel, wie er sich in vielen Museen findet, eine Rinne in den Fels geschlagen. In einer Reihe wurden anschließend etwa zehn Zentimeter tiefe konische Löcher gebohrt, in die Metallstifte gesteckt werden konnten. Über die ganze Länge der Lochreihe mit schweren Hämmern gleichmäßig eingeschlagen, brachten diese Metallstifte den Fels alsbald zum Springen. Überall in unmittelbarer Umgebung des unvollendeten Obelisken zu beobachten, zeigen die Spuren dieser Spalttechnik eindeutig, daß sie von den Steinbrucharbeitern zwar perfekt beherrscht, aber niemals zur Bearbeitung der großen Monolithe, der Obelisken eingesetzt wurde.

Transport der Obelisken

Zum Abtransport des Obelisken vom Steinbruch zum Nil waren lange Rampen angelegt worden. Der Obelisk selbst lag in einen hölzernen Verschlag verpackt auf einem langen Transportschlitten. Ein Relief im Tempel der Hatschepsut in Deir el-Bahari zeigt deutlich diese Verpackung und den Transport eines Obelisken. Die Schlittenkufen wurden auf einer Gleitbahn aus befeuchtetem Nilschlamm gezogen, und so erreichte die schwere Last die Anlegestelle, wo sie auf ein Lastschiff von außergewöhnlichen Dimensionen verladen werden mußte.

Das riesige Lastschiff wurde von mehreren Ruderschiffen gezogen und von Staatsbarken eskortiert. Dieser lange Zug glitt langsam den Nil abwärts. Langatmige Rituale begleiteten die Ankunft des Schiffes mit dem riesigen Monolithen; nach seiner Entladung wurde er wiederum auf Rampen zu seinem endgültigen Standort gebracht. Der technische Vorgang des Obeliskentransports unterscheidet sich zwar nicht vom Verfahren, das für andere Schwerlasten angewandt wurde, die außergewöhnliche Größenordnung der hier zu bewegenden Massen zwingt uns jedoch größte Bewunderung ab; man kann sich nur schwer vorstellen, welche Massen von Arbeitern im Einsatz waren, um eine Last von mehreren hundert Tonnen über eine ansteigende Rampe zu bewegen.

Wie diese Rampen ausgesehen haben, läßt sich heute noch an dem Rampenrest hinter dem I. Pylon in Karnak nachvollziehen; ihre Länge muß im Bereich von mehreren hundert Metern gelegen haben.

Aufstellung der Obelisken

Obwohl nicht ein einziger altägyptischer Text konkrete Angaben über die Verfahren macht, die in pharaonischer Zeit bei der Aufrichtung von Obelisken angewandt wurden, erlauben doch zahlreiche archäologische Beobachtungen eine sichere Rekonstruktion der für diese außerordentliche Leistung eingesetzten Techniken. Man darf davon ausgehen, daß zu jener Zeit kein Hebegerät in der Lage gewesen wäre, solche Gewichte direkt anzuheben oder gar einen solchen Monolithen von der Horizontalen direkt in die Vertikale zu kippen. Der Hauptvorteil des von den Ägyptern konsequent angewandten Transportverfahrens von Schwergewichten in der Horizontalen war, daß die riesigen Werkstücke stets Bodenhaftung hatten. So war es möglich, jede ihrer Bewegungen beim Transport genauestens zu kontrollieren und zu steuern, so daß selbst größte Formate risikolos gehandhabt werden konnten. Sobald die Zugmannschaften anhielten oder auch nur kein Wasser mehr auf die Gleitbahn vor dem Schlitten gegossen wurde, kam der ganze Transport sofort zum Stillstand. Jede unkontrollierte Bewegung, jede Bruchgefahr, jedes Umkippen war ausgeschlossen.

Man kann durchaus den Transport der Obelisken zu Land mit dem Transport von Kolossalstatuen vergleichen, über den wir vor allem aufgrund des schon erwähnten Wandbildes aus el-Berscheh recht gut Bescheid wissen. Gewicht und Volumen dieser Kolossalstatuen sind durchaus mit den entsprechenden Werten der großen Obelisken vergleichbar. Bei Kolossalstatuen aber ist dank der detailreichen Angaben im bereits genannten Papyrus Anastasi I gesichert, daß sie mittels einer gewaltigen Sandschüttung aufgestellt wurden.

Relief im Südportikus der ersten Terrasse des Hatschepsut-Tempels in Deir el-Bahari. Auf einem großen Transportschiff liegen die beiden Obelisken, die die Königin für den Tempel von Karnak herstellen ließ. Am Heck des Schiffes vier Steuerruder; der Schiffsrumpf ist mit drei Reihen massiver Holzplanken verstärkt. Die Obelisken liegen auf langen Schlitten und sind von einer Verkleidung umgeben. Das Schiff wird von drei Reihen von Ruderbooten geschleppt. Das Heck des jeweils letzten Schleppers einer Reihe ist am rechten Bildrand erhalten. Kultbarken, von Ruderern angetrieben, begleiten den Obeliskentransport. Diese Darstellung gibt einen Eindruck von dem prachtvollen Zug, der die kostbaren Monolithen vom Steinbruch in Assuan bis nach Theben begleitete. Die Höhe der in einer Linie hintereinander auf dem Schiff verladenen Obelisken von je 28,5 Metern ergibt für das Transportschiff eine Gesamtlänge von mindestens 70 Metern. Die Größe des Schiffes ergibt sich auch aus der Anzahl der Steuerruder, die von jeweils einem Steuermann mit einer Pinne bewegt werden. Normale Schiffe besitzen nur zwei Steurruder. Am Bug stehen drei Piloten und verständigen sich durch Armzeichen mit den Schleppern. (Zeichnung Naville, Deir el-Bahri)

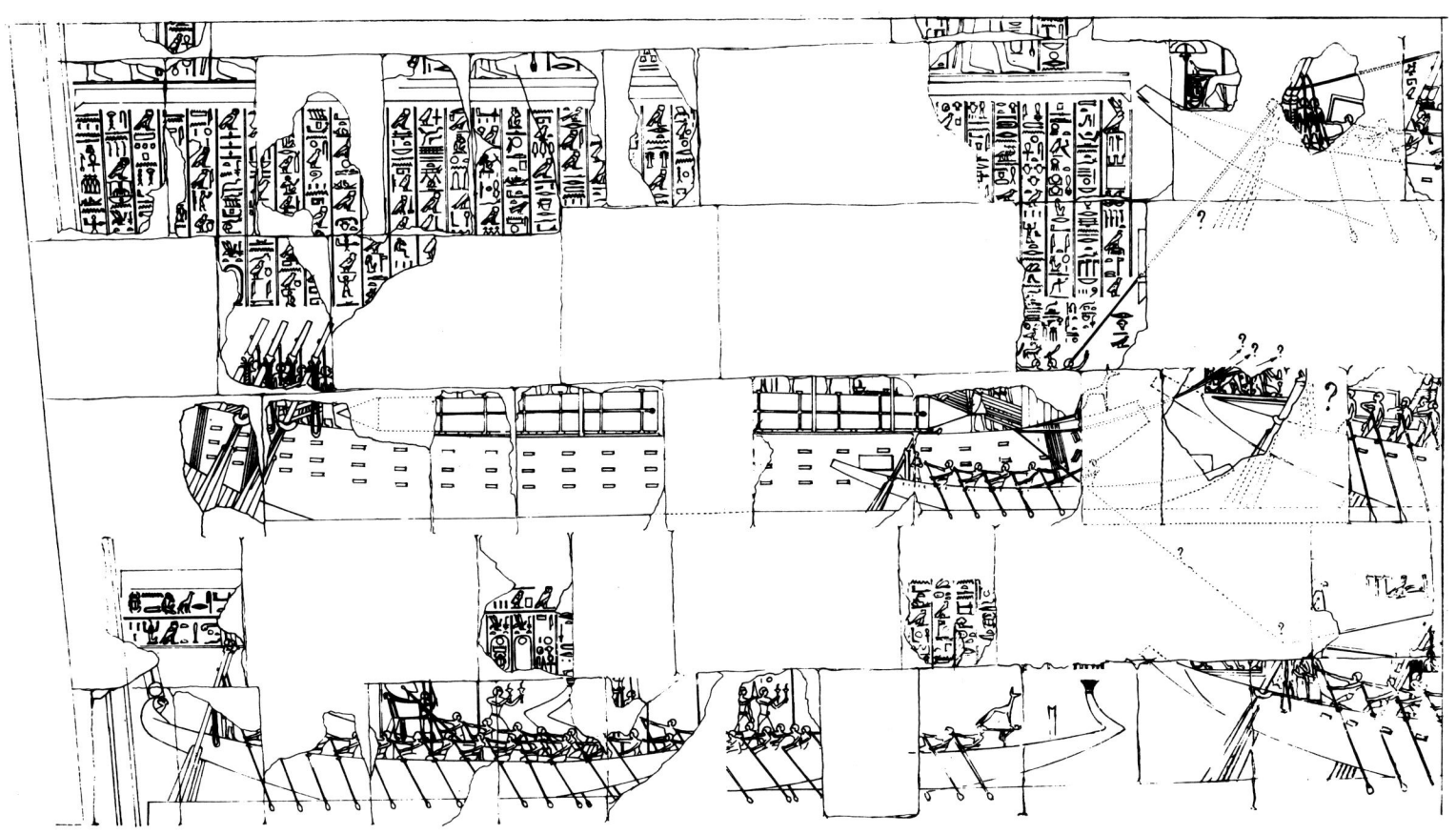

131

Vorbereitungen für die Errichtung eines Obeliskenpaares vor einem Tempelpylon. Die Obeliskensockel befinden sich bereits vor Ort; sie tragen an ihrer Oberseite Vertiefungen, in die der Obelisk zu Beginn seiner Aufrichtung gekippt wird. Nahebei werden die Nilschlammziegel hergestellt, die zur Schicht um Schicht wachsenden Baurampe getragen werden. Beiderseits der Obeliskensockel sind Tunnel angelegt, durch die die Sandfüllung der Obeliskenschächte entfernt werden wird.

Während der erste Obelisk bereits aufgestellt ist, erreicht der zweite gerade die Krone der Baurampe. Hunderte von Arbeitern haben ihn auf einem Schlitten antransportiert. Beiderseits des Schlittens wird ununterbrochen Wasser ausgegossen, um die Reibung der Schlittenkufen zu minimieren. Der Vorarbeiter steht auf dem Fußende des Obelisken. Zielpunkt des Obelisken ist ein mit Sand gefüllter Schacht, der zunächst noch von einer Nilschlammschicht als Gleitmittel bedeckt ist. Gemessen am Volumen der Rampe wirkt der Pylon geradezu bescheiden.

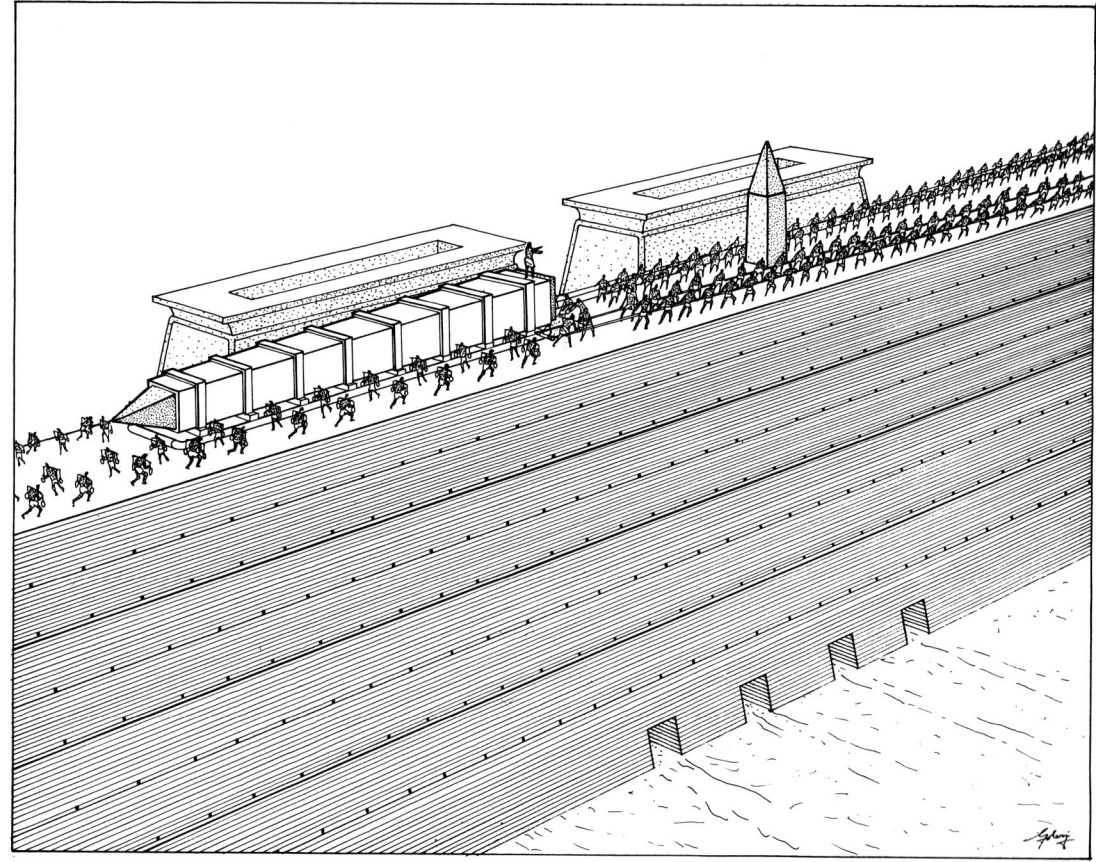

Die Aufstellung des Obelisken hat begonnen. Über die Tunnel beiderseits der Obeliskenbasis am Fuß der Schächte wird der Sand abtransportiert, so daß der Obelisk langsam absinkt. Durch die Steuerung des Sandtransports kann die Geschwindigkeit des Absinkens des Obelisken reguliert werden. Wenn die beiderseits des Schachts stehenden Vorarbeiter Unregelmäßigkeiten feststellen, kann der Abtransport des Sandes und damit die Bewegung des Obelisken sofort gestoppt werden.

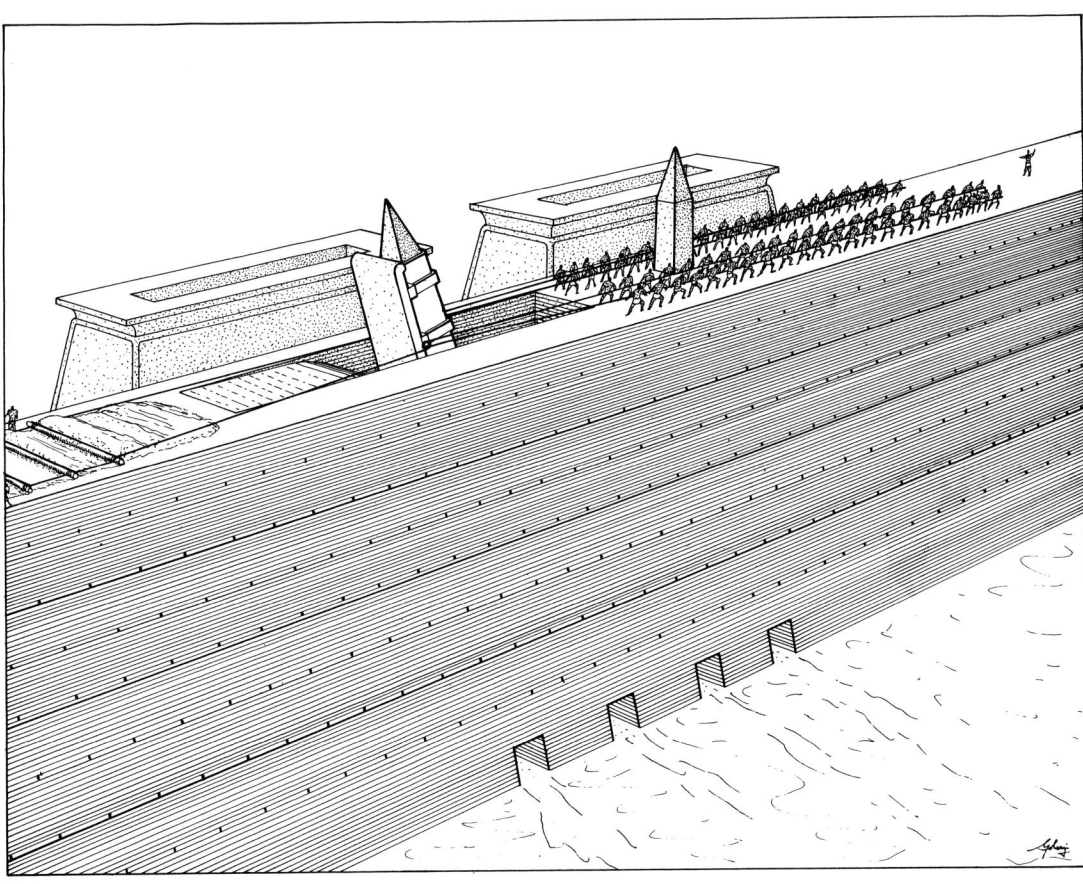

Der Obelisk hat die Aufkippkerbe auf der Obeliskenbasis erreicht; um ihn senkrecht zu stellen, sind nur noch wenige Arbeiter an Seilzügen nötig, da der Monolith schon nahezu im Gleichgewicht steht. Um ein plötzliches hartes Aufkippen in die endgültige Lage zu vermeiden, ist an der gegenüber liegenden Seite eine Art Bremse eingebaut, möglicherweise – wie H. Chevrier vermutet – Balken, die in ausreichender Anzahl quer im Sand verlegt und mit dem Obelisken verbunden eine genügend starke Bremswirkung ausüben. (Zeichnungen Jean-Claude Golvin)

In diesem Papyrus läßt der Schreiber Amenemope seinen Schüler Hori die Mannschaftsstärke und den Materialaufwand für die Durchführung verschiedener großer Bauvorhaben kalkulieren; eines der angesprochenen Projekte betrifft nun ausgerechnet einen Obelisken, dessen genaue Maße angegeben werden. Es ist ausdrücklich davon die Rede, daß der Obelisk «auf einer Rampe nach oben transportiert» wird, und die Aufgabe für Hori besteht darin, die nötige Anzahl von Arbeitskräften für die Zugmannschaft zu errechnen. Dieser – übrigens als Satire formulierte – Text ist ein eindeutiger Hinweis auf die Spezialausbildung von Schreibern und auf die Kenntnis von Verfahren, zur Planung schwieriger Bauprojekte präzise Berechnungen oder zumindest hinreichend genaue Schätzungen anzustellen. Unmittelbar im Anschluß kommt der Text des Papyrus auf die Konstruktion einer riesigen Rampe aus Nilschlammziegeln zu sprechen, deren Länge mit 730 Ellen, also umgerechnet etwa 365 Metern angegeben wird. Die Verwendung solcher Rampen, die in ihrer Länge und ihrer Konstruktionsweise durchaus mit den Rampen am I. Pylon vergleichbar sind, ist damit auch textlich abgesichert.

Wie es Schlitten auf den Reliefs in Deir el-Bahari eindeutig zeigen, mußten die ‹Nadeln aus Granit› in horizontaler Lage transportiert werden. Wenn sie den höchsten Punkt der Rampe erreicht hatten, bestand das schwierigste Problem darin, ihr Aufkippen in die Vertikale unter Kontrolle zu halten. Neueste Untersuchungen haben ergeben, daß die Aufrichtung eines Obelisken in zwei Arbeitsschritten ablief.

Am oberen Ende der Rampe lag der Obelisk auf einem mit Sand gefüllten Schacht, der durch die Rampe bis zum gewachsenen Boden hinunterreichte. Um die Basis des Obelisken langsam nach unten kippen zu lassen, genügte es, Sand aus diesem Schacht abzulassen, indem man an seinem unteren Ende Klappen öffnete, durch die der Sand ausfließen konnte. Fest auf dem Sand aufliegend, behielt der Obelisk während dieses Vorgangs seine Bodenhaftung; der Kippvorgang blieb stets unter Kontrolle und konnte jederzeit unterbrochen werden, indem das Abfließen des Sandes gestoppt wurde. Mit diesem Verfahren konnten selbst schwerste Gewichte mit erstaunlicher Präzision bewegt werden.

Eine Reihe von praktischen Versuchen an Modellen erlauben heute eine sehr genaue Rekonstruktion des Ablaufs der allmählichen Senkrechtstellung des Obelisken; wichtig war dabei die Lage der Klappen auf der Vorder- und Rückseite des Sandschachtes, um ein genau gesteuertes Absinken des Obelisken auf seinen Granitsockel zu ermöglichen.

Mit ganz einfachen, aber perfekt beherrschten Mitteln lösten also die alten Ägypter technische Probleme, die uns bis vor kurzer Zeit fast unüberwindlich erschienen. Jahrtausendealte Tradition und Erfahrung gab ihnen die Möglichkeit, optimalen Gebrauch von den Elementen zu machen, über die sie in ihrem Lande in unbegrenzter Menge verfügten, Nilschlamm und Sand. Für den Umgang mit schwersten Gewichten besaß Sand unvergleichlich günstige Eigenschaften: Einerseits leicht fließend, wenn eine Abflußmöglichkeit gegeben ist, verhält er sich andererseits in unbewegtem Zustand wie ein Festkörper, der auch stärkstem Druck nicht nachgibt. So trägt Sand selbst schwerste Lasten, ohne seitlich an ihnen nach oben abzufließen, wie dies bei Flüssigkeiten oder pastosen Substanzen der Fall wäre. Nur Sand hält einem Monolith aus Granit stand, der an seiner Standfläche einen Druck von 2,7 kg/cm^2 ausübt. Außerdem leitet Sand im Gegensatz zu Flüssigkeiten den Druck nur zu einem geringen Teil in horizontaler Richtung ab, so daß auf ihm lastendes Gewicht größtenteils vertikal nach unten übertragen wird. So blieb der Obelisk während des ganzen Kippvorgangs stets gut unterstützt, und die Ziegelwände des Sandschachtes hatten nur geringe horizontale Druckkräfte aufzufangen, so daß keine Notwendigkeit bestand, sie besonders massiv zu bauen.

Die präzise berechnete Lage der Rampe und des Schachtes und der gezielte Einsatz der Abflußklappen führten die Basis des Obelisken allmählich genau auf die Aufkipprinne an der Kante der Oberseite der Obeliskenbasis zu. Diese keilförmige Ausarbeitung von etwa 20 cm Breite zog sich über fast die ganze Länge der Basisoberseite hin. Eine der Unterkanten des Obelisken selbst griff in diese Vertiefung ein, und der obere Rand der Aufkipprinne wurde zur Rotationsachse beim Hochkippen des Obelisken. Die Aufkipprinne selbst gestattete der scharfen, bruchempfindlichen Basiskante des Obelisken eine reibungsfreie Bewegung ohne Gefahr einer Beschädigung. Alle Sockelblöcke großer Obelisken weisen diese Aufkipprinne auf. Für die Aufstellung eines Obelisken ist dieses Detail auch noch unter einem anderen Aspekt von Bedeutung: Der Obelisk wurde stets von der Seite her antransportiert, auf der die Aufkipprinne liegt und wurde auch von dieser Seite des Sockels her aufgerichtet. Aus dieser Beobachtung aber lassen sich wichtige Informationen über die bauliche Gestalt und über spätere Umbauten des betreffenden Tempelteils gewinnen, da es ja nötig war, Gebäudeteile oder Mauern abzureißen, wenn sie der Transportrampe im Wege standen und da für die geschätzte Länge der Rampe genügend Vorfeld freigehalten werden mußte. Außerdem läßt sich feststellen, von welcher Seite her die Obelisken eines Obeliskenpaares aufgerichtet wurden.

So können Detailbeobachtungen zur Bautechnik interessante Indizien zur Rekonstruktion der

Granitsockel des südlichen Obelisken der Hatschepsut in Karnak nach der Entfernung der Bruchstücke des umgestürzten Monolithen. Deutlich ist rechts auf der Oberseite des Sockels die Aufkipprinne zu sehen, in die eine der Unterkanten des Obelisken zu Beginn seiner Aufrichtung gesetzt wurde. Auf der völlig ebenen Oberfläche des Granitsockels wurde der Granitobelisk ohne Verwendung von Mörtel oder irgendwelchen Befestigungsmechanismen aufgestellt und stand trotz der kleinen Standfläche und trotz seiner gewaltigen Höhe absolut senkrecht. (Photo Georges Legrain)

Baugeschichte eines Tempelareals liefern und zum Verständnis der Entwicklung benachbarter Gebäude beitragen. Schließlich beweist die Aufkipprinne aber auch, daß der Obelisk am Ende dieser ersten Phase der Aufrichtung in Schräglage auf seiner Unterkante stand. Erst in einem anschließenden zweiten Arbeitsschritt wurde der Obelisk in die Vertikale gekippt.

Nur diese abschließende Phase, die endgültige Aufrichtung des Obelisken in die Senkrechte durch Seilzüge, ist in altägyptischen Reliefs dargestellt, mußte sie doch dem Außenstehenden als die schwierigste und daher die aufregendste erscheinen. Dieser letzte Arbeitsschritt dient auch als symbolische Darstellungsweise des ganzen Vorgangs der Aufstellung eines Obelisken, dessen Aufrichtung damit zum Opfer wird. Sehr häufig faßt ja ein ägyptisches Bild selbst langwierigste und komplizierteste Handlungsabläufe in einer einzigen ganz konkreten Szene zusammen.

Das Aufkippen eines Obelisken von mehr als 300 Tonnen Gewicht über die schmale Steinkante der Rinne war ein besonders schwieriger Arbeitsschritt. Auf beiden Seiten mußte gleichzeitig und mit der gleichen Geschwindigkeit gezogen werden, um auch die leichteste Drehung des Obelisken zu vermeiden, die eine Schiefstellung auf der Basis zur Folge gehabt hätte. Wie schwierig dieser Vorgang war, zeigt sich darin, daß nicht ein einziger ägyptischer Obelisk wirklich völlig korrekt aufgestellt worden ist. Zwar stehen sie alle senkrecht, aber alle haben auch eine mehr oder weniger ausgeprägte Drehung aus der Achse der Basis. Ganz am Ende der Aufrichtung mußte der Obelisk von hinten durch Bremsseile gestoppt werden, um zu verhindern, daß das enorme Gewicht zu plötzlich auf den Sockelblock aufstieß und damit Gefahr lief, im letzten Augenblick zu zerbrechen. Allerhöchste Aufmerksamkeit war in diesem besonders kritischen Moment geboten, und so erzählt noch Plinius der Ältere, daß der König Rhamesis in diesem Augenblick verlangt habe, daß einer seiner Söhne auf die Spitze des Obelisken gebunden werde, um die Arbeiter zu höchster Aufmerksamkeit anzuhalten.

Wenn wir auch heute diese Techniken recht genau kennen, so tut das ihrer Bedeutung als bewundernswerte Meisterleistungen keinerlei Abbruch. Ein letztes Beispiel für die außergewöhnlichen Fertigkeiten ägyptischer Baumeister liefern die beiden Obelisken der Königin Hatschepsut, die in dem engen Hof zwischen dem IV. und V. Pylon, die schon Tuthmosis I. erbaut hatte, aufgestellt wurden. Zu dieser meisterhaften Ingenieurtechnik kommt noch eine erstaunliche

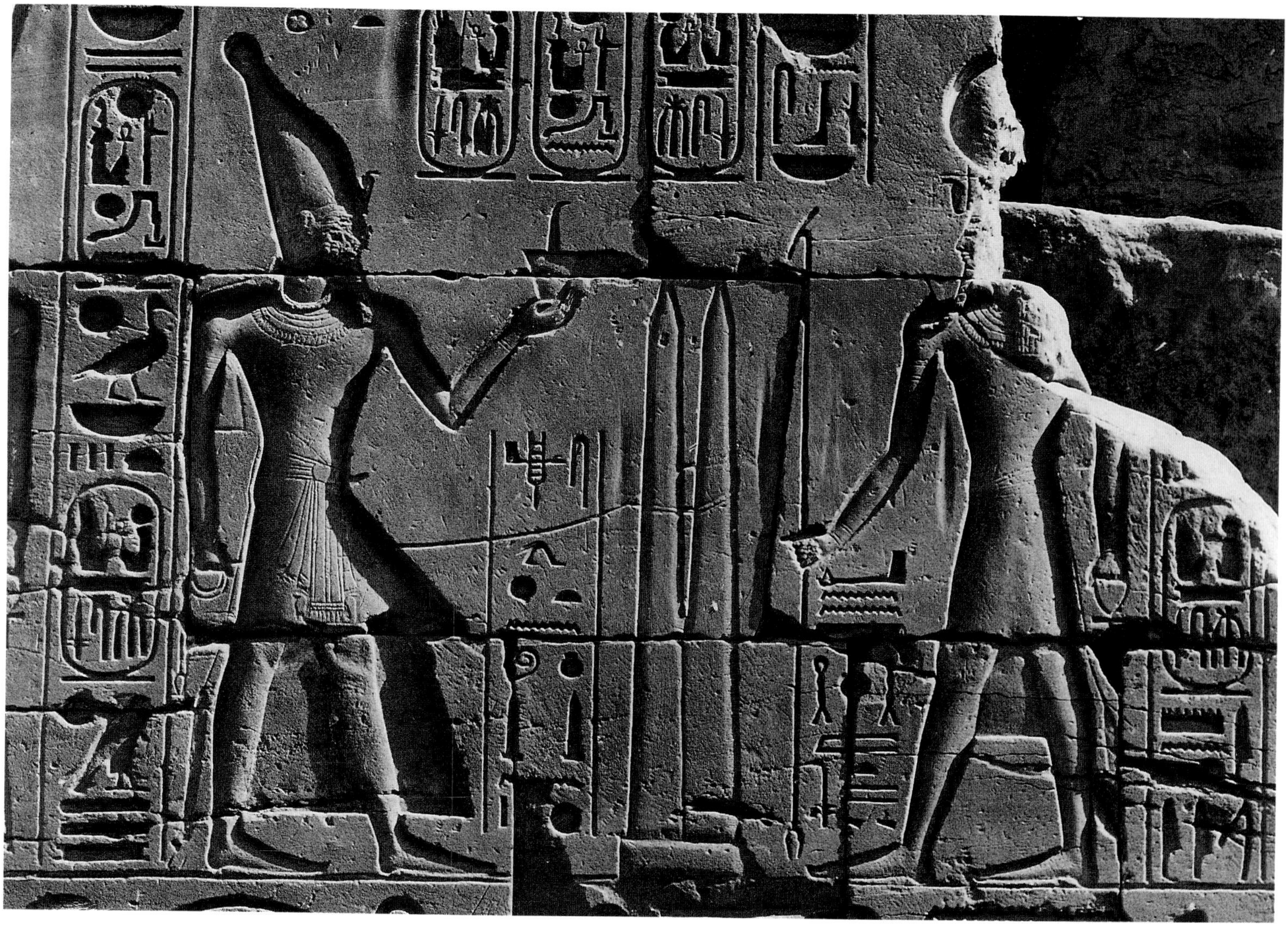

Oben
Ein Reliefbild auf der südlichen Außenwand des großen Amun-Tempels in Karnak zeigt Ramses II. bei der Errichtung von zwei großen Obelisken. Der Darstellungstypus, der auch anderweitig belegt ist (so in Edfu und Deir el-Schelwit), deutet die Obeliskenaufstellung nur symbolisch an, indem er nur den letzten Arbeitsgang, die Senkrechtstellung mit einem Zugseil, zum Gegenstand hat. (Photo Alain Bellod)

Unten
Auf der Nordseite des noch aufrecht stehenden nördlichen Obelisken der Hatschepsut berichtet ein Hieroglyphentext über den Beschluß der Königin, die Obelisken aufstellen zu lassen, und schließt mit einem Lobgesang auf die Königin. (Photo Alain Bellod)

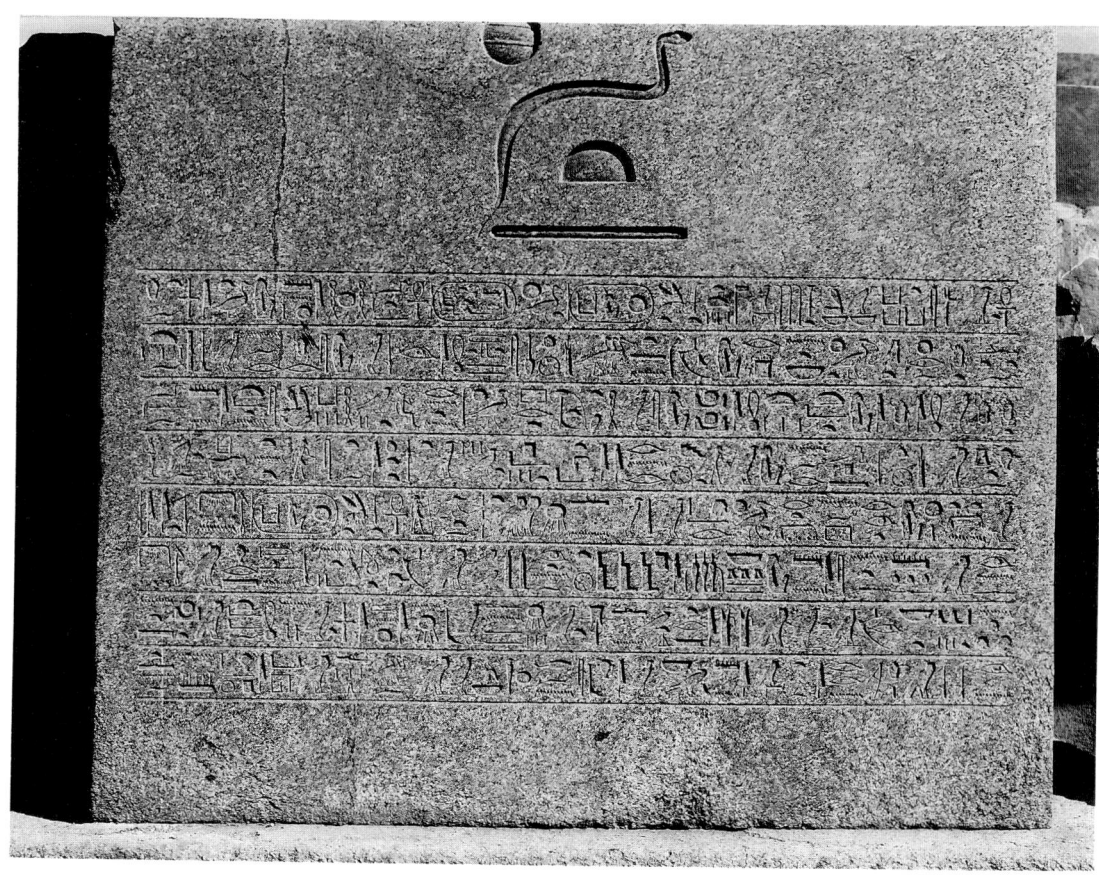

Spitze eines umgestürzten Obelisken Thutmosis' III. in Karnak. In dem vertieft ausgemeißelten Himmelszeichen am oberen Schaftende des Obelisken sind Löcher zu erkennen, in denen Dübel zur Befestigung von Elektrumblechen steckten, mit denen die Obeliskenspitze verkleidet war. Im obersten Bildregister des Schaftes (ganz links) sitzt Amun auf seinem Thron und empfängt vom König Opfergaben. Auf der pyramidenförmigen Obeliskenspitze hält Amun ‹seinen geliebten Sohn›, den König mit der Weißen Krone von Oberägypten, bei der Hand und hält ihm das Lebenszeichen an die Nase. (Photo Alain Bellod)

Schnelligkeit der Ausführung dieser Arbeiten. Die Inschriften auf dem unteren Teil des in Karnak noch aufrecht stehenden Obelisken der Hatschepsut berichten, daß die Herstellung der beiden ‹Nadeln› nicht länger als sieben Monate gedauert hat, und der Papyrus Anastasi weiß zu vermelden, daß die Aufrichtung eines Obelisken eine Angelegenheit von Stunden war. Die Vorbereitung der Rampen und Sandschächte nahm sicherlich lange Zeit in Anspruch, die eigentliche Aufrichtung eines großen Obelisken aber – so zumindest dieser Text – konnte innerhalb eines einzigen Tages abgeschlossen sein.

Auch den alten Ägyptern selbst galt die Aufstellung dieser riesigen Monolithe als eine ganz besondere Leistung und als ein bedeutendes Ereignis. Nur die größten Pharaonen wagten sich an ein solches Projekt. Der Glanz einer Regierungszeit spiegelte sich in einer solchen frommen Stiftung. Auf der Basis eines der beiden großen Obelisken der Hatschepsut, die anläßlich ihres Regierungsjubiläums errichtet wurden und deren Transport in den oben erwähnten Reliefs von Deir el-Bahari dargestellt ist, findet sich hierzu folgender Text:

«Ich saß in meinem Palast und gedachte dessen, der mich geschaffen hat. Mein Herz war geneigt, für Ihn zwei Obelisken aus Elektrum errichten zu lassen, deren Spitzen sich mit dem Himmel vermischen inmitten der Pfeiler des Saales, der zwischen den großen Pylonen liegt... Jeder ist aus einem einzigen makellosen Block Granit. Meine Majestät begann die Arbeiten im Jahre 15 [meiner Herrschaft], im zweiten Monat der Winterjahreszeit, am ersten Tag, und setzte sie fort bis ins Jahr 16, vierten Monat der Sommerjahreszeit, Tag 30, indem sieben Monate dafür gewidmet wurden, sie aus dem Steinbruch zu lösen. Ich machte dies für Ihn mit eifrigem Herzen, wie es der König für jeden Gott tut... Es war mein Wunsch, sie für Ihn zu machen, mit Elektrum beschlagen... und ich stellte für sie Elektrum von erster Qualität zur Verfügung, in Scheffeln gemessen wie das Korn... Möge niemand, der dies hört, sagen, ich würde übertreiben, sondern möge er vielmehr sagen: So ist sie, die wahrhaft ist gegenüber ihrem Vater. Amun ist es, der Herr der Throne der beiden Länder... und ich bin seine Tochter, in Wahrheit, die ihn verherrlicht.»

Läßt sich die Bedeutung, die die Errichtung dieser unseren Augen so fremden Mäler für die Könige Altägyptens besaß, besser in Worte fassen?

Auf der Unterseite eines Skarabäus Thutmosis' III. in Berlin ist stark abgekürzt die Aufstellung eines Obelisken dargestellt. Möglicherweise darf man in den Linien unter dem Obelisken und in den Diagonalen beiderseits des Sockels schematische Darstellungen der Baurampen erkennen. (Nach Iversen, Obelisks)

Schlußwort

Durch das Studium der großartigsten Schöpfungen einer jahrtausendealten Kultur trägt die heutige Forschung Schritt für Schritt zum besseren Verständnis dieser längst vergangenen Welt bei. Fremdartig erscheinen uns oft Kultur und Zivilisation der alten Ägypter; beim Bau ihrer Tempel haben sie Verfahren angewandt, die uns erstaunlich, ja ‹unlogisch› erscheinen mögen. Ihre Bauten spiegeln eine bestimmte Weltsicht, und ebenso lassen sich ihre technischen Verfahren nicht von religiösen Überlegungen trennen. In einzigartiger Weise geben sie den natürlichen Lebensraum Ägyptens wieder und werden zum Ausdruck der sozialen und religiösen Strukturen des Landes. So werden die Tempel zu wahrhaften Weltmodellen.

So wäre es gefährlich, altägyptische Bauten an unseren eigenen Ansichten oder unseren derzeitigen Kenntnissen altägyptischer Bautechnik zu messen. Obwohl sich der Archäologe dieser Problematik stes bewußt sein sollte, kann er sich nicht immer ganz von ihr frei machen. Generation für Generation haben Vorurteile, beschränkte technische Möglichkeiten und persönliche Vorlieben und Abneigungen den Zugang zu Altägypten erschwert.

Unsere Kenntnis von einer alten Kultur ist beständigem Zuwachs, Wandel und Fortschritt unterworfen und läßt einzelne Aspekte dieser Kultur immer wieder in neuem Licht erscheinen. Heute müssen zahlreiche wissenschaftliche Methoden und Verfahren gleichzeitig zum Einsatz kommen, zur systematischen Auswertung von Texten auf Tempelwänden und auf Papyri tritt die Untersuchung architektonischer Strukturen, das Studium künstlerischer Formen und die Materialanalyse im Labor. Forschungsergebnisse resultieren heute aus der engen Teamarbeit; so arbeiten in Karnak Ägyptologen, Architekten, Restauratoren aufs engste zusammen und weiten damit den Horizont der Fragestellungen. Ihrer aller Ziel ist ein möglichst umfassendes Bild einer überaus vielfältigen antiken Realität.

Zu diesem wissenschaftlichen Erkenntnisdrang tritt in Karnak die Notwendigkeit zu restaurieren. Hier lassen sich die Forschungen zur antiken Bautechnik unmittelbar in die moderne Praxis umsetzen. Viele Jahre werden noch nötig sein, um zehntausende von Blöcken zu zeichnen, zu beschreiben und auszuwerten, aus denen sich ursprüngliche Szenenzusammenhänge und ganze Gebäudeteile wiedergewinnen lassen, die einen reichen Ertrag an neuen Erkenntnissen zur Geschichte Ägyptens versprechen. Fast täglich liefern Grabungen, Restaurierungsarbeiten und systematische Untersuchungen der Baudenkmäler neue wissenschaftliche Daten. In Gedanken wird man diesem enormen Reichtum an Quellenmaterial all das hinzufügen, was in diesem außergewöhnlich reichen Gelände von Karnak noch zu entdecken ist. Obwohl seit dem Ende des 19. Jahrhunderts in Karnak kontinuierlich gearbeitet wird, ist erst ein kleiner Teil des Areals wirklich erforscht.

Der vorliegende Bericht, zwangsläufig knapp gehalten, gibt vielleicht einen kleinen Einblick in diese vergangene Welt, die in all ihrer Fremdheit doch nicht ganz von unserer Welt verschieden ist. Das gilt gar nicht so sehr für bestimmte antike Techniken, die auch noch heute allenthalben im Niltal verwendet werden, sondern vielmehr für das altägyptische Denken, für die ägyptische Weltsicht, die uns gerade heute in mancher Beziehung eigenartig vertraut erscheinen mögen. Die Priester und ihr philosophisches Gedankengut, die Theologen und ihre Schüler, das Leben in den tausendjährigen Tempeln – all das beginnt sich uns auf der Grundlage der archäologischen Forschungen in diesen heiligen Bezirken zu erschließen.

Geduld und Beharrlichkeit sind nötig, um diese große Vergangenheit neu erstehen zu lassen. Allzuviel Fantasie und Subjektivität haben oft bei der Darstellung altägyptischer Religion das Bemühen um historische Wahrheit verdrängt, und zu groß ist oft die Macht der Faszination, die von Altägypten ausgeht. Mögen in Zukunft die einfache Methode altägyptischer Baumeister und die Klarheit ihres Weltbildes als Vorbild stehen für unsere Annäherung an eine Kultur, die es in ihrer ganzen Vielfalt zu erforschen gilt.

Bibliographie

Eine ausführliche Spezialbibliographie zu Karnak findet sich in der französischen Originalausgabe «Les bâtisseurs de Karnak» auf Seite 141.

Zur Einführung

J. Baines/J. Málek, Weltatlas der alten Kulturen, Ägypten, München 1980.

A. Eggebrecht (Hrsg.), Das alte Ägypten, München 1984.

W. Helck/E. Otto, Kleines Wörterbuch der Ägyptologie, Wiesbaden ³1987.

E. Hornung, Einführung in die Ägyptologie, Stand · Methoden · Aufgaben, Darmstadt 1967.

E. Otto, Wesen und Wandel der ägyptischen Kultur, Berlin 1969.

G. Posener u. a., Lexikon der ägyptischen Kultur, München 1960.

W. Wolf, Die Welt der Ägypter (Große Kulturen der Frühzeit), Stuttgart ⁶1965.

W. Wolf, Das Alte Ägypten, München ²1978.

Geschichte

J. v. Beckerath, Abriß der Geschichte des alten Ägypten, München – Wien 1971.

J. v. Beckerath, Handbuch der ägyptischen Königsnamen, München – Berlin 1986.

A. H. Gardiner, Geschichte des Alten Ägypten, Stuttgart 1965.

E. Hornung, Grundzüge der ägyptischen Geschichte, Darmstadt 1978.

E. Otto, Ägypten – Der Weg des Pharaonenreiches, Stuttgart 1966.

W. Wolf, Kulturgeschichte des Alten Ägypten, Stuttgart 1962.

E. Cassin/J. Bottéro/J. Vercoutter (Hrsg.), Die Altorientalischen Reiche, Tl. 1: Vom Paläolithikum bis zur Mitte des 2. Jtsds.; Tl. 2: Das Ende des 2. Jtsds.; Tl. 3: Die 1. Hälfte des 1. Jtsds. (Fischer-Weltgeschichte, 2–4), Frankfurt a. M. 1965–67.

Religion

H. Brunner, Grundzüge der altägyptischen Religion, Darmstadt 1983.

E. Hornung, Der Eine und die Vielen, Ägyptische Gottesvorstellungen, Darmstadt ²1973.

E. Hornung, Tal der Könige. Die Ruhestätte der Pharaonen, Zürich 1982.

S. Morenz, Ägyptische Religion (Die Religionen der Menschheit, 8), Stuttgart 1960.

Kunst

K. Lange, Ägypten, Architektur, Plastik, Malerei in drei Jahrtausenden, mit Beitr. von E. Otto und Ch. Desroches-Noblecourt, Aufnahmen M. Hirmer, München ⁴1967.

J. Leclant (Hrsg.), Ägypten, Bd. 1, Das Alte und das Mittlere Reich, München 1979, Bd. 2, Das Großreich, München 1980, Bd. 3, Spätzeit und Hellenismus, München 1981.

A. Mekhitarian, Ägyptische Malerei (Die großen Jahrhunderte der Malerei), Genf 1954.

K. Michalowski, Ägypten, Freiburg ⁷1983.

H. W. Müller, Ägyptische Kunst (Monumente alter Kulturen), Frankfurt a. M. 1970.

S. Schoske/D. Wildung, Ägyptische Kunst München, München 1985.

C. Vandersleyen (Hrsg.), Das Alte Ägypten (Propylaen-Kunstgeschichte Bd. 15), Berlin 1975.

W. Westendorf, Das Alte Ägypten (Kunst im Bild), Baden-Baden 1968.

D. Wildung, Die Kunst des alten Ägypten, Freiburg 1988.

W. Wolf, Die Kunst Ägyptens, Gestalt und Geschichte, Stuttgart 1957.

Architektur

J.-L. de Cenival, Ägypten, Das Zeitalter der Pharaonen, Vorw. M. Breuer (Architektur der Welt), München 1964.

S. Giedion, Ewige Gegenwart, Bd. 2: Der Beginn der Architektur, Ein Beitrag zu Konstanz und Wechsel, Köln 1965.

L. Habachi, Die unsterblichen Obelisken Ägyptens, Mainz 1982.

Karnak

P. Barguet, le Temple d'Amon-Ré à Karnak. Essai d'exégèse (Recherches de philologie, d'archéologie et d'histoire), Le Caire, IFAO, t. XXI, 1962.

J. Lauffray, Karnak d'Egypte, domaine du divin, Paris, éd. du CNRS, 1979.

A. Bellod, J.-C. Golvin, Cl. Traunecker, Du ciel de Thèbes, Paris, éd. Recherche ADPF, 1983.

Laufende Berichterstattung über die Arbeiten in Karnak: Cahiers de Karnak (bislang 8 Bände), veröffentlicht vom Centre franco-égyptien d'études des temples de Karnak.

Achevé d'imprimer par Tardy Quercy S.A. F-18002 Bourges - N° d'imp. : 15893